人员应急疏散行为及智能诱导

张培红 著

科学出版社

北京

内 容 简 介

在地铁站、游乐场等人员密集的公共场所，因为人流控制和应急疏散诱导不力，踩踏事故屡有发生，造成了严重的人员伤亡。本书通过现场问卷调查、实际观测、模拟试验和自适应模糊神经网络等方法，建立人员应急疏散决策行为预测模型；建立应急疏散人流速度预测模型，分析人员流动状态演变的过程及影响因素；建立人员群集流动自适应智能体模型，分析人员群集流动动力学灾变的影响因素；开发基于改进的自适应蚁群算法的大规模应急疏散决策优化平台，开发基于 LoRa 的智能疏散无线诱导指示系统，实现了大规模应急疏散决策优化平台与智能疏散无线诱导指示系统的集成控制及示范应用，对于复杂环境下大规模人群应急疏散具有重要的理论和技术支撑作用。

本书可供应急管理、安全科学与工程、消防工程、防灾减灾等领域的工程技术人员、科研人员、高年级本科生及研究生等参考。

图书在版编目（CIP）数据

人员应急疏散行为及智能诱导 / 张培红著. —北京：科学出版社，2023.5
ISBN 978-7-03-068395-3

Ⅰ. ①人… Ⅱ. ①张… Ⅲ. ①安全疏散—计算机仿真—系统建模
Ⅳ. ①D035.29-39

中国版本图书馆 CIP 数据核字（2021）第 051967 号

责任编辑：杨慎欣 郑欣虹／责任校对：樊雅琼
责任印制：吴兆东／封面设计：无极书装

科学出版社 出版
北京东黄城根北街 16 号
邮政编码：100717
http://www.sciencep.com
北京中石油彩色印刷有限责任公司 印刷
科学出版社发行 各地新华书店经销

＊

2023 年 5 月第 一 版 开本：720×1000 1/16
2023 年 5 月第一次印刷 印张：15
字数：302 000
定价：148.00 元
（如有印装质量问题，我社负责调换）

前　　言

　　地铁站、体育场馆、举办大型促销活动的商场或商业步行街、医院的门诊楼等大型公共场所人群高度密集，一旦发生火灾、爆炸、毒气泄漏等突发事件，传统的疏散诱导装置无法根据灾情和人员应急疏散行为状态的变化及时调整疏散诱导指示方向，无法根据人流密度的变化及时疏导分流高密度人群聚集，最终难以有效避免踩踏等群集伤害事故的发生。本书以人员应急疏散行为、人员流动状态和人员群集流动动力学的研究为基础，以人群应急疏散决策优化及智能无线诱导技术装备研发和集成控制为最终研究目标，为复杂环境下的大规模应急疏散和应急救援提供理论和技术支撑。

　　本书共分 7 章。第 1 章绪论，主要讨论人员应急疏散行为及人员应急疏散诱导技术的研究现状。第 2 章首先在人员密集的大型商场、大型医院进行人员应急疏散决策行为的现场问卷调查和统计分析；然后在香港公屋进行火灾后的案例调查，利用自适应模糊神经网络方法，建立人员应急疏散决策行为的预测模型，分析紧急状态下人员的应急疏散决策行为。第 3 章在大学校园内进行人员流动状态的实际观测，分析比较时间压力作用下，人流速度和疏散通道出口流动系数与人员行为因素的关系，以及弯道和楼梯等特殊结构的疏散通道上人员流动能力的局部衰减。利用自适应模糊神经网络，建立应急疏散人流速度预测模型（evacuation velocity prediction model，EVPM），分析人流密度、疏散人员生理心理状态、疏散通道障碍度、人员拥挤状态对人员群集流动状态演变的影响，提出人员流动状态系数 CFR_e 的概念，将人员流动划分为稳定流动、小尺度波动、群集滞留和停滞四种状态。第 4 章建立了人员群集流动自适应智能体模型，利用自适应网格生成器技术，分析人员流动成拱及"欲速则不达"等现象发生的临界条件，分析双向人流在流动通道瓶颈处的自组织队列现象、冲撞现象等，分析障碍物、出口数量和布局等空间结构因素对人员群集流动动力学的影响。第 5 章建立地铁站路标辨识和路径选择的虚拟现实场景，改变疏散指示标识的颜色、字体、表达方式及安装布置方式，在内地和香港大学生中进行模拟试验和问卷调查，分析不同行为特点人员对疏散指示标识信息的要求。第 6 章构建基于改进的自适应蚁群算法的人员应急疏散优化决策模型，开发大规模应急疏散决策优化平台，实现火灾中办公楼、教学楼、体育场馆、商场、酒店、地铁站、商业步行街等场所的应急疏散路径优化，以及包括数个建筑物和街道在内的城镇区域大规模疏散决策的全局优化。第7章组建基于LoRa的无线通信网络，设计开发传感器节点、执行器节点、中心节点和主控节点；综合运用LED点阵屏、单片机控制技术、无线通信技术，设计开发了一种基于LoRa的无线LED智能疏散指示标识，进行标识的功能测试、通信信号测试、丢包率和功耗测试，以及火灾事故环境中的性能测试等；设计开发了无线火灾探测器，实现大规模应急疏散决策优化平台与火灾无线探测、无线LED智能疏散指示系统的数据传递和集成控制，并在大学校园和地铁站进行了测试和示范应用。

　　本书参考了国内外许多文献，在此对文献作者表示感谢。感谢国家重点研发计划项目（No. 2017YFC0804900）对本书出版的支持。感谢东北大学陈宝智教授、香港城市大学卢兆明教授、东北大学李新光教授对作者研究工作的帮助。硕士研究生张云栗、张新伟、姜雪、禹傲然、朱鑫、黄晓燕、王粟、尚融雪、姜泽民、宋嘉宝等，以及本科生陈棒、卢嵩、杨欢、董俊君分别结合他们的学位论文参加了本书相关内容的研究，本书的写作过程得到了他们的大力支持和帮助。

　　由于作者水平有限，书中难免存在不足之处，敬请读者批评指正。

作　者

2022年8月

目　　录

前言
第1章　绪论 …………………………………………………………… 1
　1.1　研究背景和意义 ………………………………………………… 1
　1.2　人员应急疏散行为的研究现状 ………………………………… 2
　　1.2.1　人员应急疏散行为特点 ……………………………………… 2
　　1.2.2　人员应急疏散行为过程 ……………………………………… 3
　　1.2.3　人员应急疏散行为影响因素 ………………………………… 6
　　1.2.4　人员应急疏散行为研究方法 ………………………………… 10
　1.3　人员应急疏散诱导技术的研究现状 …………………………… 16
　1.4　本书的主要内容 ………………………………………………… 17
第2章　人员应急疏散决策行为的调查和分析 …………………… 20
　2.1　大型商场人员应急疏散决策行为的调查和分析 …………… 20
　　2.1.1　调查问卷设计 ………………………………………………… 20
　　2.1.2　调查数据整理及统计 ………………………………………… 21
　　2.1.3　人员特征及其应急疏散决策行为的相关性分析 ………… 22
　2.2　大型医院人员应急疏散决策行为的调查和分析 …………… 26
　　2.2.1　调查问卷设计 ………………………………………………… 26
　　2.2.2　调查数据整理及统计 ………………………………………… 27
　　2.2.3　人员特征及其应急疏散决策行为的相关性分析 ………… 29
　2.3　火灾人员应急疏散决策行为的灾后调查 …………………… 33
　2.4　人员应急疏散决策行为的预测模型 ………………………… 36
　　2.4.1　自适应模糊神经网络的发展及应用 ……………………… 36
　　2.4.2　自适应模糊神经网络的基本算法 ………………………… 37
　　2.4.3　输入输出信号的模糊隶属函数 …………………………… 38
　　2.4.4　预测模型结构 ………………………………………………… 41
　　2.4.5　人员应急疏散决策行为的预测 …………………………… 41
　2.5　小结 ……………………………………………………………… 43
第3章　人员流动状态的观测和分析 ……………………………… 45
　3.1　引言 ……………………………………………………………… 45

3.2 人员流动状态的观测 ……………………………………………47
 3.2.1 平直通道上人员的流动能力 ……………………………53
 3.2.2 90°弯道人员流动状态 ……………………………………54
 3.2.3 下楼梯时的人员流动状态 ………………………………55
 3.2.4 性别、年龄等生理因素和人流速度的关系 ……………56
3.3 安全出口的群集流动状态 ………………………………………57
3.4 人员连续流动速度场分布 ………………………………………59
3.5 人员流动状态演变的模糊预测 …………………………………60
 3.5.1 EVPM 输入输出信号的隶属函数 ………………………60
 3.5.2 模糊推理规则 ……………………………………………62
 3.5.3 EVPM 结构 ………………………………………………62
 3.5.4 人员流动状态的演变过程 ………………………………63
3.6 小结 ………………………………………………………………64

第4章 人员群集流动动力学 ………………………………………66
4.1 引言 ………………………………………………………………66
4.2 人员群集流动的行为特征 ………………………………………66
4.3 人员群集流动自适应智能体模型的建立 ………………………69
 4.3.1 人员智能体的结构 ………………………………………69
 4.3.2 人员行为规则 ……………………………………………69
 4.3.3 自适应网格加密技术 ……………………………………74
 4.3.4 模型参数的确定 …………………………………………75
 4.3.5 人员群集流动仿真系统组成 ……………………………76
 4.3.6 系统工作流程 ……………………………………………77
 4.3.7 系统的主要数据结构 ……………………………………79
4.4 成拱现象的分析 …………………………………………………79
4.5 双向流流动规律的分析 …………………………………………81
4.6 建筑物结构及布局的影响 ………………………………………84
 4.6.1 建筑空间结构的影响 ……………………………………84
 4.6.2 出口数量对疏散安全性的影响 …………………………90
 4.6.3 出口布局对疏散安全性的影响 …………………………91
 4.6.4 疏散通道障碍物的影响 …………………………………92
4.7 小结 ………………………………………………………………95

第5章 疏散指示标识对人员应急疏散行为的诱导作用 …………96
5.1 引言 ………………………………………………………………96
5.2 地铁站台应急疏散指示标识诱导作用的虚拟试验 ……………97

　　　5.2.1　模型的建立 ……………………………………………… 97
　　　5.2.2　疏散指示标识颜色的影响 ………………………………… 102
　　　5.2.3　疏散指示标识字体的影响 ………………………………… 103
　　　5.2.4　疏散指示标识表达方式的影响 …………………………… 106
　　5.3　不同成长背景人员对不同疏散指示标识的决策行为反应 …… 108
　　　5.3.1　建筑物 Y 形通道虚拟场景的建立和试验方案 …………… 109
　　　5.3.2　成长背景的影响 …………………………………………… 110
　　　5.3.3　个体行为特征的影响 ……………………………………… 111
　　5.4　小结 …………………………………………………………… 113
第 6 章　大规模人群应急疏散决策优化 ……………………………… 114
　　6.1　引言 …………………………………………………………… 114
　　6.2　人员应急疏散决策优化自适应蚁群算法的理论基础 ……… 115
　　　6.2.1　蚁群算法的基本理论 ……………………………………… 115
　　　6.2.2　自适应蚁群算法 …………………………………………… 117
　　6.3　基于改进自适应蚁群算法的人员应急疏散优化决策模型 … 118
　　　6.3.1　改进的自适应蚁群算法 …………………………………… 118
　　　6.3.2　疏散空间网络模化 ………………………………………… 123
　　　6.3.3　疏散空间数据库 …………………………………………… 126
　　　6.3.4　应急疏散优化决策模型与消防联动控制系统的集成 …… 127
　　6.4　人员应急疏散决策优化模型应用 …………………………… 129
　　　6.4.1　办公楼案例分析 …………………………………………… 131
　　　6.4.2　网格式教学楼案例分析 …………………………………… 133
　　　6.4.3　体育场馆案例分析 ………………………………………… 135
　　　6.4.4　酒店案例分析 ……………………………………………… 137
　　　6.4.5　商场案例分析 ……………………………………………… 141
　　　6.4.6　医院病房楼案例分析 ……………………………………… 147
　　　6.4.7　地铁站案例分析 …………………………………………… 149
　　　6.4.8　商业步行街案例分析 ……………………………………… 158
　　6.5　基于油气管道风险分析的城镇应急疏散决策优化 ………… 166
　　　6.5.1　系统平台总体框架 ………………………………………… 166
　　　6.5.2　事故后果分析 ……………………………………………… 167
　　　6.5.3　街区应急疏散决策优化 …………………………………… 169
　　　6.5.4　讨论 ………………………………………………………… 173
　　6.6　小结 …………………………………………………………… 175

第 7 章　基于应急疏散决策优化的智能无线诱导技术 ················ 177

　7.1　引言 ··· 177

　7.2　系统的总体框架 ·· 177

　7.3　传感器节点的开发 ·· 180

　　7.3.1　结构设计 ·· 180

　　7.3.2　温度传感器模块 ·· 181

　　7.3.3　烟雾传感器模块 ·· 182

　　7.3.4　传感器节点的程序开发 ····································· 182

　　7.3.5　传感器节点的数据传输机制 ································· 183

　7.4　执行器节点的开发 ·· 185

　　7.4.1　结构设计 ·· 185

　　7.4.2　无线 LED 智能疏散指示标识的开发 ························ 185

　　7.4.3　功能测试 ·· 187

　　7.4.4　功耗测试 ·· 191

　　7.4.5　通信信号测试 ··· 195

　7.5　中心节点的开发 ·· 203

　　7.5.1　LoRa 监听模块 ··· 203

　　7.5.2　LoRa 定点发射模式 ······································· 204

　7.6　主控节点的开发 ·· 205

　　7.6.1　传感器节点数据接收程序 ··································· 206

　　7.6.2　输出控制程序 ··· 207

　7.7　系统集成控制案例应用 ·· 208

　　7.7.1　办公楼案例应用 ··· 208

　　7.7.2　图书楼案例应用 ··· 214

　7.8　小结 ··· 222

参考文献 ·· 223

第1章 绪　　论

1.1　研究背景和意义

随着科技的发展和城市化水平的不断提高，现代城市的结构与形态越来越复杂，越来越多的人员密集公共场所大量涌现。城市面临的风险已从单纯的自然灾害，扩大到自然灾害和核泄漏、化工园区及城镇油气管道火灾爆炸、有毒气体泄漏等典型生产事故导致的多灾种特大突发事件。在地铁站、体育场馆、医院、商场、高层及超高层办公楼等公共场所及重大体育比赛或演唱会，一旦遭遇海啸、台风、地震、洪水等自然灾害，或火灾、爆炸、毒气泄漏等突发性生产事故，以及恐怖袭击等突发公共安全事件，由于突发事件的灾难性、复杂性、随机性特点，环境状态复杂多变，疏散通道和安全出口、避难空间的安全性和可利用程度遭到严重的威胁，传统的疏散诱导装置无法根据人流密度的变化及突发事件事态的发展即时调整疏散诱导指示方向和疏散策略，无法即时疏导分流高密度人群聚集，容易在疏散通道瓶颈区域产生大规模群集滞留。

由于大规模应急疏散诱导不力，滞留群集的密度和滞留时间往往会超过人们的生理和心理承受极限，群死群伤和群集伤害事故屡有发生。2008 年 9 月 20 日，深圳舞王俱乐部发生火灾，造成 43 人死亡、88 人受伤。2010 年 11 月 22 日，在柬埔寨金边钻石岛的踩踏事故中，456 人死亡、700 多人受伤；2014 年 12 月 31 日 23 时 35 分，大量游客及市民聚集在上海外滩迎接新年，有人在观景平台的人行通道阶梯底部失衡跌倒，继而引发多人摔倒、叠压，致使拥挤踩踏事件发生，造成 36 人死亡、49 人受伤；2018 年 12 月 8 日，意大利一家夜店发生踩踏事故，造成 6 人死亡、至少 120 人受伤；2019 年 12 月 1 日，圣保罗发生踩踏事故，造成 9 人死亡、至少 20 人受伤；2022 年 10 月 29 日晚，大量民众在韩国首都首尔市龙山区梨泰院洞一带参加万圣节活动时发生严重踩踏事故，造成 150 余人死亡。

影响人员密集公共场所大规模聚集人群生命安全的因素很多，包括物品的生产、储存、运输，物品的燃爆特性、毒性和发烟特性，以及烟与火的蔓延情况、消防设施和应急疏散诱导设备设施的配置及有效性、人员火灾安全意识、应急疏散能力等。在大多数突发事件中，人员密集公共场所人员的疏散安全问题取决于事故的发展情况及在事故直接威胁生命之前所采取的应急疏散决策行为反应。因此，在进行应急疏散诱导时必须认识人员在突发事件中所表现出来的应急疏散行为规律，包括应急决策心理和行为、疏散能力及突发事件对人的心理和行为活动的影响等。

理想的消防安全系统不应以人的正确反应为先决条件，在实际情况下，为提高设备的可靠性，在设计中要尽量使老、幼、病、残人士均能得到保护。而消防安全系统会因人的正确应急反应而加强，因人的不当决策和应急行为而削弱。然而遗憾的是，现有的消防安全技术还难以全面适应人在突发事件中的行为反应，未能充分地考虑人的行为因素影响。

因此，充分认识火灾等典型事故中人的应急疏散决策行为特点，制定科学合理的应急疏散方案，利用合理完善的疏散诱导设施，引导遇险人员采取正确的应急疏散行为，对于人员密集公共场所突发事件中的应急疏散和救援是非常重要的，这将为复杂环境下大规模人群安全管理提供重要的科技支撑作用。

1.2　人员应急疏散行为的研究现状

1.2.1　人员应急疏散行为特点

受先天因素和后天成长环境等因素的影响，人与人之间存在着个性差异，如性格、能力、修养、经验、兴趣等的差异，所以满足各不同个体需要的行为机制也不一样，这就是造成突发事件中人的应急疏散行为复杂性和多样性的本质原因。

以火灾事故为例，受到火灾中高温有毒烟气和火焰的威胁，人们会感受到不同程度的恐慌，产生尽快离开危险场所、到达安全避难地的迫切需求。为了达到这个目标，人们往往采取就近、障碍度最小等决策优化原则，在应急疏散诱导系统的指示下，或沿着多数人采用的逃生路线，或本能地沿着日常比较熟悉的路线向远离起火点的安全区域疏散。其中，恐慌行为、从众行为往往会对行为人本身及所处群体的疏散造成不利的影响。

火灾中火焰的高温及强烈热辐射、刺激性烟气等会对火场中的受困人员造成强烈的思想压力，并进一步导致恐慌情绪的产生。火灾等突发事件环境中的恐慌，是指受困群体或个人出现的无意识的、失去理智的、一种不合理的非理性行为状态，如跳楼、声嘶力竭地乱窜或者拥挤在出口等（Johnson，1988；Sime，1980）。恐慌具有传染性，恐慌一开始只是个别人的非理性行为，随后迅速蔓延，波及众人。在恐慌情绪的影响下，没有秩序的混乱和非理性逃生会造成严重的人员伤亡。Bryan（1977，1976）通过对 Asundel Park 办公楼火灾的访问调查发现，由于火灾中的烟、火及照明系统失灵，人员拥挤在出口处，纷纷地跳窗逃生，造成了 11 人死亡、250 人受伤的惨剧。美国消防协会（National Fire Protection Association，NFPA）根据对 630 位受灾者的访问和对 1117 份调查表的分析，认为火灾中引起恐慌的诸多因素包括报警不及时、超员、出口拥挤、缺乏有效的疏散引导等（Keating，1982）。除上述环境因素外，心理因素、对受困环境状态信息不了解、缺乏应急培训和有效疏导等，也是造成恐慌行为的主要原因（Bryan，2002；Proulx et al.，1991）。通过对比佛利山庄晚餐俱乐部火灾、国王十字火车站等火灾案例及希尔斯伯勒群集踩踏事故案例的研究，Sime（1999）指出，由于火灾的突发性、建筑物超员、疏导不利、报警不及时等，恐慌无疑是在火灾条件下时有出现的一种行为，逃生的人群拥挤在出口处，争相逃命，互相踩踏，对人员生命安全造成更严重的威胁。因此，完善的应急疏散策略必须有关于恐慌行为的对策，通过合理的疏散通道设计、智能化的疏散诱导系统，合理地疏导人流，安抚人员的恐慌情绪，可最大程度地减少人员伤亡。

从众行为是指行为个体抛开原有的正常行为，对群体或他人行为的消极认同和盲目追寻，从众行为在火灾中会导致群聚体的形成。Bryan（1985）通过对高层建筑火灾的研究，发现了避难群聚体的存在。Kelley 等（1965）在充满烟气的室内进行了群聚体的行为测试，试验结果表明：当每次单独安排一个被试者时，有 75% 的人在特定的烟气环境中只能忍耐 4 分钟。如果每次安排两个不相识的被试者在一起，则有 90% 的人会一直留在原地，共同克服烟气的侵扰。因此，群聚现象可以在一定条件下、一定程度上起到减少恐慌行为、增强信心的作用，尤其是当群聚体中的领导者是公共建筑的管理人员或消防人员时，他们带来的权威感和稳定情绪，无疑会增加个体对领导的敬重感、信赖感和亲切感，从而达到增强群聚体凝聚力和有序开展疏散的可能性（Johnson et al.，1994；Johnston et al.，1989）。但是，如果包括群聚体领导者在内的受困人员没有得到有效的疏散诱导，从众行为会造成人们在日常熟悉的疏散通道上长时间、高密度地聚集和滞留，在疏散路径的瓶颈区域常常会发生人流的骚乱，导致群集踩踏事故的发生。

1.2.2　人员应急疏散行为过程

建筑物火灾中人员的应急疏散行为过程概括为两个主要阶段，即疏散行动开始前的决策反应阶段和疏散行动开始后的人员疏散流动阶段。

发现火警后，建筑物内滞留的待疏散人员在疏散行动开始前的决策行为反应对于整个人员应急疏散行为过程的影响非常重要（Proulx et al.，1997；Brennan，1997；Saunders，1997；Sime，1986）。疏散行动开始后，人员疏散流动过程主要受到建筑物火灾烟气发展态势、建筑物结构、疏散通道可利用程度、疏散诱导和指挥、人流密度、人员生理及心理状态等因素的影响。对 1993 年世贸中心爆炸事件之后的调查表明（Fahy et al.，1997），110 层的超高层建筑物中，全部人员完成安全疏散需要的时间（required safe egress time，RSET）为 1～3h，其中人们做出疏散决策的时间占总完成疏散时间的 2/3 以上。疏散行动开始时间与整个疏散行动可利用的安全疏散时间（available safe egress time，ASET）的关系如图 1.1 所示，安全疏散目标：ASET＞RSET，RSET ＝ NT + DT + FT。

图 1.1　RSET 定义及安全疏散目标

建筑物发生火灾时人员的应急疏散行为过程如图 1.2 所示。

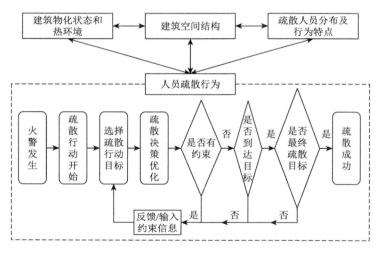

图 1.2　建筑物发生火灾时人员的应急疏散行为过程

可以将影响人员应急疏散行为过程的因素归纳为三个互相作用的变量，即目标变量、约束变量和运动变量。目标变量，即疏散过程中当前的疏散行动目标和最终安全目标。约束变量，即对应急疏散行为的约束或障碍，包括疏散人员彼此之间的相互影响和制约，烟气或火焰等周围环境热物理状态对疏散行动的制约，疏散空间建筑结构或空间障碍物对疏散人员疏散行动的阻碍作用等。运动变量，即疏散行动人员疏散的运动速度、疏散通道的流动能力等。在这三个变量的相互作用下，人员应急疏散行为过程遵循下述三个方面的规则。

（1）目标规则。疏散人员可以根据事故状态的变化，克服疏散行动过程中所遇到的各种障碍性约束，即时调整自己的行动目标，不断尝试并努力保持最优的疏散运动方式，向既定的安全目标移动。

（2）约束规则。疏散人员将不断调整自己的行为决策，以受到的约束和障碍度最小为原则，争取在最短的时间内完成当前的安全目标。

（3）运动规则。疏散人员会根据疏散过程中所接受和反馈的各种信息，不断调整自己的疏散行动目标和疏散运动方式，以最快的疏散速度，力争在最短的时间内，以受到的障碍程度最小为疏散行动原则向最终的疏散目标疏散。

其中，人的生理及心理特点、火灾安全的教育背景和经验、当时的工作状态等行为特点因素，对疏散行动开始前的决策过程，尤其是目标规则和约束规则起着非常重要的制约作用。建筑物发生火灾时，人流密度是影响人员应急疏散行为和疏散流动中运动规则的一个至关重要的因素。根据疏散人流密度，人员疏散流动状态可概括为两种：离散状态和连续状态。

（1）离散状态，即疏散人流密度较小，个人行为特点占主导作用的流动状态，人与人之间的互相约束和互相影响较小，疏散人员可以根据自己的状态和火灾物理状态，主动地对自己的疏散行动路线、行动速度和目标等进行调整，人员疏散行动呈现很大的随机性和主动性。离散状态常常在整个建筑物疏散行动的初始阶段和最后阶段占主导地位。并且，将对 RSET 起到一定的制约作用。

（2）连续状态，即约束规则占主导作用的流动状态。因为人流密度较大，人与人之间的间距非常小，疏散人员呈现群集的特征。除个别比较有影响力和权威的人士之外，个人的行为特征对整个人员流动状态的影响可以忽略不计，整个疏散行动呈现连续流动状态，群集人员连续不断地向目标出口移动。

若将向目标出口方向连续行进的群集称作群集流，如图 1.3 所示，在群集流中取疏散通道截面出现瓶颈的断面（2-2 断面）作为基准面，则向该基准面流入的

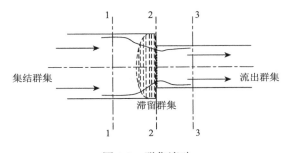

图 1.3 群集流动

群集称为集结群集，单位时间集结群集人流中的总人数称为集结流量 F_1，自该基准面流出的群集称为流出群集，单位时间流出群集人流中的总人数可称为流出流量 F_2。当集结流量 F_1 与流出流量 F_2 相等时，称为定常流，此时流动稳定，不会出现混乱；当集结群集人数大于流出群集人数时，将有一部分人员在基准面处滞留，在该点处滞留的人群称为滞留群集。

一般地，滞留群集出现在人流速度突然下降的空间断面收缩处或转向突变处，如出口、楼梯口等处。如果滞留持续时间较长，滞留人员可能会因为争相找路而出现混乱。在空间断面收缩处，除了正面的人流外，往往有许多人从两侧挤入，阻碍正面流动，使群集密度进一步增加，形成拱形的人群，谁也无法通过。滞留群集和成拱现象造成人流速度和出口流动能力下降，人员从建筑物空间完成安全疏散所需的行动时间产生迟滞，最终导致群集伤害事故的发生。

近年来，围绕人员应急疏散行为决策、疏散流动过程中离散状态人员应急疏散行为的随机性和优化，以及连续疏散流动过程中的群集滞流等现象，国内外学者进行了大量的理论研究和试验模拟，并进一步延伸到建筑物性能化防火设计及大规模应急疏散预案与策略的制定等。

1.2.3　人员应急疏散行为影响因素

人的行为反应是一个认知和决策的过程，通过认知过程，人们首先了解周围环境状态的演变，并调用自己的知识储备和经验做出决策行为反应。一方面，人的性别、生理状态、心理状态、初始状态、初始位置，以及在群体中的角色、掌握的安全知识和经验等因素，会直接影响其认知水平，对火灾中人的疏散决策行为反应过程起着非常重要的制约作用；另一方面，火灾中人的应急疏散行为模式受到火灾发展阶段、建筑物类型及环境、火警信息获得途径等诸多因素的影响。下面对其中几个影响因素作简要说明。

1. 火灾发展阶段的影响

根据经验和数理统计的结果，火灾中人的应急疏散决策行为与火灾发展态势、周围环境因素等是互相制约的关系，而不是简单的火灾对人的因果关系。一方面，人的决策行为取决于人对所处环境中火焰、烟气、声音等火灾事故环境状态信息的反应；另一方面，人的行为，如初期灭火行为、疏散过程中对于防火门等消防设施的处理方式等又会影响到火灾的发展。

根据可燃固体火灾室内平均温度随时间的变化曲线，建筑物火灾分为三个主要阶段：火灾初起阶段、充分发展阶段及减弱阶段。

在火灾初起阶段，若通风不足，可燃物将呈现显著的不完全燃烧状态，大量发烟但不出现明火，室内平均温度、温升速率及热释放速率均比较低，这个燃烧阶段常称为阴燃。若通风条件相当差，在阴燃持续一段时间后，火灾会自行熄灭。如果能够在阴燃阶段及时开展应急疏散行动，可以在很大程度上保证疏散行动的安全性。

在通风良好的情况下，阴燃很快转变为明火燃烧，燃烧速率和热释放速率大大增加，室内温度不断升高，辐射传热效应增强。当起火房间温度和地面接收到的热辐射达到一定临界值时，室内所有可燃物的表面都将开始燃烧，火灾达到轰燃状态。轰燃阶段的室内温度经常会升到 800℃ 以上，最高可达 1100℃。烟气的浓度突然增大，其扩散速度明显增加，从火灾初期的 1~2m/s 猛增到 10m/s 左右，造成火势的进一步恶化。轰燃对人的行为有重大影响，由于轰燃的出现，火灾初起阶段，少数人自发的逃生行为转变成大多数人自发的、互助的逃生行为或面向所有受困人员的有组织的疏散活动，恐慌、群聚等现象均可由轰燃引发。

2. 建筑物类型的影响

Bryan（1976）的研究结果表明，与公共建筑火灾相比，在私人住宅火灾中，以疏散作为第一反应的比例相对较低。Wood（1980，1972）对英国近千次私人住宅火灾案例进行了研究，在火灾初期，即只见到烟时，绝大多数人以灭火为第一行为反应；当得到确切火警或认定灾情比较大时，则以灭火为第一行为反应的比例明显下降，通知并协助其他人一起逃生的趋势增加。袁启萌等（2012）的灾后调查结果表明，第一时间想到逃生或带领家人逃生的比例仅占 38.1%。在无自动报警的住宅类高层建筑火灾中，多数人普遍厌恶将逃生作为第一行为反应，只有当生命真正受到火焰、温度、烟气等火灾环境的威胁时才选择逃生。

相反，在办公楼、商场、宾馆、歌舞厅等公共建筑火灾初期，顾客、旅客等临时来访人员表现出的行为反应主要是争先逃生，此时宾馆的服务员、百货商场的售货员、办公楼的物业管理人员等大多会积极充当疏散的组织者和领导者，他们的帮助和疏导对减少人员伤亡起到了非常重要的作用。然而，在 2008 年 9 月 20 日发生的深圳舞王俱乐部火灾中，工作人员未能及时组织和引导疏散，虽然只有 150m² 的过火面积，但由于客人们争相逃生，又找不到疏散出口，现场一条大约 10m 长的狭窄过道上发生了踩踏事故，最终导致 43 人死亡、88 人受伤。

3. 性别的影响

美国的统计资料表明，在私人住宅中，第一反应表现出灭火行为的男性几乎是女性的两倍，丈夫或父亲往往较晚地离开建筑物或重返建筑物中寻找家人、搬运物资。在私人住宅中，女性的第一反应更加倾向于向消防部门报警，男性则更加倾向于寻找起火点。

4. 角色的影响

角色是指不同个体在特定的时空条件下在一切社会关系中所处的位置，所有的角色不是由个人认定的，而是客观赋予的，是由个体的自我评价和周围环境对个体的认可程度两个因素决定的。例如，在医院发生火灾时，医护人员在处理火灾、组织疏散、引导疏散方面自然就是领导者和组织者；对于患者，无论其地位多高，以前担任什么工作（消防除外），都会自然而然地处于从属地位，并期望受到医护人员的指引和疏导。

日本的神忠久等（1985，1982，1981）对燃烧面积在 $500m^2$ 以上而且有死亡人员或燃烧面积不足 $500m^2$ 但死亡人数超过 3 人的火灾进行了研究，对旅馆、医院、百货商店等综合性建筑物的服务人员在火灾中的行为表现分别进行了调查分析。调查结果表明，综合性建筑物起火后，管理人员以灭火作为第一反应的居多，而初期灭火失败后几乎都选择逃生。与其他旅馆、百货商店等综合性建筑物不同，大多数情况下，医护人员在火灾初期的第一反应是引导患者疏散，在初期灭火失败后，相当多的行为反应仍是引导患者疏散。在对办公大楼火灾中人员的行为调查中，研究人员发现职员的反应顺序不仅与性别有关，而且还与职业责任有关。总的来看，库房负责人和男保管员的第一反应多表现为有责任感的行为，如呼叫管理人员或消防队、取灭火器、抢救贵重物品、了解火情、寻找起火点、关闭煤气、关闭电源、熄灭厨房用火、指引人们疏散等。

5. 知识和经验的影响

人们在做出决策之前，往往首先将即时获得的信息或线索与记忆中的场景相匹配，潜意识中常倾向于依赖过去的经验积累对现在状态做出乐观的期望、判断和决策。若缺乏相关知识和经验的期望，可能会导致对紧急状态的错误判断，并最终引发群集安全事故。例如，焰火晚会或流行音乐会常常会有带有干冰效果的烟火表演，在这种大型活动中，观众会对活动现场中由于火灾产生的烟气蔓延而反应迟钝。

相反，如果人们对某个公共场所的结构非常熟悉，并且经过紧急疏散演习，他们的知识和经验会对火灾等突发事件状态下的行为反应起到正面的促进作用。然而，Canter（1990，1985）认为，因为自信能够应付这种灾情，有过火灾经验的人员做出疏散行动决策的时间往往有滞后现象。与没有经历过火灾的人相比，他们更多地会首先自行采取灭火行动，而不是即时报警或尽快开始疏散行动。另外，如果人们常常受到火警误报困扰，这类人可能会对火警警报麻痹大意，严重影响相关的疏散行动决策。

6. 人员初始状态的影响

火灾发生前，处于清醒状态的人对特殊的噪声或烧焦的气味等比较警觉，因此可能会做出更为理智和高效的决策。对于那些在熟睡中被异常惊醒的人来说，他们本能的反应通常是首先进一步搜集信息以确认发生的状况，或者表现出较强的从众行为特征。Canter（1990，1985）认为，对于火灾信息和状态的认知能力是人员初始状态的函数，并且对于初始状态的专心程度也是影响人员应急疏散决策行为反应的一个重要因素。当人们沉浸于某个状态中时（如玩电子游戏、看电视等），他们往往首先将手头的活动告一段落以后，才会对周围环境状态的变化进行查证。袁启萌等（2012）对上海"11·15"特大火灾事故中的 42 名幸存者的灾后调查发现，由于该住宅楼中的退休职工居多，行动不便现象普遍存在，加上40.48%的受访者在火灾发生时处于睡觉、洗澡等不利于逃生的初始状态，多数人的第一反应不是逃生，19.05%的受访者选择留守自救并等待救援。

7. 火警信息获得途径的影响

火警信息的获取有直接、间接两种方式。如果受到警铃、烧焦气味或火焰/烟气等刺激的话，人们会根据自己对火灾的认知水平、初始状态、火灾知识和经历，以及在团体中的职位和责任等迅速做出反应。如果被间接地告知或得到火灾警报，进一步搜集资料取证将是人们通常采取的第一反应。并且，人们的侥幸心理也极易造成在疏散决策上的迟缓现象。袁启萌等（2012）对上海"11·15"特大火灾事故中的 42 名幸存者进行了灾后调查，研究发现：在无自动报警的住宅楼高层建筑火灾中，9.52%的受访者选择在第一时间报警。得到火警信息后，14.29%的受访者在第一时间的行为反应是招呼家人，或与家人商量对策；11.9%的受访者在第一时间选择灭火；选择留守自救的受访者占 19.05%；还有 7.14%受访者对火警不以为意；仅有 38.1%的受访者第一反应是选择逃生。绝大部分受访者均是在充分感受到火焰、温度、烟气等火灾环境带来的生命威胁后才决定逃生。其主要原因包括：①行动不便；②等待火被控制；③抱有乐观估计和侥幸心理；④不熟悉消防通道等。

8. 人员初始位置的影响

人们对于警报信息的认知和应急疏散行为的决策，也受到其在建筑物中所处初始位置的影响。距离起火点越近，直接受到火焰、烟气等火灾事故环境状态的影响越大，越有利于对于火警信息的早期认知和确认，易于迅速做出决策。相反，距离起火点越远，受到外界其他信息的干扰越强，越容易影响人们对于火警的早期认知和决策能力。日本的有关研究中首先将人员在建筑物内所处的初始位置分为火灾室、火灾层、非火灾层三种情况，并假设火灾室人员开始疏散行动的时间为 30s，处于火灾层的非火灾室人员开始疏散行动的时间为 60s，他们认为非火灾层的人员开始疏散行动的时间最为迟缓，因此假定为 120s（金香等，1985）。

1.2.4　人员应急疏散行为研究方法

与自然科学相比，行为科学的研究人员必须正视一个伦理问题，最突出的伦理问题是"欺骗"。假如被试者知道试验的条件、研究的目的，那么试验的结果就很难有效地说明问题。换句话说，被试者应尽可能地对试验一无所知，才能做出近乎自然的反应。另外，按照伦理惯例，研究人员还应在征得被试者同意的情况下进行各项试验。尤其是火灾试验，应考虑被试者中有无严重心脏病患者或神经功能不健全的患者，以防止被试者遭到心理上或生理上的损害和危害。考虑到伦理等方面的问题，显然不能将被试者置于真实的火灾条件下进行情景再现。并且，由于火灾的随机性和不确定性特征，不仅在实验室中得到的结果可能有误差，即使真实火灾的实例也无法进行重复验证。因此，火灾中人员疏散行为的研究常常采用观察法、调查法、演习法、试验法、计算机模拟等多种方法相结合，以及多学科相融合的手段。

1. 观察法

从 20 世纪初，人们开始了对人员流动规律的观察研究。早期主要是建立在直接观察、通过照片和录像观察的基础上进行统计分析的研究方法。Predtechenskii 和 Milinskii（1969），以及 Fruin（1987）就人员流动状态进行了大量的实际观测，从中挖掘和分析了人员流动状态的规律。各国政府在实际观测分析数据的基础上，分别制定了各自的防火安全设计规范，对建筑物疏散通道的设计进行了规范。

2. 调查法

观察法是理想的行为学研究方法之一，它不要求被试者合作，研究人员也不应干扰被试者的行为反应。然而，火灾的发生是突发性的，研究人在火灾中的行为时，我们基本上无法进行这种亲临现场的直接观察。消防部门和研究人员只能在事后及时赶到现场，采集现场残余的物证资料，借助访问和视频监控等手段，辅助采用灾后调查法对事故中的人员行为反应进行数据挖掘和分析。Bryan（1985）通过对美国几起重大火灾事故当事人的调查，深入研究了火灾情况下的行为反应模式，先后证实了家庭成员重返行为及群聚现象。Keating（1982）和 Sime（1992）从心理学层面对疏散中人员行为的各个方面进行了研究，如空间认知记忆、火灾信号感知、警报系统、应急状态下的信息交流、火灾中的应急评估和逃生行为逻辑等（Sime，1992）。美国"9·11"事件发生后，美国、加拿大和英国的学者等对纽约世贸中心人员的逃生行为进行了研究（Pamela et al.，2002；Nicholson，2002；Kuligowski et al.，2009）。袁启萌等（2012）对 2010 年上海"11·15"特大火灾事故中的 42 名幸存者进行了采访，分析了疏散者行为决策的规律及其与个人状态等因素的相关性。

问卷调查也是一种常用的研究方法。清华大学的李晓萌（2008）通过对人员应急疏散行为进行问卷调查，对人员的应急疏散行为反应与人员特性进行了相关性分析，总结了性别、年龄、是否有疏散演习和应急培训经历等人员特性与人员应急疏散行为反应的关系。何理等（2011）、钟茂华等（2018）设计了调查问卷，对地铁站人员的安全疏散意识和行为进行了大量的分析研究。张培红等（2011）对大型商场人员的应急疏散行为进行了问卷调查和分析。陈长坤等（2018）利用互联网进行问卷调查，分析了性别、年龄、疏散教育培训程度等与恐慌心理和从众、折返等人员应急疏散行为的相关性。

3. 演习法

演习法是一种平日的训练手段，被试者大多会提前得到通知这是一次演习训练，而不是真实火警，因此，被试者的心理状态是平稳的，无法在演习中获得真实火灾中人的行为的随机性数据资料。然而，通过演习法可以收集有关疏散活动的特征，包括疏散活动的影响因素，以及个人、团体、管理人员的有关行为。

加拿大的 Pauls 通过疏散演习，利用便携式录音机、录像机获得了大量的人员应急疏散行为资料。阎卫东等（2010，2006）利用消防演习和问卷调查，分析了火灾情况下不同认知水平的高校学生人群的疏散心理和行为反应，并建立了人员疏散时间模型。近年来，人们采用高新数码技术对消防演习过程进行摄像，利用图像识别技术即可提取人员疏散演习中的数据信息。

4. 试验法

消防演习的实施受到各种规范、伦理道德及现场条件等因素的限制，有一定的局限性。因此，火灾中人员行为的研究常常采用试验研究的方法开展。行为学中的试验研究方法类似于自然科学中的实验，它通过人为制造的情景，控制影响所研究对象的自变量，揭示两个或两个以上因素之间的因果关系。Thompson 等（1980，1977）建立了两相流动模型，通过分析塑料球体在水箱中的流动过程，模拟不同密度分布情况下的人员流动状态。由于机械模拟无法考虑人的主观能动性等原因，因此实验结果与实际情况相差甚远。Shiwakoti 等（2014）、Soria 等（2012）、John 等（2009）利用蚂蚁进行了人员应急疏散行为的仿真实验。西南交通大学的 Wu 等（2019）、Lin 等（2017）利用小白鼠进行实验，类比分析了烟气环境中出口附近障碍物及出口位置对群集人员应急疏散行为的影响。中国科学技术大学的宋卫国团队对群集人员汇流等流动过程中的自组织队列等现象进行了观察和分析（金沙等，2019；Lian et al.，2017）。Cornelia 等（2017）和 Schadschneider 等（2011）通过实验研究，分析了行人流动中的自组织行为、队列现象、疏散通道瓶颈区堵塞现象，以及人群的运动规律等。

5. 人员应急疏散行为的计算机模拟

近年来，随着计算机数值模拟技术的迅速发展，国内外研究人员运用网络技术、最优化技术、虚拟现实等技术手段，在二维或三维建筑空间开发了多个火灾状态下的人员应急疏散行为计算机模拟模型。根据对人员应急疏散行为的研究方法，可将现行的疏散模拟模型概括为以下三种类型：运动学模型、流体动力学模型和行为学模型。

1）运动学模型

运动学模型中常采用粗网络对建筑物进行空间网络建模。根据实际建筑物空间内的人员分布、结构及功能的不同，建筑物粗网络通常由节点和连接组成。每一个节点可以是任一单元建筑空间的出口，或数个疏散通道的交点或连接点。连接即疏散人员由一个节点向邻近节点进行疏散流动的物理通道。运动学模型基于欧拉法，将所有疏散人员视为一个具有相同疏散能力的整体，假定疏散人员按照一定的计划，以一定的平均疏散人流速度，在建筑物空间网络中由一个节点向另一个节点疏散，不考虑疏散人员个体在各个节点中各自的应急疏散行为模式。典型的运动学模型有 EVACNET +（Taylor，1996；Kisko et al.，1985）、Takahashi's Model（Takahashi et al.，1989）、Magnet 模型（Shigeyuki et al.，1993）、EXIT89（Fahy，1994）等。

2）流体动力学模型

20 世纪 70 年代，Henderson（1974）采用流体动力学模型研究了人员流动，把人员流动与气体或流体质点的运动进行类比，建立了人员流动的纳维-斯托克斯方程，并用实测数据验证了这种理论。Henderson 认为，在低密度自由运动状态下的行人，其运动的特点与气体分子的运动类似；而对于拥堵状态下的人，其运动特点则与液体分子相似。Henderson 将人行道上的行人看成在连续二维平面上运动的独立粒子，对处于气态的人员流动进行了研究。Henderson 的模型建立在传统的流体力学理论基础上，它成功地描述了自由运动状态下人员流动的宏观特性，但该模型无法描述人员流动的微观特性，因此它也无法解释行人流中出现的各种自组织现象。Fang 等（2003）基于流体力学模型研究了在紧急情况下的行人流动模式，建立了影响人群流动的方程，证明了行人周围的人群密度会影响行人的运动速度。Lee 等（2005）利用流体力学的思想研究了人群密集条件下的人员安全，从而使得发生踩踏的事故概率最小化，并分析了发生踩踏事故的临界人流密度。Colombo 等（2005）基于流体力学的方法解释了出口处由于人的恐慌而影响人员流动的现象。高密度聚集人群流动过程中的状态与液体的流动在宏观上具有一定的相似性，学者们也利用流体力学揭示了踩踏等灾变事故发生的临界条件。但是，在人与环境的相互作用下，行为人能够主动地调整疏散行动的路径，尽可能地提高个体的疏散速度。以高密度人群在狭窄通道里的疏散行动规律为例，通道壁面附近人员的流动速度通常高于人群密度较大的轴线附近的流动速度，这一点与流体在管道中的流动规律具有显著的不同。由于流体力学模型不能诠释人的行为的主观能动性，其应用受到了一定的限制。

3）行为学模型

行为学模型基于拉格朗日法，其目的在于描述每一个疏散人员在任意时刻的行为特点，如不同疏散个体在路径选择等决策过程中的不同特点等，可以实现对每一个疏散人员的应急疏散行为及疏散流动轨迹的追踪和模拟。行为学模型能够实时表示每个行人的运动状态，在计算机上实现时，往往要求较大的内存空间，运行时间较长。其中，具有代表性的行为学模型包括社会力模型、元胞自动机行人流模型、偏向随机行走格子气模型和智能体模型。

（1）社会力模型。

20 世纪 90 年代开始，Helbing 等（2003，2000，1995，1994，1991）提出，人员流动所表现出来的各种群集效应和自组织行为是由人员个体之间的非线性作用而引起的，他们对人员流动中的恐慌心理、人员之间的相互吸引力和排斥力进行了分析，把改变人员运动状态的各种原因统称为社会力，社会力的方向和大小将随着行人对自身位置、环境及运动目标认识的变化而改变。Helbing 建立了行人群集流动社会力模型，该模型从人与环境之间相互作用的角度出发，考虑了人决定自身运动状态的各种影响因素，从而成功地描述了高密度人群流动过程中出现的各种自组织现象和成拱现象。社会力模型是一种连续性模型，而且该模型的方程很复杂，数值解计算时间长，存在行人重叠和穿越问题，尤其是其中很多关于人的相互作用力的参数很难量化，在一定程度上限制了其推广和应用。

（2）元胞自动机行人流模型。

元胞自动机行人流模型是一种时空离散的局部动力学模型。首先，元胞自动机行人流模型利用单个粒子或元胞来表示行人，常采用细网络流的方法，把整个建筑空间划分成细小的方格。例如，EGRESS（Ketchell et al.，1993；Takahashi et al.，1989）采用六边形网格，SIMULEX（Thompson et al.，1995，1994）采用 0.2m×0.2m 的方格，EXODUS（Owen et al.，1996；Galea et al.，1994）采用 0.5m×0.5m 的方格。各模型中节点与节点之间的连接关系不同，如 SIMULEX 和 EXODUS 中的每一节点与 8 个相邻的节点相连，因此大型的疏散空间常由上千个节点组成，这样就可以准确地表达空间的几何特性、疏散空间内部障碍物的分布，以及疏散过程中每个疏散人员的目标节点的选择和位置的更新。

另外，现有的元胞自动机行人流模型大多允许用户自行对疏散人员的个体特征进行定义，或者用随机数方法产生，然后采用如 if-then 形式的启发式规则等来描述某种环境状态对人员应急疏散行为的刺激或约束作用，以及人与人之间的相互影响和作用力，行人在所定义的行为规则的指导下选择下一时刻疏散运动的路径和状态。例如，启发式规则"如果处于充满烟气包围的房间中，将选取最近的可利用的出口离开"即反映了在烟气环境状态下，人员选择疏散路径时采取的是就近原则。然而，即使处于同样的环境状态下，不同疏散人员的决策仍可能存在很大的差异。因此，行为模型的准确性很大程度上受到模型中行为规则知识库的完善程度及逻辑推理的科学性的挑战。鉴于人员行为的模糊性、随机性和不确定性特点，对于火灾时人员的决策和应急疏散行为反应数据的采集非常困难，所以数据严重不足，对人员应急疏散行为元胞自动机行人流模型的准确性造成了一定的不利影响。

早期，元胞自动机行人流模型是在元胞自动机交通流模型的基础上建立起来的，由 Blue 等（2001，1998）提出的元胞自动机行人流模型就是其中比较具有代表性的一个。在该模型中，构成行人通道的 $W×L$ 的二维网格看作由长度分别为 W 和 L 的二维通道组成，行人在每一时间步需要完成两个任务：选"道"和前进。选"道"是为了决定行人在该时间步内是继续在目前所处的"道"上前进还是转到旁边相邻的"道"上，选择的依据是在哪一条"道"上能够以最大的速度向前运动。如果在两条或两条以上的"道"中可以达到同样大的速度，那么行人以一定的概率选择其中的一条。在选"道"的过程中，行人要解决相互冲突的问题：如果行人身旁相邻的格点已被其他行人占据，或尚未占据但已被选中，则该行人放弃对该"道"的选择的概率为50%。当所有的行人都完成选"道"任务后，他们同时转到选好的"道"上并以当时能够达到的最大速度向前运动。在不超过速度极限的前提条件下，行人能够达到的最大速度就是行人与其前方最近的行人之间的距离。该模型可以描述行人具有多种运动速度的特点，并且它所采用的并行更新规则也与实际的行人运动的情况是一致的。由于该模型建立在交通流理论的基础上，统计出来的结果与交通流的结果有许多相似之处。但是行人运动的复杂性和随机性远超机动车，而这种元胞自动机行人流模型只能考虑相邻行人之间的排斥效应，即行人之间的近程关联，而无法处理行人之间的远程关联。

为了更加真实而且详尽地模拟行人的运动，Burstedde 等（2002，2001）提出了"地场"的概念，从而建立了完全不依赖于交通流理论的元胞自动机行人流模型。这种模型将社会力模型的思想运用到了元胞自动机的方向选择概率上，认为系统中的行人都处于某种虚拟的"地场"当中，并在"地场"的作用下保持或改变当前的运动状态。某个节点的"地场"通常用一个二维的矩阵来表示，矩阵中的元素记载着处于该节点上的行人对周围相邻各节点的选择概率。"地场"的取值由行人对环境的认识来决定，它会随着时间和位置的变化而变化。当有行人经过某个节点以后，该节点的"地场"取值相应地发生改变，相当于行人留下了运动的"迹"，这种变化会随着时间的推移出现扩散或衰退的现象。因此，后来经过该节点的各行人都在某种程度上受到前面这个行人的影响。除此之外，"地场"还会受到节点的地理位置、障碍物等其他因素的影响。引入了"地场"概念的元胞自动机行人流模型能够考虑到影响行人运动的各种因素，因此可以更逼真地模拟行人流的演化过程。

基于"地场"理论的元胞自动机行人流模型通常采用并行的更新规则，即在每一时间步内，系统中的所有行人同时进行目标节点的选择和位置的更新。这就决定了在建立元胞自动机行人流模型的过程中，除了制定合适的行为规则外，还必须要解决行人之间相互冲突的问题。Burstedde 等（2002，2001）引入了静态场和动态场概念对元胞自动机行人流模型进行改进，假设所有行人同时运动，并且具有相同的转移速度，实现了对行人运动的各种自组织现象的模拟。Kirchner 等（2003）通过引入摩擦因子，解决了多个行人竞争同一个位置时所有竞争者保持静止的问题，有效解决了行人之间的冲突并描述了行人之间的堵塞和停滞现象，但行人运动时仍然必须具有相同的速度。Lu 等（2014）通过引入领导者和跟随者，提出了一种扩展"地场"的元胞自动机行人流模型来描述人群流动中的成组现象。Marek 等（2013）、Weng 等（2006）、Pavel 等（2017）利用不同的时间间隔模拟了不同行进速度下行人流动中的自组织现象。Fu 等（2017）在实现行人异速的情况下，考虑超越行为，进行了人群运动行为分析。Luo 等（2018）利用速度快时更新概率大、速度低时更新概率小这一规则，采取同步更新方式实现了行人的异速运动。Guo 等（2008）和 Fu 等（2018）利用更精细的网格形式来模拟行人运动速度差异的问题。元胞自动机行人流模型采用固定的网格进行空间的离散，在一定程度上限制了人员流动的随机性和主观能动性，不能很好地反映人员流动过程中的可压缩性。

（3）偏向随机行走格子气模型。

偏向随机行走格子气模型是 Takashi（1993）在多粒子模型的基础上建立起来的，它是一种时间、空间和系统的状态都被离散化了的模型。在这种模型中，系统空间被定义在一组均匀划分的二维网格上，行人运动时只能从一个节点运动到另一个节点，而不能处于中间某个位置，也不允许两个行人同时占据同一个节点。系统演化的整个过程被划分成若干个时间步，系统在每一个时间步的状态由其在上一个时间步的状态及演化规则来决定。在每一个时间步中，所有的行人按照事先安排好的随机次序轮流进行位置更新。行人在每一次更新位置时最多只能移动一个节点的距离，至于移动到哪一个节点则由演化规则来决定。为了使各行人具有同等的选择权利，在每一个时间步的开始，首先对处于系统中的所有行人进行随机编号，以确定各行人在该时间步的行走次序。

该模型中的演化规则是通过对偏向强度的设定来实现的。偏向强度 D（$0 \leqslant D \leqslant 1$）代表了行人进行位置更新的时候对优势方向的偏爱程度，它表现为方向选择概率的权重的形式。例如，当行人可以选择的运动方向为向上、向下和向右时，如果向右为优势方向，则行人在每一时间步内根据由偏向强度确定的运动方向选择概率，来选择其相邻的一个节点作为该时间步行走的目标节点，但是已被其他行人占据的节点不能作为选择的对象。偏向强度既可以是一个常数，也可以随位置的变化而变化；既可以代表对某一个方向的偏爱程度，也可以代表对多个不同方向的偏爱程度；它决定了行人的行走规则，因此是该模型当中最重要的参数。偏向随机行走格子气模型能够成功地描述行人运动过程中出现的各种自组织现象和临界现象，而且由于采用了随机的串行更新规则，既保证了各行人具有同等的选择权利，又不用解决行人之间相互冲突的问题，编程相对简单，很容易将其应用到各种不同的环境中。但是，该模型建立在多粒子模型的基础上，因此不能描述行人有多种运动速度的情况。而且，串行的更新规则过于理想化，与实际的行人运动情况有所不符。

（4）智能体模型。

基于智能体的人员群集流动模型用"智能体"表示个人，智能体具有各自的感知系统、内部状态和行为产生系统。根据每一时间步上每一个智能体对环境和实体的外部感知，以及自身的内部状态，智能体与环境及其他实体发生挤压、碰撞、推动、排斥等相互作用，其行为生成系统产生自驱动力和期望速度，得出下一个应急疏散行为目标和行动方案，且对内部状态进行修正（Chen et al.，2014；Crooks et al.，2008；Pan et al.，2007；Murakami et al.，2002）。公共聚集场所的群集流动中，实体既可能是聚集空间中的其他人，也可能是墙体、出口、障碍等。例如，在发生了火灾的建筑物空间环境中，刺激性的烟气环境会影响可视距离及疏散运动速度，具有自驱动力的智能体在自身行为规则的作用下，可以根据周围环境事故状态的演变，及时调整自己的疏散目标，向着安全的疏散通道和出口方向疏散。智能体模型中，每个智能体都有一个内部状态参数来表达个体内部动机。实际的运动速度达不到期望速度时，随着时间的增长，人的不耐烦程度也在增长，因而变得"好斗"，产生拥挤行为，并最终导致群集踩踏等事故的发生。基于智能体技术的疏散模型可以很好地反映高密度人群流动的可压缩性。

1.3　人员应急疏散诱导技术的研究现状

关于大规模人群应急疏散诱导技术的研究，主要集中在大规模人群应急疏散路径规划，以及诱导设备和设施的完善两个方面。

目前，国内外主要采用计算机模拟和仿真的方法进行应急疏散决策优化和路径规划的研究，启用的模型主要有网络流、排队论和启发式算法等。Lim 等（2012）、Chalmet 等（1982）通过网络图来表示建筑物，利用动态或静态网络流思想，求解了最短路径及最大化疏散完成人数等。熊立春等（2014）和 Bakuli 等（1996）在网络化疏散空间的基础上，结合排队论进行了最短路径规划。Chen 等（2014）和 Crooks 等（2008）采用智能体模型，对城市级别的大规模整体疏散策略进行了性能化分析和对比；Gai 等（2017）针对有毒气体泄漏，提出了一种多目标疏散路径模型。近年来，路径优化问题越来越复杂（多节点、路况条件不一、人员复杂），遗传算法、蚁群算法等受到了人们越来越多的关注。Forcael 等（2014）和张培红等（2008）利用蚁群算法提出了突发事件中应急疏散路径优化方案；Abdelghany 等（2014）利用遗传算法对疏散方案进行了优化。然而，由于事故现场环境信息复杂多变，疏散决策优化方案和事故状态监测、诱导指挥信息之间无法实现即时的数据传递，应急决策的时效性、准确性和智慧程度大大降低，群集伤亡事故时有发生，造成了严重的人员伤亡和财产损失。

国内的学者主要采用实验、仿真等方法，分析诱导标识的色彩、字体、对比度和闪耀度等（Wang et al.，2006；Ouellette，1993，1988；Collins et al.，1993；宋卫国和马剑，2007，2006）。目前，工程中普遍使用的疏散指示标识多为固定方向式指示标识，这类固定方向的疏散指示标识和安全出口标识，存在着当疏散通道无法通行或安全出口附近发生火灾时仍然将人员向危险区域诱导的隐患。近年来，对于智能应急疏散指示系统方面的研究已经取得了很大的进步：台湾学者Yu 等（2015）应用无线传感器网络和射频识别技术，建立了基于图像识别与数字标牌的智能引导系统；Khan 等（2018）提出了一种基于无线连接传输的物联网智能消防疏散系统，并利用 A*搜寻算法对疏散路径进行了优化；窦杰等（2018）提出了一种基于广度优先算法的智能火灾疏散系统，用于动态监测火情状态并优化逃生路线。但目前的智能疏散系统尚未实现大规模区域应急疏散优化算法与现场环境特性参数的监测监控，以及疏散疏导技术和装备等的数据传输和集成控制，不能在疏散决策全局优化的基础上实现智能疏散诱导。

基于事故状态演变和消防设施的动作状态的信息传递，开发大规模应急疏散决策优化算法，建立基于疏散决策全局优化的智能疏散诱导系统，对于加强城市公共安全具有重要的理论价值和技术支撑作用。

1.4　本书的主要内容

在火灾、爆炸、有毒气体泄漏等突发事件中，造成群死群伤的主要原因可以归结为突发事件现场环境状态复杂多变、信息传输范围大、噪声强、人员高度密集、多数人对周围环境不熟悉、应急疏散诱导不利等。国内外针对突发事件复杂现场环境下区域性大规模人员疏散的研究相对比较少，大部分针对单独建筑结构（商场、高层建筑、地铁站台等）中的人员疏散时间和路径进行优化和模拟分析；或者针对人-车混合疏散模式，基于经典网络流理论实现疏散路径优化，未能实现适用于大范围、强噪声、强干扰等突发事件复杂环境下的大规模区域应急疏散优化算法和现场环境特性参数的选择、疏散疏导技术和装备的完善、应急避难区域的决策数据传输和集成等。

根据当前应急疏散领域的技术现状和研究现状，本书拟从以下两个方面开展研究：①研究在火灾等突发事件中人员的应急疏散行为规律和行为模式，建立大规模群集疏散行为动力学模型，分析群集事故灾变的临界条件；②分析现有的应急疏散指示标识对人的应急疏散行为的诱导作用及其影响因素，开发应急疏散决策优化模型和无线智能诱导技术，实现基于大规模应急疏散决策优化的智能疏散无线诱导技术装备。

在对人员应急疏散行为进行实际观测、案例调查、模拟试验和理论分析的基础上，分析人员群集流动的动力学规律及灾变的临界条件；利用自适应蚁群算法，开发基于多元化信息融合的大规模区域疏散优化算法和智能动态疏散诱导系统，将以往传统的就近固定方向疏散的理念，提升为远离危险区域的主动疏散和全局优化的理念，实现疏散诱导的性能化、智能化，使之能够根据事故发展态势，在疏散决策优化的基础上，动态实现应急疏散的智能诱导。该策略具有显著的技术优势和实用价值，对于改变我国应急疏散和城镇公共安全现状有着非常重要的意义。本书的主要内容包括以下六个方面。

1. 人员应急疏散决策行为的调查和分析

由于人员应急疏散行为和人员决策过程的随机性、不确定性和模糊属性，传统的线性分析和多项式拟合等方法无法满足人员应急疏散行为预测分析的要求。本书通过对大型商场、大型医院内不同类型和不同状态的人员应急疏散行为进行问卷调查，利用 SPSS 进行不同人员特征应急疏散行为的相关性分析；对香港公屋若干火灾案例进行灾后调查，收集关于人员疏散行动开始前的决策行为的数据资料，利用模糊推理机建立人员应急疏散行为的自适应性模糊神经网络模型，根据所获得的数据样本进行网络训练和校验，完成关于人员疏散行动开始时间的模糊预测和人员应急疏散决策行为模式的模糊推理。

2. 人员流动状态的观测和分析

在高等学校等人员高度集中的场所进行人员流动状态的观测，分析时间压力下不同行为特征、不同路况和不同人流密度下，人员的流动状态和流场分布，以及建筑物出口的人员流动状态。着重对90°弯道和下楼梯时的行人流动能力的局部衰减、群集流动状态的突变及其与人流密度的关系等问题进行深入的观察研究。利用自适应模糊神经网络推理系统（adaptive network based fuzzy inference system，ANFIS），建立关于人员疏散行动速度的模糊推理模型，分析人员群集流动状态的演变过程。

3. 人员群集流动动力学

建立基于智能体技术的人员群集流动动力学模型，采用 Java 面向对象编程语言编写人员群集流动仿真软件，通过对单个房间、平直通道、存在瓶颈通道等不同结构空间上的人员疏散群集流动进行仿真，再现疏散出口处的成拱现象，以及双向流在瓶颈处的自组织队列现象、冲撞、流动方向的振荡现象；分析建筑空间结构、出口数量、出口布局、疏散通道障碍物等对人员群集疏散流动动力学的影响。

4. 疏散指示标识对人员应急疏散行为的诱导作用

利用 3DS MAX 技术构建虚拟疏散场景，在地铁站、建筑物 T 形路口场景中，通过两两对比试验和问卷调查，分析不同行为特征人员对不同字体、不同颜色、图案、文字、箭头等不同表达方式疏散指示标识的行为反应，分析中国香港和内地大学生由于不同成长背景所产生的行为差异。

5. 大规模人群应急疏散决策优化

在充分考虑事故环境状态和疏散通道的结构条件等因素影响的前提下，定义疏散通道的当量长度，结合疏散通道人员的滞留程度定义应急疏散通道的时间成本函数，构建自适应蚁群算法的启发函数，建立基于改进的自适应蚁群算法的大规模人群应急疏散决策优化模型，在 C#.NET 开发环境下编制大规模人群应急疏散决策优化程序，以体育场馆、办公楼、商场等不同类型的建筑物为例，进行算法的应用和参数的优化；以人员密集的医院、地铁换乘站、商业步行街为例，进行火灾情况下大规模应急疏散决策优化案例应用；以包括多个建筑物和街道的某城市街区为例，进行城镇燃气管道发生喷射火灾的情况下，在不同环境风向影响下的城市街区大规模应急疏散路线和疏散避难方案优化的案例应用和分析。

6. 基于应急疏散决策优化的智能无线诱导技术

构建基于 LoRa 的无线通信网络，设计开发无线火灾感温感烟探测器、无线 LED 疏散指示标识等设备，并进行功能、能耗和火灾事故环境下的性能等测试；开发用于事故环境信息数据传递的探测器数据接收程序及输出控制器程序等，实现无线探测器报警、应急疏散决策优化算法和智能疏散无线诱导标识的数据传递；实现大规模人群应急疏散决策优化模型与智能疏散无线诱导系统的集成控制。

第 2 章　人员应急疏散决策行为的调查和分析

在人员高度聚集的公共场所中，一旦发生火灾等紧急情况，因疏散行为或应急策略不当造成的群死群伤事故（事件）就很有可能发生，可能造成人员伤亡和财产损失。2005 年，在成都某超市开业促销活动中，因现场混乱导致 5 人受伤；2008 年，美国纽约一家超市发生踩踏事故，造成一死四伤。加强人员应急疏散决策行为的调查和分析，对于应急疏散预案的制定和城市公共安全保障具有重要的指导作用，是防止高密度公共场所踩踏等群集伤亡事故发生的重要手段。

本章中，研究人员在大型商场、大型医院、香港公屋等场所进行了大量的火灾现场和灾后问卷调查，利用 SPSS 软件对不同类型公共场所人员的应急疏散决策行为特点进行统计分析，利用自适应模糊神经网络进行数据挖掘，对成长背景、火灾经验和初始状态等不同行为特点的人员的应急疏散决策行为进行分析。

2.1　大型商场人员应急疏散决策行为的调查和分析

本书相关研究人员在 2010 年 4 月 12 日和 4 月 28 日，以人员密集的沈阳兴隆大家庭购物中心的顾客为研究对象，利用问卷调查及统计分析的方法，对顾客人员特征及应急疏散决策行为同时进行调查，分析不同特征人员的应急疏散决策行为的差异及其相关性。

2.1.1　调查问卷设计

针对沈阳兴隆大家庭购物中心的顾客特点，研究人员从顾客的人员特征及其疏散决策行为两个大方面出发，设计了如下几项问题，具体如表 2.1 所示。

表 2.1　顾客调查问卷

问题类别	问题内容	选项			
人员特征	性别	1. 男性	2. 女性		
	进出商场频率	1. 第一次	2. 偶尔	3. 有时	4. 经常
	是否经历过紧急状况	1. 是	2. 否		

问题类别	问题内容	选项	
应急疏散 决策行为	听到警铃后的第一反应	1. 看周围人的反应 3. 向工作人员询问	2. 按疏散指示标识立即想办法 4. 不知所措
	如何选择逃生路线	1. 跟着他人逃离 3. 沿着进入的路线逃离	2. 按疏散指示标识逃离 4. 向工作人员询问
	找不到路怎么办	1. 自己找路标 3. 向工作人员询问	2. 向路过的人打听 4. 随着人流走走看
	发生拥堵怎么办	1. 排队等待　　2. 向前挤　　3. 另外寻找其他通道　　4. 其他	

2.1.2　调查数据整理及统计

通过调查，分别从人员特征及人员应急疏散决策行为两方面，应用 SPSS17.0 软件对调查结果进行多选项描述分析。

1. 人员特征

根据调查的结果，分别从"性别"、"进出商场频率"及"是否经历过紧急状况"三个方面分析人员特征及其应急疏散决策行为的相关性。两次调查共发放问卷 120 份，回收有效问卷 104 份，其中男性 44 人（42.31%），女性 60 人（57.69%）；"第一次"逛兴隆大家庭购物中心的为 9 人（8.65%），"偶尔"逛兴隆大家庭购物中心的为 28 人（26.92%），"有时"逛兴隆大家庭购物中心的为 31 人（29.81%），"经常"逛兴隆大家庭购物中心的为 36 人（34.62%）；没有遇到过紧急情况的为 82 人（78.85%），遇到过紧急情况的为 22 人（21.15%）。

2. 人员应急疏散决策行为

根据问卷调查的实际结果，分别从"听到警铃后的第一反应""如何选择逃生路线""找不到路怎么办""发生拥堵怎么办"等四个方面分析人员应急疏散决策行为，如表 2.2 所示。

通过数据的整理分析可以看出：发生事故时，很多人会下意识地"看周围人的反应"、"跟着他人逃离"或"随着人流走走看"，这充分地表现出了人员的从众行为；还有一部分人在逃生过程中不自觉地"沿着进入的路线逃离"，这种惯性行为与众多火灾案例中实际发生的情况相符；在人员疏散过程中，一小部分人选择寻找疏散指示标识并按其指示逃离，这与大部分人没有良好的安全意识，以及商场内的疏散指示标识缺失或不明显有关；另外，有为数不多的人"向工作人员询

表 2.2　人员应急疏散决策行为频数

问题	选项	频数	百分比/%	问题	选项	频数	百分比/%
听到警铃后的第一反应	看周围人的反应	28	26.9	找不到路怎么办	自己找路标	28	26.9
	按疏散指示标识立即想办法	27	26.0		向路过的人打听	38	36.5
	向工作人员询问	13	12.5		向工作人员询问	18	17.3
	不知所措	36	34.6		随着人流走走看	20	19.2
	合计	104	100.0		合计	104	100.0
如何选择逃生路线	跟着他人逃离	55	52.9	发生拥堵怎么办	排队等待	50	48.1
	按疏散指示标识逃离	22	21.2		向前挤	10	9.6
	沿着进入的路线逃离	19	18.3		另外寻找其他通道	35	33.7
	向工作人员询问	8	7.7		其他	9	8.7
	合计	104	100.0		合计	104	100.0

注：百分比数据由四舍五入得到，所以存在相加不为 100%的情况，本书余同。

问"，也就是向商场管理人员寻求帮助，符合正常的行为心理，在这种情况下，如果商场管理人员能够主动引导众人开展疏散，是十分有利的；当发生拥堵时，近一半的人会"排队等待"，这会减少因拥挤而引发的踩踏事故；但需考虑在实际情况中，很多人会因为恐慌、急躁等因素而失去耐心，寻找其他疏散通道，因此更需要商场有完整而明显的疏散指示标识。

2.1.3　人员特征及其应急疏散决策行为的相关性分析

1. 相关性分析原理

在统计学专业软件 SPSS17.0 平台上进行列联表分析，利用皮尔逊卡方检验计算 p 值，根据 p 值和显著性水平的大小关系分析两个属性的相关性。设置两个常用的显著性水平 0.01 和 0.05：若 $p \geq 0.05$，接受原假设 H_0，即 A、B 两属性独立；若 $p < 0.05$，拒绝原假设 H_0，即 A、B 两属性相关；特别地，若 $p < 0.01$，拒绝原假设 H_0，A、B 两属性显著相关。

2. 皮尔逊卡方检验

将问卷人员的安全意识整理结果与人员特征分别进行皮尔逊卡方检验，结果如表 2.3 所示。从表 2.3 可以看出，p 值小于 0.05 的关系有 4 组。由此可见，人员的性别及是否经历过紧急状况与人员的部分应急疏散决策行为显著相关，而顾客进出商场的频率与人员的应急疏散决策行为的相关性很小。

表 2.3　检验 p 值

应急疏散决策行为	性别	进出频率	是否经历过紧急状况
如果发生紧急状况您听到警铃后的第一反应是什么	0.027	0.338	0.000
如果发生紧急状况您如何选择逃离路线	0.004	0.076	0.000
您找不到路的时候通常怎么办	0.512	0.309	0.323
如果发生拥堵您会怎么做	0.094	0.622	0.412

3. 不同性别顾客疏散决策行为差异分析

1）听到警铃后的行为反应

针对"听到警铃后的第一反应"和"性别"的相关分析如图 2.1 所示：听到报警后，有约 37.8% 和 17.8% 的男性会分别看周围人的反应或向工作人员询问，只有少数女性这样选择，说明在突发事件中，男性更倾向于先确认事故的具体情况再做决策；听到报警后，"不知所措"的女性几乎是男性的两倍，说明男性比女性更趋向于冷静和理性思考。

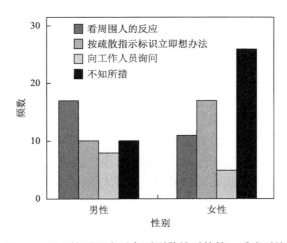

图 2.1　不同性别调查对象听到警铃后的第一反应对比

2）逃生路线的选择

关于"如何选择逃生路线"和"性别"的分析结果如图 2.2 所示：在选择逃

生路线时，约有 67.8%的女性跟着他人逃离，是男性的两倍；在其他选项（按疏散指示标识逃离、沿着进入的路线逃离、向工作人员询问）中，男性明显多于女性，特别是"按疏散指示标识逃离"，男性的选择率几乎达到了女性的三倍，这与男性更注重对安全疏散指示标识的观察密切相关。这些结果进一步说明了在发生紧急状况时，多数女性会不知所措，此时，大部分女性选择跟着他人逃离，表现出了明显的从众行为。

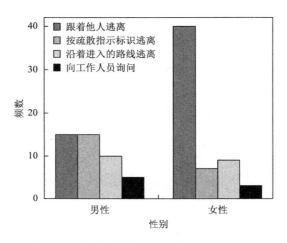

图 2.2　不同性别调查对象的逃生路线对比

4. 是否经历过紧急状况的顾客的应急疏散决策行为差异分析

1）听到警铃后的第一反应

针对"听到警铃后的第一反应"和"不同经历"的分析结果如图 2.3 所示：对于听到警铃后的第一反应，在没有经历过紧急状况的人群中，有 43.9%的人会"不知所措"，31.7%的人看周围人的反应，很少一部分人按疏散指示标识往外跑或向工作人员询问。在经历过紧急情况的人群中，没有人"不知所措"，这与前面形成鲜明对比；很少一部分人看周围人的反应或向工作人员询问，72.7%的人按照疏散指示标识往外跑。从结果可以看出，在发生突发事件时，没有经历过紧急状况的人会茫然、慌乱、不知所措，下意识地表现出从众行为；反之，在听到警铃之后，绝大多数经历过紧急情况的人会根据自己的经验，按照疏散指示标识立即想办法向外跑，这种行为特征对及时疏散是非常有利的。

2）逃生路线的选择

针对"逃生路线"和"不同经历"的分析结果如图 2.4 所示：在经历过紧急情况的人群中，72.7%的人会按疏散指示标识逃离，9.1%的人跟着他人逃离、沿

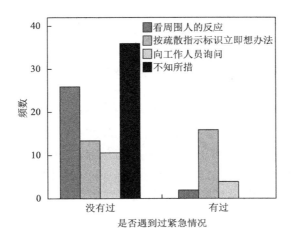

图 2.3　不同经历调查对象听到警铃后的第一反应

着进入的路线逃离或向工作人员询问；相比之下，大部分没有类似经历的人会选择跟着他人逃离，表现出了从众行为；还有一部分人会沿着进入的路线逃离，表现出了惯性行为。对不同经历调查对象而言，相差最大的选项是按疏散指示标识逃离，说明在发生事故时，没有类似经历的人员更容易表现出从众和惯性行为的特点，不能理智地做出正确的决策。

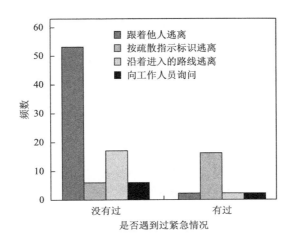

图 2.4　不同经历调查对象的逃生路线对比

2.2　大型医院人员应急疏散决策行为的调查和分析

近年来，医疗建筑呈现向大型化、高层化发展的趋势。大型医院作为患者集中场所，患者及陪护人员数量众多，一旦发生火灾，人员伤亡和财产损失惨重。2005 年 12 月 15 日，吉林省辽源市中心医院发生特别重大火灾事故，造成 37 人死亡，95 人受伤，直接财产损失 822 万元。经调查，事故的直接原因是辽源市中心医院配电室电缆沟内电缆短路故障引燃可燃物。2005 年 7 月 12 日，哥斯达黎加的卡尔德隆医院大楼发生火灾，至少 18 人死亡，估计财产损失达 800 万美元。在事故调查中发现，这场火灾中的死者大多是患者，在大火面前，他们缺乏自救能力，更无救生能力，在护理人员不足、疏导不力的情况下，使他们失去了生还的希望。2006 年 12 月 9 日凌晨，俄罗斯某戒毒医院发生火灾，由于消防通道被关闭，门窗无法及时打开，大火造成至少 45 人死亡、10 人受伤。因此，开展大型医院人员应急疏散决策行为的研究，了解生理、心理呈现特殊性的患者人群的应急疏散决策行为特点，对于医院建筑开展性能化防火设计具有重要的意义。

影响疏散安全的人员特性因素主要涉及人员脆弱性和群集流动性，其中，人员脆弱性的影响因素包括人员对场所的熟悉程度，以及人员生理、病理、药理、心理及安全意识等。大型医院聚集了大量患者，尤其是老年人、儿童或者残疾人士等，受身体条件等因素影响，他们的应急疏散决策行为呈现一定的特殊性。针对医院患者人群生理和心理行为的特殊性，本节中，研究人员在沈阳某大型综合性医院进行了大量深入的实际观测、数据采集及问卷调查，利用 SPSS 进行皮尔逊卡方检验、假设检验及曲线估计，分析了医院内人员的性别、年龄、身体条件状况与疏散决策行为的相关性。

2.2.1　调查问卷设计

针对该大型医院内的人员流动特点，研究人员分别从不同人员的特征及其疏散决策行为两个方面设计了如下几项问题，具体如表 2.4 所示。

表 2.4　大型医院内人员流动调查问卷

问题类别	问题内容	选项	
人员特征	性别	1. 男性	2. 女性
	是否来医院看病	1. 是	2. 否

续表

问题类别	问题内容	选项
人员特征	进出医院频率	1. 第一次　　2. 有时　　3. 经常
	是否经历过紧急状况	1. 是　　2. 否
应急疏散决策行为	听到警铃后的第一反应	1. 看周围人的反应 2. 按疏散指示标识立即想办法 3. 向医院工作人员询问 4. 不知所措
	如何选择逃生路线	1. 跟着他人逃离 2. 按疏散指示标识逃离 3. 沿着进入的路线逃离 4. 向医院工作人员询问
	找不到路怎么办	1. 自己找路标 2. 问医生或保安人员 3. 向旁边的人打听 4. 随着人流走走看
	发生拥堵怎么办	1. 排队等待　　2. 向前挤 3. 另外寻找其他通道　　4. 其他
	会帮助病、残人士进行逃生吗	1. 肯定会　　2. 看情况　　3. 不会
	会从医院哪个出入口进出	1. 北门　　2. 南门　　3. 其他

2.2.2　调查数据整理及统计

通过 300 份问卷调查，分别从人员特征及应急疏散决策行为两方面，应用 SPSS17.0 对调查结果进行多选项描述分析。根据问卷调查结果，分别从"性别"、"是否来医院看病"、"进出医院频率"及"是否经历过紧急状况"四个方面总结人员特征，具体如表 2.5 所示。

表 2.5　大型医院人员特征频数表

问题	选项	频数	百分比/%
性别	男性	115	38.3
	女性	185	61.7
	合计	300	100
是否来医院看病	是	178	59.3
	否	122	40.7
	合计	300	100

续表

问题	选项	频数	百分比/%
进出医院频率	第一次	22	7.3
	有时	232	77.3
	经常	46	15.3%
	合计	300	100
是否经历过紧急状况	是	98	32.7%
	否	202	67.3%
	合计	300	100

　　根据问卷调查的实际结果，分别从"听到警铃后的第一反应""如何选择逃生路线""找不到路怎么办""发生拥堵怎么办""会帮助病、残人士进行逃生吗""会从医院哪个出入口进出"六个方面总结人员应急疏散决策行为，具体如表2.6所示。

表 2.6　大型医院人员应急疏散决策行为频数表

问题	选项	频数	百分比/%	问题	选项	频数	百分比/%
听到警铃后的第一反应	看周围人的反应	88	29.3	如何选择逃生路线	跟着他人逃离	138	46.0
	按疏散指示标识立即想办法	64	21.3		按疏散指示标识逃离	65	21.7
	向医院工作人员询问	41	13.7		沿着进入的路线逃离	65	21.7
	不知所措	107	35.7		向医院工作人员询问	32	10.7
	合计	300	100		合计	300	100.1
找不到路怎么办	自己找路标	78	26	发生拥堵怎么办	排队等待	111	37.0
	向旁边的人打听	91	30.3		向前挤	14	4.7
	问医生或保安人员	112	37.3		另外寻找其他通道	104	34.7
	随着人流走走看	19	6.3		其他	71	23.7
	合计	300	100		合计	300	100
会帮助病、残人士进行逃生吗	肯定会	103	34.3	会从医院哪个出入口进出	南门	234	78.0
	看情况	176	58.7		北门	66	22.0
	不会	21	7.0				
	合计	300	100		合计	300	100

根据数据的整理分析可以看出，受生理、心理因素的影响，医院内的患者更容易产生从众行为，但是部分患者行动能力很差，在逃生时处于弱势，这就使得这些患者即使没有因火灾造成伤亡，也可能被大量的人流挤压而受到伤害或在挤压的过程中受到有毒烟气的伤害；还有一部分人在逃生过程中不自觉地"沿着进入的路线逃离"，这种惯性行为与众多火灾案例中实际发生的情况相符。另外，医院不同于商场，人员都是有目的性地去某个科室，所以当人们在找不到路的时候，大多数人会选择询问医院内的工作人员，这就使得医院的工作人员的职责更加重要，他们对医院人员的疏散起着重要的作用；当发生拥堵时，大部分人会"排队等待"，这会减少因拥挤而引发的踩踏事故，但是需要考虑在实际情况下，很多人会因为恐慌、急躁等因素而失去耐心，尤其是一些伤病患者或者是带着孩子来看病的家人，他们会寻找其他疏散通道，因此医院内更需要有完整而明显的疏散指示标识。另外，在调查中，我们发现，在医院发生事故时，只有非常少数的人不会帮助病、残人士进行逃生，大部分人在可能的情况下，都会帮助患者们进行逃生。但在没有受过培训的情况下，帮助患者逃生时很盲目，有可能会适得其反。因此，建议更多的人接受相关的应急培训，提高相互救助的效率。

2.2.3　人员特征及其应急疏散决策行为的相关性分析

将大型医院人员的应急疏散决策行为与人员特征分别进行皮尔逊卡方检验，结果见表 2.7。根据相关性分析的结果显示，p 值小于 0.05 的有 6 组。由此可见，人员的"性别"、"是否来医院看病"及其"是否经历过紧急状况"与其人员应急疏散决策行为显著相关；"进出医院频率"与人员应急疏散决策行为的相关性很小。

表 2.7　皮尔逊卡方检验 p 值

行为	p 值			
	性别	是否来医院看病	进出医院频率	是否经历过紧急状况
听到警铃后的第一反应	0.001	0.096	0.289	0.000
如何选择逃生路线	0.013	0.045	0.271	0.000
找不到路怎么办	0.433	0.514	0.349	0.412
发生拥堵怎么办	0.112	0.393	0.521	0.094
会帮助病、残人士进行逃生吗	0.211	0.210	0.378	0.000
会从医院哪个出入口进出	0.623	0.541	0.444	0.309

1. 不同性别人员的应急疏散决策行为差异分析

1）听到警铃后的行为反应

针对"听到警铃后的第一反应"和"性别"的相关性分析，如图 2.5 所示。听到报警后，有 41.7% 和 17.4% 的男性会分别看周围人的反应或向工作人员询问，有少数女性这样选择，分别是 21.6% 和 11%，说明在突发事件中，男性更倾向于先确认事故的具体情况，经理性思考后再做决策，女性较多地表现出了"恐慌"和"急躁"。

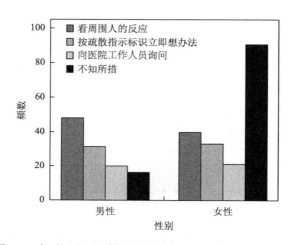

图 2.5　大型医院不同性别调查对象听到警铃后的第一反应

2）逃生路线的选择

不同性别调查对象的逃生路线见图 2.6。在调查中，我们对女性的部分问卷是

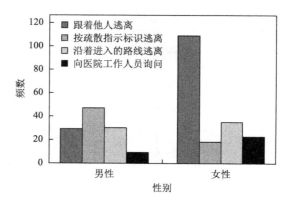

图 2.6　大型医院不同性别调查对象的逃生路线比较

在该大型医院的儿科处发放的，大部分都是母亲带着自己的孩子来医院看病。在选择逃生路线时，有58.9%的女性选择跟着他人逃离，是男性的4倍左右，在"按疏散指示标识逃离"这个选项中，男性的选择率几乎是女性的3倍，可以看出，女性表现出了更加明显的从众行为，这些母亲大都会选择抱着自己的孩子跟着他人进行逃离。在实际火灾事故场景中，由于这种从众行为，会造成拥挤、挤压等，将会对女性及患病儿童的生命安全造成很大的威胁。

2. 不同身体状况人员应急疏散决策行为的差异分析

关于"如何选择逃生路线"和"是否来医院看病"的相关性分析如图2.7所示。在选择逃生路线时，来医院看病的人中，有54%都会选择跟着他人逃离，是不来医院看病的3倍左右，体现出了明显的从众行为。关于"按疏散指示标识逃离"选项，不来医院看病的人员（包括陪护、探视、咨询人员等）的选择率几乎达到了来医院看病的2倍，说明来医院看病的人员在进入医院时，由于身体原因，大部分都只是关注相应的病理科室等问诊相关的标识，很少有精力注意到安全疏散指示标识；而对于不来医院看病的人员，这些人的身体状况较好，他们对安全疏散指示标识的观察更加仔细。

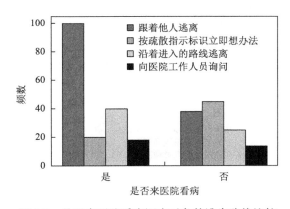

图 2.7　是否来医院看病调查对象的逃生路线比较

3. 是否经历过紧急状况人员应急疏散决策行为的差异分析

1）听到警铃后的第一反应

针对"听到警铃后的第一反应"和"是否经历过紧急状况"的相关性分析如图2.8所示。对于听到警铃后的第一反应，在没有经历过紧急状况的人群中，很少一部分人按照疏散指示标识往外逃生或向医院工作人员询问；在经历过紧急状况的人群中，没有人"不知所措"，很少一部分人会看周围人的反应，大部分人按疏散指示标识往外逃生。从结果中能看出，在发生突发事件时，没有经历过紧急状况的人会"不知所措",下意识地表现出从众行为,特别是生理、心理状态欠佳的病患人员,他们更可能表现出极端行为;反之,在听到警铃之后,绝大多数经历过紧急状况的人会根据自己的经验,按疏散指示标识立即想办法向外逃跑,这种行为特征对安全疏散是非常有帮助的。

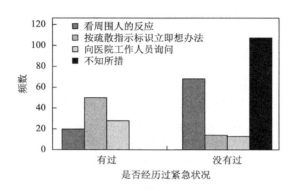

图 2.8　大型医院不同经历调查对象听到警铃后的第一反应

2)逃生路线的选择

针对"如何选择逃生路线"和"是否经历过紧急状况"的相关性分析如图 2.9 所示。在逃生路线的选择方面,在经历过紧急状况的人群中,大部分人会按疏散指示标识方向逃离。经历过类似情况的人在应对突发事件时会按正确的方法疏散;

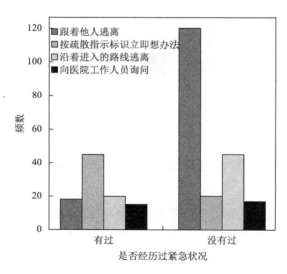

图 2.9　大型医院不同经历调查对象的逃生路线比较

相比之下，其他人则选择跟着他人逃离或沿原路线逃离，表现出从众行为或惯性行为。对不同经历的调查对象而言，相差最大的选项是"按疏散指示标识逃离"，说明没有类似经历的人员在发生紧急事故时，不能按照正确的指示标识疏散。

　　3）帮助病患人员的选择

　　针对"会帮助病、残人士进行逃生吗"和"是否经历过紧急状况"的相关性分析如图 2.10 所示。由于人的心理行为特点，在是否会帮助病、残人士逃生方面，在经历过紧急情况的人群中，81.6%的人选择肯定会，说明经历过类似情况的人会选择一个正确的方法去帮助病、残人士疏散；在没有经历过紧急情况的人群中，80.7%的人持观望态度，他们在能完全保证自己不受到伤害的情况下，才会考虑帮助病、残人士进行逃生。

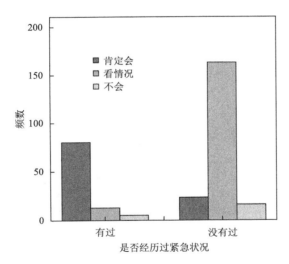

图 2.10　大型医院不同经历调查对象的帮助病、残人士逃生比较

2.3　火灾人员应急疏散决策行为的灾后调查

　　由于受到生理、心理状态及火灾安全教育背景和应急经验等因素的影响，人的应急疏散决策行为具有一定的内在规律。然而，由于火灾等事故的突发性、随机性和不确定性，对建筑物发生火灾时的人员应急疏散决策行为过程进行定量的分析和试验模拟无疑是非常困难的。

　　考虑以下因素，目前来讲，灾后调查不失为一种行之有效的数据采集手段。

　　（1）很难在实际的火灾现场对人的应急疏散决策行为进行观察。火灾现场复杂且混乱，烟气浓度大，即使有视频监控系统，也无法完成对建筑物内所有人员行为的追踪监测。

（2）如果仅依靠消防人员观察采集数据，得到的数据将是非常有限的。而且在火灾初起和消防人员到达现场之前的时间段内，将会造成数据的严重不足。

（3）消防演习无法与火灾现场人员的真实心理和状态完全吻合。

（4）不可能在不告知实情的情况下在建筑物内进行火灾试验，这将威胁当事人的生命安全。

灾后调查的关键问题在于调查问卷内容的科学性。为了充分保证采集到的数据信息的准确性，以及帮助受采访者准确地回忆火灾中的决策经过，调查人员设计了如表 2.8 所示的调查问卷。

表 2.8　人员应急疏散决策行为反应调查问卷

	问题内容	选项
个人资料和初始状态	1. 性别	0. 女；1. 男
	2. 年龄	1. <14；2. 14～20；3. 21～45；4. 46～55；5. 56～65；6. >65
	3. 受教育情况	1. 小学或以下；2. 中学；3. 大专以上；0. 其他
	4. 火灾发生时个人的处境	1. 独处； 2. 与家人或朋友在一起，团队人数不超过三人，基本都是同龄人； 3. 与众多家人在一起，包括小孩和老人； 0. 其他
	5. 火灾发生时在建筑物内所处的位置	1. 距离火灾层很远的低层； 2. 紧挨火灾层的下一层； 3. 火灾层； 4. 火灾层的上一层； 5. 距离火灾层较远的上层； 0. 其他
	6. 在该建筑物内居住的时间	1. 新住户； 2. 居住不长时间，只熟悉主要出口； 3. 老住户，对建筑物的布局结构非常熟悉； 0. 其他
火灾发生前的活动情况	7. 起火时您的活动情况	1. 保安值班中；2. 休息或安静地工作； 3. 清醒但在嘈杂的环境中专心工作； 4. 熟睡，或残疾，但可以借助工具独立行走； 5. 醉酒，服了药睡觉/患病，不能理智地思考问题或无法独立行走； 0. 其他
职位	8. 在家庭中的角色	1. 孩子；2. 祖父；3. 祖母；4. 母亲；5. 父亲；0. 其他
	9. 您是建筑物的管理人员吗？	1. 是；2. 不是；0. 其他

续表

	问题内容	选项
火灾经验	10. 您曾经历过火灾或参加过火灾安全训练或消防演习吗？	1. 从未经历过火灾或其他紧急事件； 2. 从日常生活经验中知道一点关于火灾的知识； 3. 在学校或公司接受过一些火灾或紧急状态培训； 4. 经历过火灾或者专门的火灾疏散演习； 5. 居住或工作的建筑物经常发生火警误报； 0. 其他
认知过程	11. 您如何得到火灾初起的信息？	1. 火焰；2. 烟气；3. 听到火警或其他警报系统通知； 4. 感觉到特别的热流；5. 嘈杂声/奇怪的噪声（非火警声）； 6. 烧焦味道；7. 同住的家人警告；8. 邻居警告； 9. 消防员告知；0. 其他
	12. 您得到初期警报的时间	1. 马上；2. 过了一会儿；3. 很长时间以后；0. 其他
确证	13. 您是否尝试进一步搜集信息以确证火灾情况？	1. 是；2. 没有；0. 其他
评价/决策	14. 确认火灾后您的第一反应如何？	1. 迅速撤离；2. 通知别人/求助；3. 收拾贵重物品/穿衣服； 4. 努力灭火；5. 毫不理会；0. 其他
	15. 之后您又采取了什么行动？	1. 疏散；2. 警告他人；3. 待在原地等待救助； 4. 努力灭火；5. 毫不理会/继续工作；0. 其他
结果	16. 您是什么时候开始疏散行动的？（请尽量说明开始时间）	1. 很快就开始撤离了；2. 过了一段时间才开始； 3. 很长一段时间以后才开始疏散； 4. 一直待在原地等待救助；0. 其他

火灾灾后调查的范围限定在香港私人住宅类建筑物，总共收回了 150 份有效问卷，其中男女比例各占 65% 和 35%。目前已经完成并应用于 ANFIS 建模的建筑物火灾调查案例，如表 2.9 所示。

表 2.9　接受调查的火灾案例情况

建筑物名称	日期	案发时间	详细情况
Lei Muk Shue Estate	1996 年 10 月 16 日	21:15	火灾首先由 5 楼一套单元引起，共 80 人安全逃生
云叠花园	1997 年 9 月 16 日	2:00	1 单元 1 楼单位蜡烛引燃窗帘，引起火灾。家人熟睡中，其他建筑物中小孩发现火警，通知了物业保安，并报警
大埔中心	1997 年 11 月 9 日	0:00	19 单元 11 楼引发火灾。烟气迅速蔓延至楼梯间，居民惊醒后，一部分人爬上屋顶避难
Wah Fu Estate	1997 年 10 月 27 日	14:00	火灾首先由 17 楼一套单元引起，邻居察觉到异味，确认起火后报警
Sau Mau Ping Estate	1996 年 12 月 31 日	8:30	火灾由 4 楼引起，邻居察觉到异味和烟气，然后报警

在采集大量关于疏散行动开始前人员应急疏散决策行为数据的基础上，我们利用 ANFIS 和误差反向传播（back propagation，BP）算法（Schüürmann et al.，1994）对采集到的数据样本进行训练和检验，完善输入变量的模糊隶属函数，实现了对人员疏散行动开始时间的预测和模糊推理。可以将所得结果与火灾状态下的人员疏散流动模型相结合，实现对建筑物火灾时人员应急疏散决策行为和建筑物 RSET 的预测和定量评价，其预测结果对性能化防火设计规范的制定和完善具有一定的指导作用。

2.4 人员应急疏散决策行为的预测模型

2.4.1 自适应模糊神经网络的发展及应用

由于人员行为的复杂系统属性，以及火灾等紧急事故状态的特殊性，火灾时人员应急疏散决策行动开始前的行为反应数据的采集非常困难，相关数据严重不足。影响人员应急疏散决策行为的因素众多，各因素之间的相互关系具有较强的随机性、不确定性和模糊属性，很难在有限的数据积累的基础上，以传统的统计学方法对各因素的权重进行科学的量化。因此，关于疏散行动开始时间的研究，基本处于小样本观察和定性分析的基础上，已发表的研究报告中大多仅就某个具体的火灾案例进行灾后调查，并就获得的结果进行分析，分析的重点主要集中在人员所采取的疏散行动的时间序列上。由于各个案例的特殊性和复杂性，无法反映人员应急疏散决策行为的普遍规律，基于人工智能技术的机器学习方法可以很好地弥补传统统计学方法的不足。

自 20 世纪 40 年代开始，人工神经网络（artificial neural network，ANN）理论在数据挖掘方面得到了充分的应用和发展（McCulloch et al.，1943；Rosenblatt，1958）。ANN 是由大量处理单元（神经元）通过具有一定权重的连接通道而组成的非线性、自组织、自适应系统。即使在具体物理模型与数学表达式均未知的情况下，ANN 也能通过网络自身的训练，自动调节各神经元之间连接通道的权值，直到得到的实际输出与期望输出在一定误差范围内为止。利用这种经过训练的神经网络，可以实现对于新的输入变量信息的输出结果的预测。然而，ANN 最致命的弱点在于数据溢出问题，因为 ANN 在网络训练的过程中除了接受有用的正确信息之外，同时也吸纳了大量的数据噪声，ANN 的容错性因此受到了艰巨的挑战。

鉴于火灾事故的特殊性，在火灾发生时和在现场直接采集数据一般是很难做到的。利用灾后调查的手段采集到的数据，难免与实际情况有所出入。因此，数据噪声问题是传统的 ANN 技术的主要障碍。

2.4.2　自适应模糊神经网络的基本算法

ANFIS（Takagi et al.，1985；Jang，1993）在模糊 if-then 规则的基础上，成功地将模糊逻辑方法和神经网络方法结合在一起，可以抛开传统的精确的定量分析方法，完成关于人类知识和人类推理过程的定性分析，实现对于疏散行动开始前人员应急疏散决策行为反应和疏散行动开始时间的预测和推理，基本的 ANFIS 算法框图如图 2.11 所示。

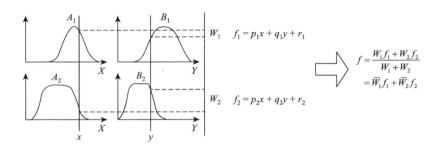

图 2.11　ANFIS 算法框图

一般来说，ANFIS 将数据样本集分为两个部分：训练样本集和校验样本集。在预先假设的若干模糊 if-then 规则的基础上，ANFIS 对训练样本集中具有预先设定的某种隶属函数的模糊输入信号赋予一定的模糊权系数，经过模糊逻辑运算和网络训练，得到经过网络模糊推理的实际输出信号。通过对输出信号和期望输出的误差进行比较，以及校验样本集的检验，达到网络学习的目的，并实现对预先设定的隶属函数和模糊规则的优化、调整和补充。为简单说明起见，假设某系统的输入信号分别为 x、y，输出变量为 f。系统预设的两条模糊规则分别符合 Takagi 和 Sugeno 模糊规则集类型（Takagi et al.，1985），如下。

规则 1：if x is A_1 and y is B_1，then $f_1 = p_1x + q_1y + r_1$

规则 2：if x is A_2 and y is B_2，then $f_2 = p_2x + q_2y + r_2$

其中，A_1、A_2 为输入信号 x 对应的模糊集；p_1、p_2 分别为输入信号 x 隶属于模糊集 A_1、A_2 的隶属度；B_1、B_2 分别为输入信号 y 对应的模糊集；q_1、q_2 分别为输入信号 y 隶属于模糊集 B_1、B_2 的隶属度；r_1、r_2 为常数；f_1、f_2 分别为规则 1 和规则 2 的输出信号。

ANFIS 算法的结构如图 2.12 所示，图中各符号的含义见表 2.10。

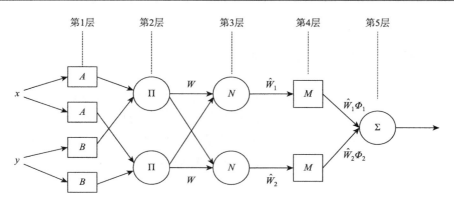

图 2.12　ANFIS 算法的结构

表 2.10　ANFIS 算法结构图中各层的含义

层数	各层的含义
1	该层的每一个节点 i 都是自适应节点，x 为节点 i 的输入变量，A_i 是这个节点对应的模糊集，节点 i 对于模糊集 A_i 的隶属函数为 $\mu_{A_i}(x)$，节点 i 的输出 $O_i = \mu_{A_i}(x)$
2	该层的每一个节点都是固定节点，各节点的输出是输入值的乘积，这一层每个节点的输出代表规则的触发强度 $W_i = \mu_{A_i}(x) \times \mu_{B_i}(y)$
3	该层的每一个节点都是固定节点，第 i 个节点表示的是第 i 条规则的触发强度对应所有规则触发强度和的比值，这层的输出称为归一化的触发强度，可以表示为 $$\overline{W}_i = \frac{W_i}{W_1 + W_2}, i = 1,2$$
4	该层的每个节点都是自适应节点 $\hat{W}_i \Phi_i = \hat{W}_i(p_i x + q_i y + r_i)$，其中，$\hat{W}_i$ 为第三层节点的输出；$\{p_i, q_i, r_i\}$ 为参数对，称为后向参数；Φ_i 为归一化触发强度的线性输出系数，$\Phi_i = p_i x + q_i y + r_i$
5	该层只有一个节点，它是整个系统的总输出，$O_i^5 = \sum_i \hat{W}_i \Phi_i / \sum_i \hat{W}_i$

2.4.3　输入输出信号的模糊隶属函数

　　人员对于灾情的认知和反应首先受到外界信息的刺激，如警钟、烟气、气味及嘈杂声等。在现代多单元的住宅类建筑物中，生活在封闭单元内的居民很难得知其他单元居民的活动状况，因此，除非居民亲自认知到火灾信息或得到明确的警告，否则很难迅速针对灾情做出反应和决策。火灾发生前人员的生理状态、心理状态、活动状态、火灾经验等因素对其行为反应决策的影响非常显著。

　　通过对人的认知过程的进一步分析，结合火灾案例调查得到的数据，归纳出了五个输入变量，用于模糊神经网络的训练和校验，这五个变量分别为年龄、火灾经验、人的初始活动状态、火灾信息的获得途径及人员所处的初始位置等。采用典型的广义钟形模糊隶属函数描述人员应急疏散决策行为（personal emergent evacuation decision behavior，PEEDB）预测模型的输入、输出信号。

1. 年龄

人员的行为反应是一个认知的过程，包括感知、记忆和思考。通过认知过程，人们可以了解周围发生的情况。年龄的增长伴随着经验和知识的积累，将对人的认知能力产生非常重要的影响。调查研究表明，火灾发生后做出的第一反应为"采取灭火行动"的比例随着年龄的增长而增加，孩童和老年人往往倾向于跟随和模仿他人的行动。因此，定义变量 x_1 以表述人的年龄对人的行为反应的影响，见图 2.13。

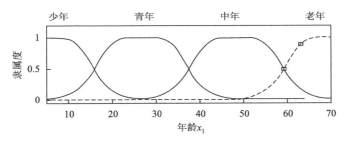

图 2.13　PEEDB 系统输入变量 x_1 的隶属函数

2. 火灾经验

结合灾后调查收集到的数据，定义 x_2 以进一步探讨火灾经验对疏散行动开始前人员的应急疏散决策行为的影响，见图 2.14。

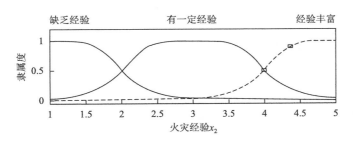

图 2.14　PEEDB 系统输入变量 x_2 的隶属函数

3. 人的初始状态

定义变量 x_3 以进一步讨论火灾初期人员的初始状态对其应急疏散决策行为的影响，见图 2.15。

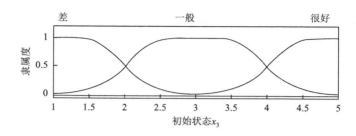

图 2.15 PEEDB 系统输入变量 x_3 的隶属函数

4. 火灾信息获得途径

定义变量 x_4 以反映火灾信息获得途径对人员的应急疏散决策行为的影响，见图 2.16。

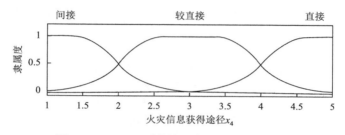

图 2.16 PEEDB 系统输入变量 x_4 的隶属函数

5. 人员所处的初始位置

定义变量 x_5 以进一步讨论人员所处的初始位置对于其应急疏散决策行为的影响，见图 2.17。

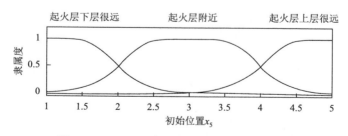

图 2.17 PEEDB 系统输入变量 x_5 的隶属函数

6. 人员应急疏散决策行为反应预测的输出向量

定义变量 y 作为人员应急疏散决策行为反应预测的输出向量，见图 2.18。

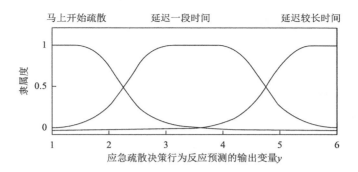

图 2.18　PEEDB 系统输出变量 y 的隶属函数

2.4.4　预测模型结构

对于模糊推理系统中的逻辑计算，本章采取"模糊乘"运算逻辑"与"，采用概率方法运算逻辑"或"。经过 450 次训练，得到的 PEEDB 网络结构如图 2.19 所示。

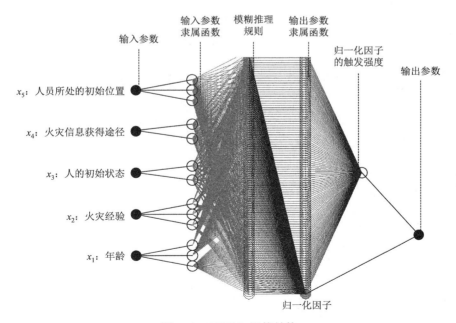

图 2.19　PEEDB 网络结构

2.4.5　人员应急疏散决策行为的预测

将采集到的数据样本一部分用于模糊推理机的网络训练，一部分用于网络校验。利用 PEEDB 模型预测，得到关于紧急状态下人员应急疏散决策行为规则，见表 2.11。

表 2.11　人员应急疏散决策行为规则

疏散行动开始前的人员应急疏散决策行为反应	做出相应初期反应的人员占校验样本总数的比例/%	
	调查结果	PEEDB 预测结果
马上开始疏散行动（1min 左右）	28.5	25
过一段时间才开始疏散（5min 左右）	9.6	10
较长一段时间以后才开始疏散（10～20min）	52.4	55
待在原地等待救助	9.5	10

　　关于不同行为特点人员的应急疏散决策，PEEDB 预测结果和调查数据的比较如表 2.12 所示。从表中可以看出，一旦得到火灾发生的警报，25%左右的人会立刻开始疏散（1min 左右）。10%左右的人会首先确认火灾信息，过一段时间才开始疏散（5min 左右）。约半数（55%）的人将会首先进一步确认火灾信息，并尽量搜集一些重要的物品，然后才开始疏散（10～20min）。另有一部分人（10%）会采取原地等待救助的方式，而不离开火灾现场。

表 2.12　PEEDB 预测结果和调查数据的比较

样本编号	性别	年龄 x_1	火灾经验 x_2	人的初始状态 x_3	火灾信息获得途径 x_4	人员所处的初始位置 x_5	开始疏散时间/min	
							调查结果	PEEDB 预测结果
1	女	21～45	一点	正常	直接	很近	1	2～3
2	女	21～45	丰富	正常	非常间接	远	10	10～15
3	男	少年	一般	正常	间接	远	10	5～10
4	女	少年	一般	正常	间接	近	5	3～5
5	女	21～45	一点	一般	非常间接	远	15	15～20
6	男	21～45	丰富	正常	直接	近	2	1～2
7	女	21～45	一点	正常	直接	近	10	5～8
8	女	21～45	丰富	正常	直接	近	1	3～5
9	男	21～45	丰富	一般	直接	远	15	10～15
10	女	21～45	一点	正常	间接	远	20	15～20
11	男	21～45	一般	一般	间接	近	15	10～15
12	女	15～20	一般	很差	间接	远	20	>20
13	女	15～20	一般	不好	间接	近	15	5～10

样本编号	性别	年龄 x_1	火灾经验 x_2	人的初始状态 x_3	火灾信息获得途径 x_4	人员所处的初始位置 x_5	开始疏散时间/min	
							调查结果	PEEDB 预测结果
14	男	21~45	一般	不好	间接	近	15	10~15
15	男	21~45	丰富	很差	间接	很近	20	15~20
16	女	21~45	丰富	正常	直接	远	10	10~15
17	男	15~20	丰富	不好	直接	远	20	15~20
18	男	21~45	一般	正常	间接	远	15	15~20
19	女	21~45	一点	正常	间接	近	5	2~3
20	女	21~45	一点	正常	间接	远	20	>20

经过大量的调查研究，Pauls（1977）和 Sime（1992）认为，"马上开始疏散行动"并不一定是处于火灾等紧急事故状态下的人员所做出的第一种行为反应，人们往往更加趋向于首先确认自己所处的危险状态。Wood（1980）的研究结果表明，接受调查的人员当中，大约 15%的人会首先采取一定的灭火行动，13%的人会首先报警，只有 9.5%的人会首先选择疏散。可以看到，国外学者的研究结果与我们在中国香港地区进行的调查和预测推理的结果有一定的差距，这样的结果与接受调查的中国香港居民的居住条件和人员行为特点有关。

2.5　小　　结

本章通过对商场、医院进行的人员应急疏散决策行为问卷调查及香港公屋火灾后的案例调查，对不同类型建筑物人员的应急疏散决策行为进行了统计和相关性分析；利用自适应模糊神经网络，进行人员应急疏散决策行为的 ANFIS 预测，得到如下结论。

（1）在面对紧急状况时，大部分男性在突发事件中，能较理智地选择正确的方式进行疏散行动。女性和没有经历过紧急状况的人员容易产生"不知所措""慌乱"等行为特征，表现出明显的从众行为和惯性行为。

（2）身体条件状况对人员的应急疏散决策行为影响显著。大部分病患人员，尤其是病患儿童和病患老人在突发事件中容易产生"不知所措""慌乱"等行为特征，表现出明显的从众行为和惯性行为。

（3）大部分经历过紧急状况的人，在突发事件中能正确决策，按疏散指示标识指示方向进行疏散，并且愿意帮助病患人员进行逃生。

（4）由于居住空间相对封闭和业主较多，对于香港公屋的居民来说，除非直接得到火灾警报信息或亲眼看到火灾的危险状态，否则人们不会马上采取疏散行动或马上采取灭火行动，大多数人会在较长一段时间以后才开始疏散。

综上，在大型商场、医院、居民楼及城镇社区广场等人员密集公共场所中，一方面，应该完善疏散诱导设施，根据性别、行为特点，制定相应的人群应急疏散诱导方案；另一方面，应有计划地组织和加强应急疏散演习，通过演习增强人员的应急经验，尤其加强对工作人员的培训，培养工作人员指导和组织应急疏散的责任心和能力，提高紧急状况下人员密集场所人员的安全疏散意识和能力。

由于目前收集到的可以用于网络训练的数据样本还比较有限，本章在建立人员应急疏散决策行为预测模型的时候进行了大量的简化。网络训练的结果表明，可以采用 ANFIS 方法对人员应急疏散决策行为进行预测。随着样本数据的不断积累，可以将与人员应急疏散决策行为相关的其他因素（如疏散人员之间的社会关系，以及个人的工作职责或家庭中的责任等）包含在输入参数集中，进行网络学习。进一步完善人员应急疏散决策行为预测模型 PEEDB，对人员应急疏散决策行为的推理和预测，以及制定城市公共安全管理和应急救援预案，具有重要的指导意义。

第3章 人员流动状态的观测和分析

3.1 引　　言

若公共场所中某一区域挤满了人，可以用单位面积人数来衡量，称为人流密度，单位是人/m²。当人流密度增加到一定程度的时候，就达到了拥挤状态。拥挤状态下，人员流动受到约束和限制，造成人流速度下降，产生人员流动停滞现象，称为群集滞留。当人员群集滞留的时间和拥挤程度超过了社会可接受风险水平时，滞留人群行为会发生灾变，最终导致群死群伤事故。人员拥挤程度的社会可接受风险水平随公共场所结构和功能的不同而变化。同时，人员拥挤程度的社会可接受风险水平与人员的行为特点有关，包括人员的心理状态（如烦躁或心情愉快），以及人的生活环境、成长经历和背景。人员密集场所疏散通道和安全出口的数量和宽度的设计，需综合考虑人员密集场所的用途、耐火等级、聚集人群的行为特点、通道和出口的几何形状、人流速度、人流密度和通道流动能力的最大值等因素的影响。其中，人流速度和通道流动能力的最大值是确定疏散通道有效宽度最小值的重要因素。

国内外学者通过实地调查、现场观测的方法对人员的应急疏散行为特征及人流速度等进行了研究。Predtechenskii 和 Milinskii（1969）综合考虑了不同季节、不同着装情况下人员形体特征的差异，以及建筑物空间结构特征尺寸对人员步行行动能力的影响，对不同类型建筑物内外的人流速度和人流密度进行了大量观测，统计分析了水平通道及楼梯上人流速度和人流密度的关系，以及疏散通道出口的流动能力，将人员流动状态归纳为正常、舒适及紧急三种状态，并且认为可以将正常环境状态下超出平均人流速度和能力的人员的流动状态类比为紧急状态下的人员疏散行动。Predtechenskii 和 Milinskii（1969）将人流密度定义为任意空间单位建筑面积上步行人员所占据空间的投影面积的大小，并得出结论：当人流密度较小时，人流速度的波动范围较大。

Fruin（1987，1971）针对人员相互之间的距离和人员步行能力的关系，以及人和周围空间结构的距离对人员行动能力的影响等进行了深入的观察研究，将人员步行行动状态划分为六个等级，提出了建筑物安全疏散水平的概念，如表 3.1 所示。

表 3.1　关于人员步行行动状态和空间关系的数据资料

空间		通常的步行通道		楼梯		排队区域	
人员流动等级	状态说明	通道的流动能力*	人均占据空间的投影面积/(m²/人)	通道的流动能力*	人均占据空间的投影面积/(m²/人)	通道的流动能力*	人均占据空间的投影面积/(m²/人)
A	互相不受影响和限制	23	>3.25	17	>1.85	—	>1.21
B	稍有影响	33	3.25~2.32	23	1.85~1.39	—	1.21~0.93
C	受到影响，局部需要互相躲让	49	2.32~1.39	33	1.39~0.93	—	0.93~0.65
D	大多数人的行动受到限制	66	1.39~0.93	43	0.93~0.65	—	0.65~0.28
E	所有人的流动受到限制	82	0.93~0.46	56	0.65~0.37	—	0.28~0.19
F	流动停滞	82	<0.46	56	<0.37	—	<0.19

*通道的流动能力是指单位时间（min）、单位宽度（m）通道的通过人数，单位为人/(m·min)。

日本的 Ando 等（1988）、Togawa（1995）通过对高密度拥挤人群进行观察测量和分析，得到了人流速度与年龄之间的关系曲线，以及单向人流速度与人群密度之间的关系曲线。

近 20 年来，我国在人员流动状态的基础研究方面开展了大量的工作。方正等（2007）采用录像记录的观测方法，对武昌火车站春运时期的旅客进站和出站情况进行了实地观测，分析了行人速度与客流密度之间的关系。赵刚（2016）选取北京地铁典型的十字换乘站进行了行人流特性试验，分别在站台、通道、上行楼梯、下行楼梯和闸机等站内行人聚集的关键区域，观测、统计和分析了人流的通过人数、行走速度、人流密度、行为选择，以及行走速度与人流密度的关系。

各国学者所做的观测工作大多是在建筑物内外平直道路上或楼梯上进行的，对于道路的路况、曲率等对人员步行行动能力影响的观测研究却鲜有报道。特别地，对于高密度人员聚集场所，很难得到可能导致群集事故的危险状态下人员流动状态的观测数据。对于高密度情况下的人员流动状态，现有的经验公式大多是一种趋势预测和估计的结果。

本章中，研究人员就人员流动状态进行了大量的实际观测，分析并总结了时间压力作用下，人流速度和疏散通道出口流动系数与人流密度、年龄、性别等因素的关系，并与其他学者的研究结果进行了对比分析。从宏观的角度，分析了时间压力下，90°弯道和上下楼梯时人员流动能力的局部衰减。根据对群集流动现象的观察，提出了人员群集流动状态系数 CFR_c 的概念，对人员群集流动状态进行了归纳和分析。

3.2 人员流动状态的观测

本节利用数码摄录机、计数器、秒表等工具,选择上下班以及就餐高峰时间,在某大学校园、图书馆、教学馆、宿舍、食堂、幼儿园门口等处,对时间压力下的人员流动状态进行了大量的实际观测。

某大学图书馆前的道路 A、B、C、D 是学生和教师上下课以及通向生活区的主要通道。周一至周五每天 11:55～12:10 是下课的高峰时间,此时主要的人流分别由 B、C 和 D 支路汇流到 A 路上;13:45～14:00 是上课的高峰时间,主要的人员流动方向由 A 分别指向 B、C 和 D,呈分流状态;17:00～18:00,也是下课的高峰时间。这三个时间段内人员流动所承受的时间压力较大,人群密度首先递增然后递减,整个过程中人流密度较为集中。除此之外,图书馆前的广场也是师生们休闲散步的主要场所。因此,我们选择了 11:55～12:10、13:45～14:00、17:00～18:00 共三个时间段,进行时间压力状态下人员流动状态的观测。图 3.1 和图 3.2 分别为 13:50 和 12:05 时所观测到的人员连续流动状态下的分流和汇流流场示意图,观测点分布如图中的圆圈 1～6 所示,其他观测点布置和观测现场如图 3.3～图 3.6 所示。

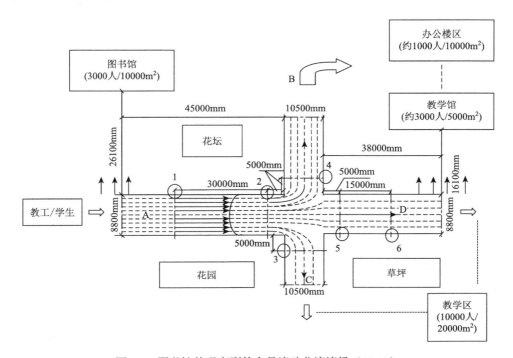

图 3.1 图书馆前观察到的人员流动分流流场(13:50)

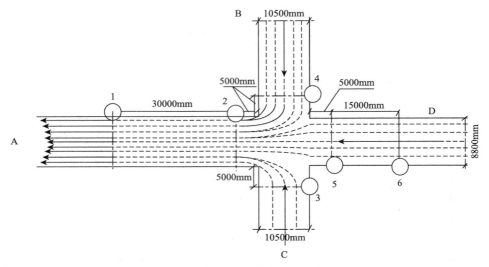

图 3.2   图书馆前观察到的人员流动汇流流场（12:05）

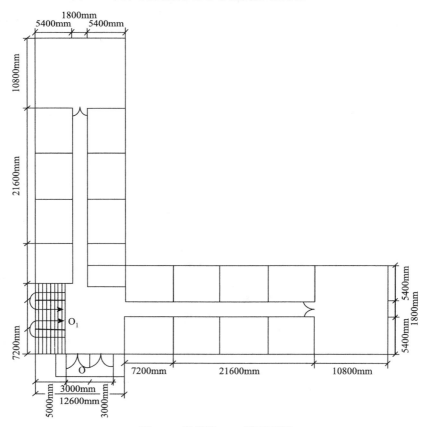

图 3.3   教学馆 E 一楼平面图

图 3.4　教学馆 F 出入口人员流动行为观测现场

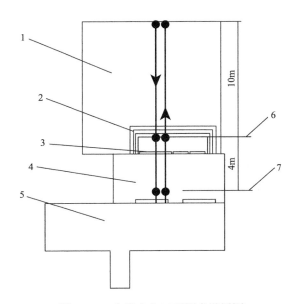

图 3.5　一食堂出入口观测点设置图

1-食堂外场；2-台阶；3-食堂大门；4-食堂门厅；5-食堂内厅；6-观测线 1；7-观测线 2

　　观测地点人员流动状态的主要特征和观测目的见表 3.2，利用数据库技术记录和整理采集到的数据。所采用的数据库结构，以及观测记录的人员行为状态的统计分析结果如表 3.3 和表 3.4 所示。

图 3.6 一食堂门口人员流动行为观测现场

表 3.2 人员流动观测案例说明

编号	观测地点	人员流动状态				观测目的
		观测时间	人流主方向和状态	时间压力	人流密度	
1	图书馆区域道路	11:55~12:10	从教学楼向食堂	较大	先增加至峰值，然后逐渐降低	汇流流场；流通断面的速度场分布；弯道流动能力局部损失
		13:45~14:00	赶往教学楼	大	先增加至峰值，然后逐渐降低	分流流场；流通断面的速度场分布；弯道流动能力局部损失
		17:00~18:00	从教学楼向食堂	正常	正常	不同时间压力和状态下的人流速度对比
2	E、F 教学馆	11:55~12:10	从教学楼向食堂	较大	先增加至峰值，然后逐渐降低	建筑物出口流动能力；上下楼梯时的流动状态；流通断面的速度场分布
3	学生宿舍楼	7:45~8:00	下楼	较大	较大	时间压力下上下楼梯的速度
		12:15~12:30	上楼	正常		
4	一食堂	12:00~12:15	进入食堂	较大	较大	时间压力下出口的流动能力
5	大学幼儿园	7:50~8:00	家长和幼儿牵手行走	较大	较大	一个群组一起行进时的速度

表 3.3 人流速度数据库结构

字段名称	数据类型	数据描述	数据统计分析	
			总计/人	百分比/%
性别	文本	男	1498	56.5
		女	1154	43.5

续表

字段名称	数据类型	数据描述	数据统计分析	
			总计/人	百分比/%
年龄	文本	幼儿	70	2.6
		少年	120	4.5
		青年	1914	72.2
		中年	450	17.0
		老年	98	3.7
行动能力	文本	正常	2600	98
		需搀扶或牵手	50	1.9
		需要借助电动轮椅	—	—
		需借助手动轮椅	—	—
		需借助拐杖	2	0.1
荷载	文本	空手	550	20.7
		肩背挎包	1580	59.6
		手持	420	15.8
		夹在腋下	102	4.0
行动状态	文本	正常	750	28.3
		悠闲	300	11.3
		匆忙	1602	60.4
路况	文本	潮湿	337	12.7
		积水	135	5.1
		正常	2000	75.4
		薄冰	180	6.8
坡度	文本	平直道路	1500	56.6
		弯道	480	18.1
		上楼	520	19.6
		下楼	152	5.7
人员间距	小数	—	—	—
着装	文本	运动服	534	20.1
		西服	266	10.0
		休闲服	1538	58.0
		大衣	314	11.8

续表

字段名称	数据类型	数据描述	数据统计分析	
			总计/人	百分比/%
鞋子	文本	拖鞋	180	6.8
		运动鞋	500	18.9
		高跟鞋	890	33.6
		平跟鞋	1082	40.8
天气	文本	正常	1800	67.9
		大风	100	3.8
		热	338	12.7
		冷	414	15.6
步行距离	小数	—	—	—
步行时间	小数	—	—	—
观测日期	时间/日期	—	—	—

表 3.4　部分人流速度观测数据

性别	年龄	坡度	鞋子	着装	荷载	步行距离/m	人流密度/(人/m²)	耗时/s	人流速度/(m/s)
男	青年	平直通道	平跟鞋	西服	空手	40.0	1.0	25.8	1.61
女	中年	平直通道	平跟鞋	西服	肩背挎包	40.0	2.0	37.2	1.07
女	青年	平直通道	高跟鞋	休闲服	手持	40.0	1.0	31.7	1.26
男	青年	平直通道	运动鞋	休闲服	夹在腋下	40.0	1.0	28.0	1.42
女	青年	平直通道	高跟鞋	西服	手持	40.0	2.0	37.1	1.07
男	青年	平直通道	运动鞋	休闲服	空手	40.0	1.0	27.9	1.43
男	中年	平直通道	运动鞋	休闲服	空手	40.0	1.0	30.5	1.31
女	青年	平直通道	平跟鞋	休闲服	肩背挎包	40.0	1.5	27.4	1.45
男	青年	平直通道	运动鞋	休闲服	肩背挎包	40.0	1.0	29.0	1.37
女	青年	下楼梯	高跟鞋	西服	空手	4.6	2.0	7.5	0.61
男	老年	下楼梯	运动鞋	西服	手持	4.6	3.5	8.4	0.54
男	中年	下楼梯	平跟鞋	西服	肩背挎包	4.6	2.5	9.4	0.48
女	青年	下楼梯	高跟鞋	西服	肩背挎包	4.6	2.0	10.7	0.42
男	中年	下楼梯	平跟鞋	西服	空手	4.6	2.0	10.2	0.44
女	青年	下楼梯	平跟鞋	休闲服	空手	4.6	2.5	7.5	0.61
男	中年	下楼梯	平跟鞋	西服	手持	4.6	1.5	11.2	0.40
女	青年	90°弯道	平跟鞋	休闲服	肩背挎包	3.0	2.5	6.1	0.49

续表

性别	年龄	坡度	鞋子	着装	荷载	步行距离/m	人流密度/(人/m²)	耗时/s	人流速度/(m/s)
女	中年	90°弯道	平跟鞋	大衣	手持	3.0	2.0	7.5	0.40
男	少年	90°弯道	运动鞋	休闲服	空手	3.0	2.0	8.3	0.36
女	青年	90°弯道	平跟鞋	休闲服	手持	3.0	2.0	7.1	0.42
女	中年	90°弯道	平跟鞋	大衣	空手	3.0	1.0	5.0	0.60

3.2.1　平直通道上人员的流动能力

　　根据在某大学观测得到的实际数据，对不同密度状态下的人流速度进行统计分析。利用最小二乘法进行数据的拟合分析，得到时间压力作用下，平直通道上人流速度 V_{ls}（m/s）和人流密度 ρ（人/m²）的关系为

$$V_{ls} = -0.0057\rho^4 + 0.0744\rho^3 - 0.2754\rho^2 - 0.0142\rho + 1.567 \qquad (3.1)$$

　　平直通道上的人流速度观测结果与 Predtechenskii 和 Milinskii（P&M）（1969）及 Ando 等（1988）学者观测结果的对比如图 3.7 所示。从对比分析可以看出，尽管本章的观测结果和日本学者 Ando 等（1988）的观测相对比较接近，但观测结果表明，时间压力作用下，人流速度相对会有所提高。特别需要注意的是，当人流密度小于 2 人/m² 时，不同学者关于人流速度的观测结果相差较大。这种现象充分证明了当人流密度较小时，离散状态下的人员流动处于个人行为特点起主要作用的阶段，因此人流速度随环境状态和人员行为特点的变化呈现非线性波动。

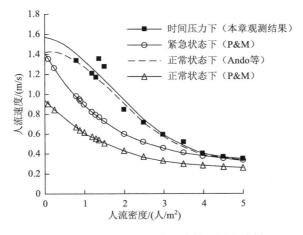

图 3.7　平直通道上人流速度的观测和分析

当人流密度为 2～4 人/m² 时，本章得出的观测结果与 Ando 等在日本的观测结果非常接近。这说明随着人流密度的增大，个人的行为受到制约，而时间压力和年龄分布对人流速度的影响比较小。然而，与 P&M 的观测结果相比，由于时间压力、人种及生活习惯等因素的差异，本章得出的观测结果偏大。

当人流密度超过 4 人/m² 时，在时间压力作用下，本章关于人流速度的观测结果和其他学者在紧急状态下的观测结果非常接近。这充分说明了当人员处于高密度群集的连续流动状态时，个人的行为特点及周围环境状态的变化对高密度连续流动状态的影响几乎可以忽略不计。

3.2.2　90°弯道人员流动状态

本章在某大学图书馆前主通道 A 及支路 B、C 相应的横断面 1-1、2-2、3-3、4-4 及 6-6 上，就 90°弯道上的人员流动状态进行了大量的观测，图 3.8 为观测数据的统计分析结果。利用最小二乘法对观测数据进行回归，得到时间压力作用下，90°弯道人流速度 V_c 和人流密度 ρ 的关系为

$$V_c = 0.0007\rho^5 - 0.0135\rho^4 + 0.0938\rho^3 - 0.2366\rho^2 - 0.0395\rho + 1.0499 \quad （3.2）$$

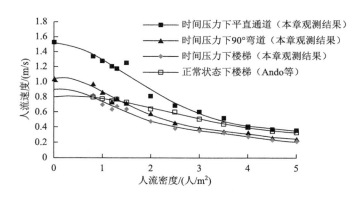

图 3.8　不同路况下的人流速度

90°弯道上的人流速度 V_c 与时间压力下平直通道上的人流速度 V_{ls} 的对比分析结果见图 3.9。用 $\xi(\theta)$ 表示不同弯曲度 θ 的弯道上人员流动能力的局部衰减，得到不同弯曲度 θ 的弯道上人流速度 V_c 与时间压力下平直通道上的人流速度 V_{ls} 的关系式：

$$V_c = \xi(\theta)V_{ls} \quad （3.3）$$

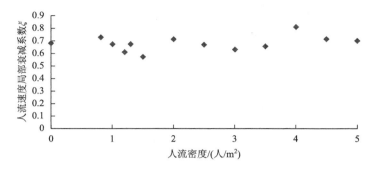

图 3.9　90°弯道人流速度局部衰减系数

从图 3.9 可以看出，时间压力下，90°弯道上的人流速度 V_c 衰减至平直通道上的人流速度 V_{ls} 的 70%，90°弯道上的人流速度局部衰减系数 ξ（90°）约为 0.7。

$$\xi(90°) \approx 0.7 \tag{3.4}$$

3.2.3　下楼梯时的人员流动状态

7:45～8:00 和 13:45～14:00 上课前的两个时间段内，在 E、F 教学馆和学生宿舍楼里，对时间压力作用下学生下楼梯的步行速度 V_d 进行了观测，观测数据的统计分析结果见式（3.5）及图 3.10。

$$V_d = 0.0022\rho^5 - 0.0388\rho^4 + 0.2506\rho^3 - 0.6977\rho^2 + 0.5888\rho + 0.7042 \tag{3.5}$$

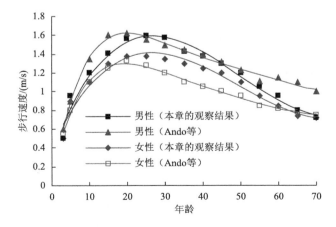

图 3.10　年龄、性别和人流速度的关系拟合曲线

对比观测得到的平直路面上时间压力下的人流速度 V_{ls} 可得，在时间压力作用

下，下楼梯的人流速度 V_d 衰减至平直通道上人流速度 V_{ls} 的 60%，下楼梯时人流速度的局部衰减系数 $\xi(d)$ 为 0.6。

$$V_d = 0.6V_{ls} \tag{3.6}$$

3.2.4　性别、年龄等生理因素和人流速度的关系

在大学校园、幼儿园、图书馆等处就不同年龄段、不同人流密度下的人流速度进行了观测。经过对观察结果的统计分析发现：正常步行状态下，男性及女性人流速度的最大值均出现在 18～30 岁这一年龄段。尽管年龄跨度较大，步速变化幅度不大，男性的平均步速仍高于女性，这可能与男性步幅较大有关。然而对于 5 岁以下幼儿及 70 岁左右的老人来讲，性别的影响微乎其微，人流速度几乎没有差异，这一点与 Ando 等（1988）的观察结果略有不同。

通过对观察结果进行统计分析，得出了正常步行状态下，不同性别人员的步行速度 y 和年龄 x_1 的经验关系式（3.7）和式（3.8），曲线拟合的结果如图 3.11 所示。

男性平均步速 y 和年龄 x_1 的关系式：

$$y = 0.00002x_1^3 - 0.0029x_1^2 + 0.1131x_1 + 0.2564 \tag{3.7}$$

女性平均步速 y 和年龄 x_1 的关系式：

$$y = 0.00002x_1^3 - 0.0024x_1^2 + 0.095x_1 + 0.3064 \tag{3.8}$$

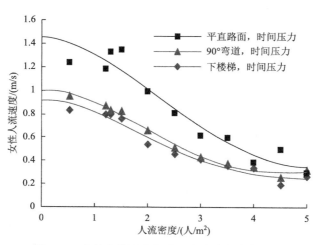

图 3.11　女性人流速度与路况和人流密度的关系

在不同人流密度和不同路况下，对不同性别人员的人流速度也进行了统计分析，结果如图 3.11 和图 3.12 所示。

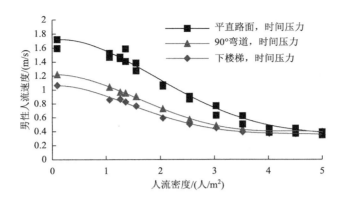

图 3.12　男性人流速度与路况和人流密度的关系

对于男性，平直通道上的男性人流速度 V_m 为

$$V_m = -0.0107\rho^4 + 0.1459\rho^3 - 0.6167\rho^2 + 0.5568\rho + 1.4490 \qquad (3.9)$$

90°弯道上男性人流速度 $V_{c,m}$ 为

$$V_{c,m} = 0.0021\rho^5 - 0.0367\rho^4 + 0.2397\rho^3 - 0.6518\rho^2 + 0.536\rho + 0.6725 \qquad (3.10)$$

下楼梯时男性人流速度 $V_{d,m}$ 为

$$V_{d,m} = 0.0023\rho^5 - 0.0393\rho^4 + 0.2496\rho^3 - 0.6816\rho^2 + 0.54\rho + 0.802 \qquad (3.11)$$

对于女性，平直通道上女性人流速度 V_f 为

$$V_f = -0.0153\rho^4 + 0.1907\rho^3 - 0.7461\rho^2 + 0.7204\rho + 1.0681 \qquad (3.12)$$

90°弯道上女性人流速度 $V_{c,f}$ 为

$$V_{c,f} = 0.0032\rho^5 - 0.0547\rho^4 + 0.3408\rho^3 - 0.9185\rho^2 + 0.8037\rho + 0.6854 \qquad (3.13)$$

下楼梯时女性人流速度 $V_{d,f}$ 为

$$V_{d,f} = 0.0022\rho^5 - 0.0388\rho^4 + 0.2506\rho^3 - 0.6977\rho^2 + 0.5888\rho + 0.7042 \qquad (3.14)$$

3.3　安全出口的群集流动状态

在 E、F 教学馆的主要出入口处，在 11:55～12:10 学生下课及 13:45～14:00 学生上课的两个时间段内，就时间压力下建筑物出口的群集流动状态进行了大量的观测，观测结果见图 3.13。

从图 3.13 可以看出，在 11:55～12:00 期间，出口处的人流密度很小（≤0.5 人/m²），人员之间间距较大（≥1.5m），步行人员面对来自周围人群的压力较小，几乎为零，而且人群无时间压力，步行人员处于自由行走状态，整个人群流动呈现离散化。

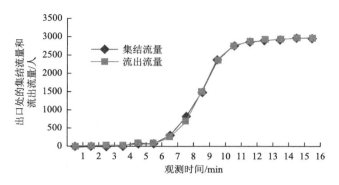

图 3.13　E、F 教学馆出口处的人员流动观测

12:00～12:03 时间段内，由于周围人流密度较大，个人的行为特点已经无法发挥作用，行人只能随着密集的人群往出口移动，此时出现了群集流动和轻微的群集滞留现象。但由于没有周围物理环境参数恶化的压力，人员仍能保持平常的心理状态，不会出现拥挤现象。随后，由于集结人流的减少，滞留现象得到改善，最终达到集结群集和流出群集的平衡。通过对以上观测实例的数据进行分析可以看到，建筑物出口的群集流动能力受人流密度的制约，呈非线性变化。

利用上述观测结果，对时间压力作用下，不同人流密度建筑物出口的群集流动系数进行了统计分析，并与其他学者的研究结果进行了对比，分析结果如图 3.14所示。从图 3.14 可以看出，时间压力下，当人流密度增加到 3.0 人/m² 时，群集流动系数可以增加到极大值 2 人/(m·s)。如果人流密度继续增加，或者试图超过这个出口群集流动系数的临界值时，出口处会出现阻塞现象，并最终使出口群集流动系数下降。

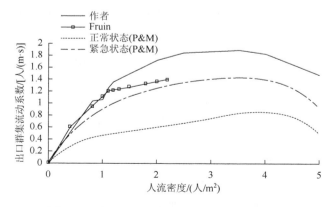

图 3.14　建筑物出口群集流动系数的观测对比

根据观测，时间压力作用下，建筑物出口群集流动系数和人流密度的关系可以归纳为

$$f_c = 0.02\rho^3 - 0.33\rho^2 + 1.43\rho + 0.01 \qquad (3.15)$$

式中，f_c 为建筑物出口的群集流动系数；ρ 为建筑物出口附近人流密度。

显然，本章对于出口群集流动系数的观测值的极值远远大于 Fruin（1971）以及 Predtechenskii 和 Milinskii（1969）的观察和分析结果，分析原因如下：一方面与人员流动所处时间压力状态有关；另一方面，如今人类的生活节奏大大提高，以及人员的工作和生活习惯、行为特点也发生了较大变化。

3.4　人员连续流动速度场分布

在 E、F 教学馆，针对不同人流密度平直走廊横截面上的人流速度也进行了大量的观测。通过观测结果可以发现，当人流密度小于 2 人/m² 时，流通横断面上的人员分布常常是不均匀的。由于人的向心性，在流通通道轴线附近的人流密度往往较大，而两侧靠近壁面附近的人流密度较小。因此，走廊通道两侧壁面附近的人流速度往往较轴线附近大。根据观察数据的统计分析，得到流动通道截面上的人流速度场分布如图 3.15 所示，所获得的观测结果进一步证实了离散系统人员疏散动力学的分析，这也正是人员连续流动与矿砂等离散介质流动及水、气等流体流动的根本区别所在。

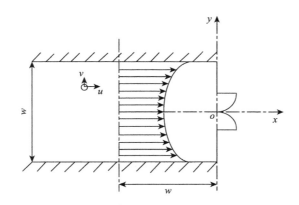

图 3.15　流动通道横断面上的速度场分布

人员连续流动流通通道横断面上的速度场分布经验关系式如式（3.16）所示。需要说明的是，式（3.16）是建立在笛卡儿坐标系基础上的，其中以群集流动通道出口的中心作为坐标系的原点，w 代表步行流动通道的宽度（m）；μ 指代群集流动的动力学黏度，是人流密度的函数；$\mathrm{d}\rho / \mathrm{d}x$ 代表连续流动通道横断面上的人

流密度梯度；u 为沿着主流动方向 x 的速度。由于流动通道横断面上壁面附近和轴线附近人流密度存在差异，对于个性比较主动的流动人员来讲，其会主动调整运动方向，向着壁面附近压力小的区域移动，v 代表 y 方向的速度；h_c 表示人员的行为特点。

$$\begin{cases} u = -\dfrac{\left(\dfrac{w}{2} + |y|\right)^2}{\mu} \dfrac{\mathrm{d}\rho}{\mathrm{d}x} \\ v = f\left(\dfrac{\mathrm{d}\rho}{\mathrm{d}x}, h_c\right) \end{cases} \tag{3.16}$$

3.5　人员流动状态演变的模糊预测

为了简化处理人员疏散速度和各因素之间的关系，现有的人员疏散计算机模拟模型中常常假设在任意时刻，处于离散状态的任意疏散人员的疏散速度矢量的大小为人流密度或人员之间间距的函数，并以人员行为特点系数进行修正。

本节根据前述关于人员流动状态的观测分析，利用 ANFIS 方法，建立了应急疏散人流速度预测模型（evacuation velocity prediction model，EVPM），进行应急疏散人流速度的模糊推理和预测。

3.5.1　EVPM 输入输出信号的隶属函数

通过对人员流动状态的观测分析，归纳出了 4 个输入变量，用于网络训练和校验，这 4 个输入变量分别为年龄、人流密度、个人状态（生理状态和心理状态）和疏散通道障碍度。

1. 年龄

研究表明，正常路况状态下，身体状态良好，不需要外力协助的正常人的步行速度与年龄之间呈现非线性关系。一般情况下，青年人的步行速度较快，而老年人和少年的步速较慢。因此，定义变量 x_1 以表述人的年龄对人的疏散行动能力的影响。

$$x_1 = \begin{cases} 少年 \\ 青年 \\ 中年 \\ 老年 \end{cases} \tag{3.17}$$

2. 人流密度

观测结果表明，当人员之间的相互间距逐渐减小时，人流速度将由离散状态减小到无法自主移动的群集状态，只能以整体群集的方式向前流动。另外，当人员间距比较大时，个人的步行速度完全受本人当时状态、环境因素和时间压力等因素的影响，因此定义人流密度变量 x_2 用于描述人员疏散行动状态的变化。

$$x_2 = \begin{cases} 周围人很少 \\ 周围人流正常 \\ 拥挤 \end{cases} \tag{3.18}$$

3. 疏散人员的生理状态

疏散人员的生理状态，如能否独立行走、是否清醒等因素，均将直接影响人员疏散流动能力。因此，定义了变量 x_3 以综合表达人员生理状态对疏散流动能力的影响。

$$x_3 = \begin{cases} 非常好 \\ 一般 \\ 差 \\ 很差 \end{cases} \tag{3.19}$$

4. 疏散人员的心理状态

心理状态，尤其是火灾等紧急状态下人的恐惧心理或者强烈的求生欲望，都会对人的行动能力产生很大的影响，因此定义人员心理状态参数 x_4 表示心理状态因素对人员疏散流动状态的影响。

$$x_4 = \begin{cases} 非常激动 \\ 正常、镇静 \\ 不以为然 \end{cases} \tag{3.20}$$

5. 疏散通道障碍度

疏散通道是否堵塞，是否受到烟气侵扰等状态因素是影响人员疏散行动的主要因素，并且往往是造成火灾等紧急状态下人员伤亡的主要原因，因此定义疏散通道障碍度变量 x_5 表示疏散通道障碍度对人员应急疏散行为状态的影响。

$$x_5 = \begin{cases} 非常高 \\ 比较高 \\ 正常 \end{cases} \tag{3.21}$$

6. EVPM 的输出函数

定义变量 y 作为 EVPM 的输出向量：

$$y = (L, S) = \begin{cases} 疏散移动速度很快 \\ 正常状态 \\ 疏散能力受到一定的限制 \\ 疏散行动受到严重制约 \end{cases} \qquad （3.22）$$

式中，L 为输入向量集；S 为输入向量的模糊隶属函数集。

需要说明的是，不同性别的人的行为存在一定的差异，但是性别是一个非模糊量，所以在利用 ANFIS 进行神经网络训练的时候，根据性别建立了两个基于 ANFIS 的 EVPM。根据两个模型中网络训练和校验的结果，分析性别对疏散时人流速度的影响。

3.5.2　模糊推理规则

采用 Takagi 和 Sugeno（1985）的模糊推理规则形式，网络训练开始时，根据大量的研究结果，预设了以下三条模糊推理规则，每一条规则赋予的触发强度的初始值为 1。

（1）规则 1：如果疏散人员为青年，疏散流动正常，身体健康且心情平静，疏散通道状态正常，则人流速度处于正常状态。

（2）规则 2：如果疏散人员为青年，疏散流动正常，身体健康且心情激动，疏散通道状态正常，则人流速度处于较快状态。

（3）规则 3：如果疏散人员为青年，疏散流动正常，身体健康且心情能够保持平静状态，疏散通道能见度差，则人流速度降低。

经过 ANFIS 网络训练以后，模糊推理系统将会对输入参数的隶属函数进行调整，并通过网络学习得到新的模糊推理规则集，各规则的触发强度也最终得到训练和校验。利用新的关于人员疏散行动能力的模糊规则集，可以实现对人员疏散行动能力的即时模糊推理和控制。

3.5.3　EVPM 结构

选用较成熟的误差反向传播算法（Schüürmann et al.，1994）进行网络训练和校验。经过 500 次训练，得到的 ANFIS 网络结构如图 3.16 所示。

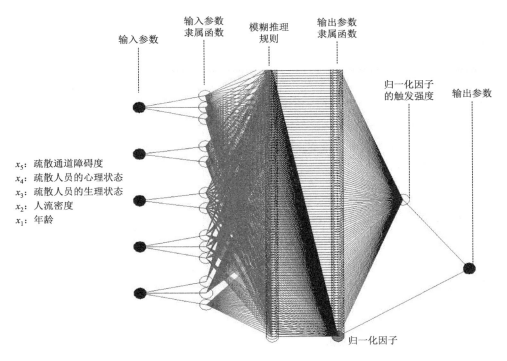

图 3.16　火灾时人员疏散行动能力预测模型 EVPM 网络训练初始结构图

3.5.4　人员流动状态的演变过程

根据对人员流动状态的观测和基于 EVPM 结构的模糊预测分析，定义人员群集流动状态系数 CFR_e 如下：

$$CFR_e = \frac{\rho u}{f_c} \tag{3.23}$$

式中，ρ 为疏散流动通道出口附近的人流密度（人/m²）；u 为疏散流动通道出口附近的人流速度（m/s）；f_c 为疏散流动通道出口的群集流动系数[人/(m·s)]。

根据上述大量群集流动现象的观察，可以将人员流动状态的演变归纳为以下四种状态。

（1）稳定流动状态：当人流密度 $\rho \leqslant 2$ 人/m² 时，人员之间互不干扰，疏散人员可以根据自己的行为状态随机地主动调整自己的疏散流动速度。$\rho = 2$ 时，人员平均流动速度约为 1.35m/s，出口的群集流动系数[$f_c = 1.42$ 人/(m·s)]较小，人员流动状态系数 $CFR_e = 1.304$。

当 $CFR_e \leqslant 1.304$ 时，人员之间有足够的间距，当周围环境状态参数均呈正常状态时，人员流动呈现稳定流状态，彼此之间一般不会出现互相超越、挤压等混乱现象。

（2）小尺度波动状态：2 人/m² < ρ ≤ 3 人/m² 时，随着人流密度的增加，人员运动受到一定的约束，人流速度下降，出口群集流动系数增加，人员流动状态数 CFR_e 为 1 ≤ CFR_e ≤ 1.304。此时，个体人员的生理和心理状态等行为特点将起主导作用，某些性格较为急躁的人会不堪忍受来自前后左右密集人群的压力而选择互相超越等行动。此时，人员流动会出现一定的小尺度的波动，但还不至于造成混乱和挤压等现象。

（3）群集滞留状态：随着人流密度继续增加，当 3 人/m² ≤ ρ ≤ 5 人/m² 时，行人之间密切接触，个人自主移动的空间几乎为零，这时人员流动呈连续流动状态，个人的行为特点几乎不能对群集流动模式产生任何影响，人流速度大大降低，为 0.5～0.2m/s。此时，由于受到人群密度较大的压力，出口的群集流动系数达到最大值 2 人/(m·s)，人员流动状态系数为 0.5 ≤ CFR_e ≤ 1，群集流动将会出现群集滞留和相互挤压现象，人们争先从出口挤出来，出口附近会发生一定的混乱。

（4）停滞状态：当人流密度超过 5 人/m² 的临界值，如果人流密度继续增加，群集流动将会出现停滞现象，群集人流速度和流动状态系数将会急剧降低至近乎为零。实际上，当 CFR_e < 0.5 时，即可认为连续流动处于停滞阶段。这种状态如果持续 3min 以上，就有可能产生成拱现象，并最终导致群集事故的发生。

3.6　小　　结

年龄、性别、人流密度等因素对人流速度的影响，历来是国内外学者研究的重点问题。本章除了对上述常见的问题进行观察、分析和对比之外，着重对 90°弯道及下楼梯时行人流动能力的局部衰减与人流密度的关系等常常被人忽视的问题进行了深入的观察研究。通过对大量观测数据的统计分析，得出了一些有关人流速度和相关因素的数学表达式。结果发现，由于流动的驱动力和阻力因素的差异，人员流动与流体流动、离散介质流动有显著的区别。通过对观测数据的分析可以看到，人员群集流动通道轴线附近的流动速度要大于通道壁面附近的流动速度，流动通道横断面上的速度分布呈凹型抛物线状。

利用 ANFIS 算法，建立了关于人员疏散行动速度的模糊推理模型 EVPM。利用 EVPM 可以根据疏散行为人员的年龄、疏散通道人员拥挤程度、疏散人员的生理状态、心理状态及疏散通道的障碍度等，实现关于人员疏散行动初始速度和行动过程中疏散速度变化的模糊推理和预测。在观察分析和模糊推理预测的基础上，本章提出了人员流动状态系数 CFR_c 的概念，根据此参数将人员流动状态定义为稳定流动、小尺度波动、群集滞留和停滞四种状态。

然而，在天气、路况对人员行动能力的影响方面，尤其是在不同角度和曲率的弯道所造成的人员流动能量损失方面，以及群集流动状态的突变方面，尚需进一步积累相关的数据，以进一步完善所建立的人员疏散行动能力知识库。

第4章　人员群集流动动力学

4.1　引　　言

随着城市建设飞速发展，大型多功能建筑及人员密集公共场所不断增多，人群聚集程度越来越高。一旦遇到火灾、爆炸或其他突发事件发生，在缺乏智能疏散诱导和指挥的情况下，受到从众心理、好奇心理、少数人员的非理性行为、周围环境及信息因素等影响，密集人群常常处于激动、盲从或恐慌状态。近年来，在流动通道的瓶颈区域或者双向人流交叉的地方，国内外发生了多起灾难性群死群伤踩踏事故。因此，有必要从微观的角度，分析人员流动状态演变的临界状态，最大限度地提高人员密集公共场所群集流动的安全水平。

4.2　人员群集流动的行为特征

人员群集流动中，行为个人对周围环境或其他行为个人的约束和响应过程分为四个阶段：感知—认知—决策—行动。

人员群集流是相互影响和作用的人员形成的多主体系统。一方面，受到人员组成及人员之间相互作用的影响；另一方面，受到建筑结构等环境因素的影响，演化过程由于在集体特征中夹杂着个体行为而表现出随机性和复杂性。人员群集流是一个十分复杂的非线性系统。

当人流密度较小并且空间环境处于正常状态时，人员流动状态具有较强的随机性和不确定性，主要由个人的主观愿望和个人流动能力确定。对个人来说，他总是不断地感知周围的状况，然后利用自身经验或知识等对感知到的信息进行判断或决策，最后采取实际的行动。

当人流密度较大时，无论是正常状态还是紧急状态，人员流动状态由以个体行为为主演变为以群集行为为主。人员密集场所群集流动的安全性受到人员聚集场所空间结构特点、举办活动的特点、信息表达方式、聚集人群个体行为及群集人员行为特点等因素的影响。

人员流和交通流的动力学机制相似，但与交通流相比，人员流又有其自身的特点。首先，人的运动更具随机性，如会出现突然变速、转身等运动行为。其次，人的步行并没有像车辆运动那样有速度通行规则及车道的限制；此外，一般情况下轻微的碰撞并不会造成严重的后果，而且在拥挤的情况下碰撞也是不可避免的。并且，行人流受周围环境包括一些潜在的意外或突发现象的影响，其更加多样和复杂，从而显得混乱，这些特点导致行人流的研究比交通流更为复杂和困难。

综上，影响人员群集流动行为的因素主要包括以下几个方面。

（1）群集流动的目标或目的。人们进入公共场所或抢占某个区域的迫切性，是造成公共场所人群聚集或群集流动的主要原因。尤其是当众人同时向某一目标行动的时候，例如，想接近某一明星或抢购某一紧俏商品，或抢先上火车等行动时，或者当两个行动目标冲突时（例如，入场的人流和离场的人流逆向相遇时），或者当某种刺激导致向一定方向流动的人群中的一部分人突然改变速度或流动方向时，都有可能造成群集安全事故。

（2）空间的结构特点。空间的布置、环形通道的设计及设备的布置等均会对群集行为和人员流动产生一定的影响。例如，狭窄的入口或少数的旋转式楼梯对限制人流进入有一定的作用，但同时又可能导致公共场所外等待入场人员的大量聚集。类似地，栏杆等障碍物可以起到有效疏导人流的作用，但如果设置不合理的话，可能会造成人群流动受到不必要的限制。

（3）信息的特点。信息的特点包括信息的可利用程度、清晰度及向公众所提供信息的内容等。信息可以以文字、图片、语言、展板或路标等形式发布，使公众正确地理解自己的处境并指导他们对以后的行动做出正确的决策。如果提供的信息不充分或信息混乱，就会造成许多潜在的群集危险，例如，人们在群集流动中突然停止或走回头路，不停地向管理人员问路等。在路标不清楚或有问题的通道上容易形成人流聚集、交叉流或逆流等对人群流动管理不利的流动现象。

（4）空间物理环境的特点。空间物理环境因素包括人流密度、环境物理参数（包括现场温度、烟气浓度等）等。人员的步行空间随人流密度的增大而减小，密度大于一定程度时，人的主动性会受到约束。在火灾情形下，环境因素，如热量、毒性和刺激性烟气浓度的增加会影响人员疏散速度，以及辨认路线和决策的能力。

（5）其他行为个体的特点。为了更方便地到达某个目标，群集行为很容易受到少数人的影响。当少数人采取的"违规"行为没有受到及时制止，而且这些行为符合大多数人的"省事、省时、省力"等心理特点时，例如，在竞技场、音乐会或者某个庆典活动中，如果少数人翻越栏杆接近或闯入了禁区等，就会有更多人跟着效仿，最终产生群集行为。类似地，如果有少数人开始往前拥挤，就会有更多的人跟着挤。

在各种因素影响下，人员群集流动行为具有以下几个典型特征。

（1）最小约束。行走过程中，人们总是不断地避免与他人或街道的边界、墙体或障碍物发生碰撞。清楚感知到他人或障碍的空间运动信息后，人会立即改变速度，尽量避免碰撞。这里，定义影响范围代表其他行人对任意行人有影响的区域，即以任意人为圆心，半径为影响半径 R_{eff} 的圆形区域。

另外，在行走过程中，人们总是期望与他人或边界保持一定的距离，即每个人都不断地试图维持自己的个人空间。空间观念的核心是个人领地的所有权及对这种权力的维护。人际交往的空间距离可以分为亲密距离、个人距离、社交距离、公共距离四种。这里提一下亲密区，即关系不亲密者不能进入这一范围，否则会引起威胁感。不同文化背景的人的"亲密距离"是不一样的，通常亚洲国家人的亲密距离较近，美洲国家人的亲密距离较远，欧洲国家人的亲密距离介于二者之间。

（2）自组织现象。在人流密度大于一定临界值后，复杂的人员流动表现出如下自组织现象：首先，相同方向的行人自发组织成队列，分离出各自方向的路线。这种分离现象减少了步行方向相反的人员之间的相互干扰的频率，减少了人员避让的次数。此方式下，在期望运动方向上的平均速度实现了最大化。因此，这种自组织现象具有优化人员流动效率的作用。

另外，流动通道瓶颈区域人员的流动方向会发生波动。相反方向的人流在通道瓶颈处相遇，通道流量的迅速减少，可能导致人员滞留。随着两个方向人员的大量涌入，通道瓶颈处的密度不断增大，人员之间相互干扰强烈，自发组织路线发生崩溃，两侧人员相互对立。暂时获得流动机会的人员鱼贯而出，而等待的人员随着等待时间的增加而变得不耐烦，力量不断集聚，最终足以阻止另一侧人员流动，从而获得流动机会。如果人流密度得不到降低，这一过程可能会周而复始地进行。因此，这种自组织现象具有降低人员流动效率的作用。

（3）欲速则不达现象。人是自驱动的，在自身内部状态和行为规则的作用下，可以对周围实体及环境的刺激本能地做出自己的反应，产生自驱动力和期望速度。实际的运动速度达不到期望速度时，随着时间的增长，人的不耐烦程度也在增长，因而变得好斗，产生推挤行为。

（4）成拱现象。在从众行为特点的影响下，激动或恐慌的人群自宽敞的空间涌向人群日常比较熟悉的安全出口等疏散通道瓶颈区域，人群密度的陡然增加会导致人流速度下降，同时受到通道最大人员流动能力的限制，容易发生群集滞留。在出口等疏散通道瓶颈区域，除了有正面的人流外，往往有许多人从两侧挤入，阻碍正面流动，使群集密度进一步增加，形成拱形的人群，谁也无法通过。如果滞留持续时间较长，滞留人员可能争相夺路而出现争相拥挤，造成拱形人群崩溃，很容易使人失去平衡而跌倒，特别是在台阶或楼梯处更加危险，从而造成踩踏等群集伤亡事故的发生。

4.3　人员群集流动自适应智能体模型的建立

4.3.1　人员智能体的结构

基于智能体的人员流动动力学模型主要包括两方面，即建筑结构的网格化和人员行为的智能化。人员流动动力学模型的焦点是能代表人的行为的智能体的构建。用"智能体"表示个体，将大量代表个体的智能体放在虚拟的建筑物空间中，研究它们的总体行为，可以模拟出真实状况下人群的行为。

智能体是一个独特的自治对象，被置于一定的环境中，并与其他实体共享，它一边执行着自身任务，一边不断地感知和作用于其他实体。智能体能够感知它所置身的环境及其他实体，感知和其他实体发生的挤压、碰撞、推动、排斥等相互作用。公共聚集场所的群集流动中，实体既可能是聚集空间中的其他人，也可能是墙体、出口、障碍等。

智能体具有自己的运动能力和感知、认知能力，每一个智能体的内在结构可以由三个基本方面来描述：外部感知、内部状态和行为产生系统。

（1）外部感知：每一个智能体具有看见物体和认知刺激的能力。感知系统会过滤掉隐藏在障碍后面的物体或刺激，可看到的距离暂时不作限制，也就是如果没有其他物体遮挡，个体能够看到整个空间。必须要提的是，在实际疏散过程中，环境因素可能会影响可视距离，如刺激性的烟气等。

（2）内部状态：每个智能体具有一个内部状态来表达个体内部动机。采用人的不耐烦程度表示人的内部状态，实际的运动速度达不到期望速度时，随着时间的增长，人的不耐烦程度增长，因而变得"好斗"，产生推挤行为，这种行为最终将导致"快也是慢效应"，尤其是在通道变窄的地方，还会导致疏散通道发生阻塞。

（3）行为产生系统：智能体是自驱动的，在自身行为规则的作用下，可以对周围实体及环境的刺激本能地做出自己的反应，产生自驱动力和期望速度。根据每一时间步上每一个智能体的外部感知和内部状态，行为生成系统为个体产生一个行为，且对内部状态进行修正。

4.3.2　人员行为规则

经过大量的实际观测和分析认为，公共聚集场所的人员流动过程遵循下述三个方面的行为规则，即目标规则、跟行规则、约束规则。对于每个行人，移动到一个未被占据元胞(i, j)的移动概率 P_{ij} 见式（4.1）：

$$P_{ij} = N \exp(k_s / S_{ij}) \exp(k_D D_{ij}) p_i(i, j) p_w \tag{4.1}$$

式中，N 为正规化系数；k_s 为任一元胞(i, j)相对目标出口的敏感性参数；k_D 为行人动态场状态值 D_{ij} 的敏感性参数；S_{ij} 为每个元胞到每个出口的相对距离的最小值；$p_i(i, j)$ 为行人 i 与其他行人 j 之间保持最小安全距离的心理因子；p_w 为行人与障碍保持最小安全距离的心理因子。

P_{ij} 由以下三个规则确定。

1. 目标规则

行人流动过程中下一时间步的目标格子的选择规则见图 4.1，本模型中应用的是 von Neumann 邻域规则。在模拟初始化阶段，首先计算距离出口最远的元胞(i_l, j_l)到某个出口上任意一个元胞(i_e, j_e)的距离$\| p_e(t) - p_l(t) \|$，并求其最大值。

$$\| p_e(t) - p_l(t) \| = \sqrt{(i_e - i_l)^2 + (j_e - j_l)^2} \tag{4.2}$$

式中，(i_e, j_e)为某个出口上的任意一元胞的坐标；(i_l, j_l)为距离出口最远元胞的坐标。

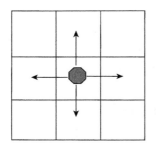

图 4.1　下一时间步的目标格子选择规则

进一步按式（4.3）计算出 S_{ij}：

$$S_{ij} = \min(\sqrt{(i_e - i_l)^2 + (j_e - j_l)^2}) / \max(\| P_e(t) - P_l(t) \|) \tag{4.3}$$

式中，(i_e, j_e)为某个出口上的任意一元胞的坐标；(i, j)为任一未被占据元胞的坐标；(i_l, j_l)为距离出口最远元胞的坐标。

越接近目标出口的元胞，k_s 越大。在仅考虑行人以最短路程到达目标的情况下，在时间步 $t \to t + \Delta t$ 内，任何行人均会以最大的可能选择离目标点路程最近的元胞作为下一个移动目标。

$$k_s = f[\rho_i(t)] \tag{4.4}$$

$\rho_i(t)$ 反映行人 i 的忍耐力程度，人的忍耐力的大小及与之相关的决策过程，对狭窄通道的堵塞现象起着非常重要的影响作用。

$$\rho_i(t) = 1 - \bar{v}_i(t) / \bar{v}_i^0(t) \tag{4.5}$$

式中，$\bar{v}_i(t)$ 为任意时刻 t 目标方向上的平均速度；$\bar{v}_i^0(t)$ 为任意时刻行人 i 的主观期望速度。

行人 i 的期望速度的数值范围为 $[\bar{v}_i^0(0), v_i^{max}]$，其中 $\bar{v}_i^0(0)$、v_i^{max} 分别指起始和最大主观期望速度。

智能体时刻都受到自驱动力的作用，自驱动力代表了安全目标驱使下个人在群集流动过程中希望其步行速度达到期望速度的心理对个人运动状态的影响力。自驱动力驱使智能体的速度与期望速度一致，因此其与智能体的期望速度和当前速度的差矢量成正比。期望速度的方向从智能体当前位置指向目标位置，数值大小根据具体应用确定。任意一个智能体 i 在 t 时刻受到的自驱动力 F_i 表示为

$$F_i = m_i \frac{v_i^0(t) g_i(t) - v_i(t)}{\tau} \qquad (4.6)$$

$$g_i(t) = \frac{e - l_i(t)}{\| e - l_i(t) \|} \qquad (4.7)$$

式中，m_i 为智能体 i 代表的行人的体重（kg）；$l_i(t)$ 为 i 在 t 时刻的位置向量；$v_i^0(t)$ 为在 t 时刻智能体 i 的期望速度数值；$g_i(t)$ 是由智能体 i 当前位置 l_i 指向目标位置 e 的单位向量；$\| e - l_i(t) \|$ 指 i 距离目标的距离；$v_i(t)$ 为时刻 t 智能体 i 的当前速度；τ 指 i 加速到期望速度所需的时间，代表了行人的灵敏度。

如果整个模拟过程中智能体都只受到自驱动力的作用，即没有其他行人或障碍的影响，i 可保持初始的期望速度数值 $v_i^0(0)$ 最终径直通过目标位置。

当行人只受到自驱动力的作用，即没有其他行人或障碍的影响时，行人的速度接近一个常数，此常数为行人的最大允许步行速度 v_i^{max}。其他行人或障碍的出现等环境的约束状态、个人心理特征将给行人 i 施加其他的力，使得行人 i 的步行速度放慢。

因此，自驱动力引起的期望速度为

$$\bar{V}_i^f(t) = [1 - \rho_i(t)] \bar{v}_i^0(0) + \rho_i(t) v_i^{max} g_i(t) = [1 - \rho_i(t)] \bar{v}_i^0(0) + \rho_i(t) \frac{v_i^{max} e_i P_i}{\| P_e(t) - P_i(t) \|} \qquad (4.8)$$

某人向相邻格子 (i, j) 的移动概率 P_{ij} 与 S_{ij} 的大小是成反比的。

2. 跟行规则

行人往往有模仿他人的倾向，特别是在紧急疏散的情况下，往往喜欢跟随大多数人的行动路线。为了反映行人的跟行行为，元胞必须包含行人位置的动态变化的信息，因此提出动态场的概念。

D_{ij} 和敏感系数 k_D 表示元胞 (i, j) 周围人员运动方向产生的吸引力及其影响系

数。动态场 $D = \{D_{ij}\}$ 反映了行人流动的虚拟路径，类似于区域规划领域中的信息要素。虚拟路径具有动态变化，即扩散和衰减，由于不断地变宽和稀释，最后路径就消失了。在 $t = 0$ 时刻，网格中的所有格子 (i, j) 的动态场状态是 0，即 $D_{ij} = 0$。当行人从元胞位置 (i, j) 跳入任意一个相邻元胞时，起始元胞的动态场状态值 D_{ij} 值加 1。动态场根据它的扩散和衰减规则而变化，由参数 α、δ 控制。在模拟的每一时间步上，每个格子的动态场强随着概率 δ 而衰减，随着概率 α 而稀释。

当两个或多个行人试图移到相同的目标格子时，相关的所有微粒的运动将有 $u \in [0, 1]$ 的概率被拒绝，拒绝的意思是所有相关微粒仍然留在原处，即其中有一个人具有 $(1-u)$ 的概率移动到期望的格子，哪一个人被允许移动由概率的方法来确定，被允许移动的行人移动到选择的目标位置。每个移动的微粒的原始位置 (i, j) 的 D 值将加 1：$D_{ij} \rightarrow D_{ij} + 1$，即 D_{ij} 可以是任何非负整数。

3. 约束规则

当其他智能体或障碍出现在 i 附近时，i 的行为将受到它们的影响，即智能体与智能体之间，以及智能体与障碍之间发生相互约束作用。智能体将不断调整自己的行为决策，以受到的约束和障碍程度最小为原则，以最省力的方式与相邻障碍保持恰当的距离，并且避免与邻域范围内的其他智能体或障碍碰撞，避让的一个重要决定因素就是每个个体都试图维持自己的个人空间，而每个人需要的个人空间大小随着文化差异、地点、时间而改变。

系统模型中加入排斥力来度量相互约束作用，智能体在排斥力的作用下，不断地调整自己的速度和方向，进而避免与他人碰撞。排斥力分为两个部分：第一排斥力描述行人在离其最接近行人或障碍足够远时就避开行人的相互避开行为，反映最接近的行人或障碍会影响避开行为的决策。当两个行人相遇时，除非周围有许多行人使得他们没有机会相互避让，否则他们通常会提前避开。当一个较快的行人跟在一个比较慢的行人后面时，类似的行为也会发生，即如果没有其他行人阻挡，较快的行人将在离后者较远的地方就采取绕开后者的行为。在人员密集的情况下，因为空闲空间的减少，避让机会变少了，行人速度只好慢下来，甚至停止。当行人的附近（行人影响范围内，影响半径表示为 R_{eff}）存在其他人且他人还未侵入其安全范围（反映行人与其他对象保持距离的心理，安全半径表示为 R_{s}）时，假设任意智能体 i 受到的第一排斥力是距离 i 最近对象作用在 i 上时绕开它的力。智能体的安全半径，反映行人与其他对象保持距离的心理。第一排斥力示意图如图 4.2 所示。

但是，当智能体之间距离非常近时，特别是在人员密集的情况下，为了避免碰撞，第二排斥力就起作用了，如图 4.3 所示。第二排斥力强烈地排斥智能体 i 周围的所有其他对象，以避免智能体之间相互碰撞，或使发生的碰撞最小。

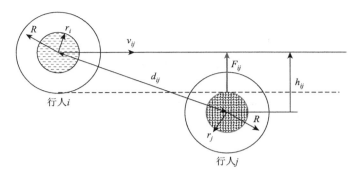

图 4.2　第一排斥力示意图

智能体与相邻对象之间保持的排斥力为

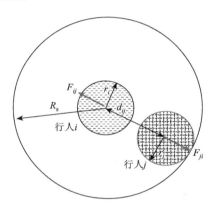

$$F_{ij} = K' \frac{(R_{eff} - |h_{ij}|)_+}{d_{ij}} \frac{h_{ij}}{|h_{ij}|} \Omega(d_{ij})$$
$$+ \sum_{j(j \neq i)} [k' \exp[-(d_{ij} - r_{ij})/S] w(d_{ij}) n_{ij}] \qquad (4.9)$$

式中，右侧多项式的第一项为第一排斥力；第二项为第二排斥力；K'、k' 和 S 为调节参数；d_{ij} 为 i 与 j 之间的距离；n_{ij} 为由 j 指向 i 的单位向量；h_{ij} 的方向由 j 垂直指向与 i 的速度，长度等于 j 到这条直线的最短距离。

图 4.3　第二排斥力示意图

$$h_{ij} = d_{ij} \frac{n_{ij} v_i(t)}{|v_i(t)|} \frac{v_i(t)}{|v_i(t)|} - d_{ij} n_{ij} = d_{ij} \left[\frac{n_{ij} v_i(t)}{|v_i(t)|^2} v_i(t) - n_{ij} \right] \qquad (4.10)$$

$$(R_{eff} - |h_{ij}|)_+ = \begin{cases} R_{eff} - |h_{ij}|, & R_{eff} - |h_{ij}| \geqslant 0 \\ 0, & R_{eff} - |h_{ij}| < 0 \end{cases} \qquad (4.11)$$

$$\Omega(d_{ij}) = \begin{cases} 1, & d_{ij} = \min_{n(n \neq i)}(d_{in}) \text{且} R_s < d_{ij} \leqslant R_{eff} \\ 0, & d_{ij} = \min_{n(n \neq i)}(d_{in}) \text{且} d_{ij} > R_{eff} \end{cases} \qquad (4.12)$$

$$w(d_{ij}) = \begin{cases} 0, & d_{ij} > R_s \\ 1, & d_{ij} \leqslant R_s \end{cases} \qquad (4.13)$$

式中，$v_i(t)$ 和 $v_j(t)$ 分别为 i 和 j 的速度；r_{ij} 为 i 与 j 之间的最短距离，如果 j 是代表行人的智能体，那么 r_{ij} 等于 $r_i + r_j$，否则 $r_{ij} = r_i$（r_i、r_j 分别代表 i 和 j 的半径）；R_s 指 i 的安全半径。

式（4.11）描述了第一排斥力存在的条件，j 距离 i 最近而且它们之间的距离

大于安全距离 R_{eff}；式（4.13）描述了第二排斥力存在的条件，j 到 i 的距离小于 R_s。

在根据目标规则和约束规则分别确定的自驱动力和排斥力共同作用下，智能体根据群集流动过程中所接受和反馈的各种信息，不断调整自己的行动目标和运动方式，以最快的运动速度，向最终的目标前进。每个智能体都受到自驱动力和排斥力的作用。对于具体智能体 i，将自驱动力和排斥力相加后除以 i 的质量 m_i 即可得到智能体 i 移动的加速度 $a_i(t)$：

$$
\begin{aligned}
a_i(t) &= \frac{\mathrm{d}^2 l_i(t)}{\mathrm{d}t} = \frac{\mathrm{d}v_i}{\mathrm{d}t} = \frac{1}{m_i}\left(F_i + \sum_{j(j\neq i)} F_{ij} \right) \\
&= \frac{[v_i^0(t)g_i(t) - v_i(t)]}{\tau} + K\frac{(R_{eff} - |h_{ij}|)}{d_{ij}}\frac{h_{ij}}{|h_{ij}|}\Omega(d_{ij}) \\
&\quad + k\sum_{j(j\neq i)}\{\exp[-(d_{ij} - r_{ij})/S]w(d_{ij})n_{ij}\}
\end{aligned}
\tag{4.14}
$$

式中，

$$
K = K'/m_i \tag{4.15}
$$
$$
k = k'/m_i \tag{4.16}
$$

每个智能体都具有初始位置和目标位置，初始位置常常是随机分配的。智能体根据自身所处位置的局部信息确定每一时刻的运动状态。智能体具有自驱动力和附近其他智能体对它的影响力，根据行为数学模型（方程）决定自身运动。由于数值计算机只能进行离散点的数值计算，将模拟时间离散成一个个时间步 Δt。时间步长越短，模拟效果就越好，但是也会增加模拟时间。经过数次模拟试验，发现时间步长大于 0.05s 时，人们的移动看似跳跃不连贯，而且人与人之间的碰撞非常明显，甚至出现推动他人后退的现象，显然这样的模拟效果是不合理的，因此选择时间步长为 0.05s。

假设时刻为 t，智能体在下一时间步 $t + \Delta t$（Δt 指单位时间步长）的速度和位置由方程（4.14）的计算结果分别代入式（4.17）和式（4.18）来确定。

$$
v_i(t) = v_i(t - \Delta t) + \Delta t a_i(t) \tag{4.17}
$$
$$
l_i(t + \Delta t) = l_i(t) + v_i(t)\Delta t \tag{4.18}
$$

前面已经建立完成单个人员智能体的模型，将大量的人员智能体置于共享的环境中构成智能体的人员流动，行为个体之间的相互作用演化出各种复杂的实际人员流动现象。

4.3.3　自适应网格加密技术

网格体系的好坏直接影响计算结果的精度，甚至影响计算的成败，采用自适应网格局部加密方法是解决这类问题的有效途径。

在人员流动模拟的初始化阶段，将所研究的二维空间进行均匀的网格划分，每个格子的边长为 0.4m，这是在密集人流中典型的人员空间分配方案。每个格点（元胞）为空或被一个人员占据，在每一个离散的时间步 $t \rightarrow t + \Delta t$ 内，每个人员根据一定的移动概率 P_{ij}（图 4.1）移到相邻的一个未被占据的格子中，或者停留在原来的格子中，模型中所有人员是并行变更位置的。

在人员流动的过程中，根据现有网格并配合误差估计确定新的节点密度分布，然后重新划分网格，再计算并重复上述过程，直到求解精度达到预定目标为止。网格再生技术的优点，主要表现在收敛速度快、网格单元形状稳定。利用网格再生技术，在二维平面通道上，实现了对人员流动的计算机模拟，模型框图如图 4.4 所示。

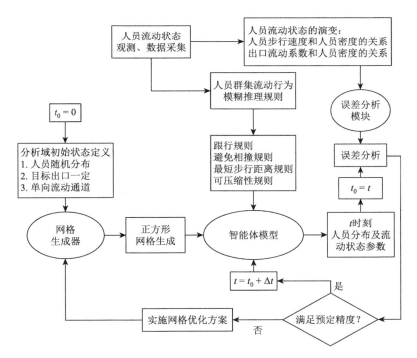

图 4.4　人员群集流动自适应智能体模型框图

4.3.4　模型参数的确定

模型参数选择的合理与否直接会影响人员流动仿真的效果，本章模型的主要参数包括人的体型尺寸 r、影响半径 R_{eff}、安全半径 R_{s} 等。根据第 3 章对人员流动状态的实地观测结果，对模型中各个独立参数进行确定与调整，使模型准确表达具体仿真对象的过程。

　　模型中将人简化表示为具有一定半径的圆圈，圆圈的半径是由实际观测的人的投影面积统计值来确定的。针对我国的实际情况，天津消防研究所进行了人体尺寸的测量工作，参与测量的人员共有 100 人。测量体厚和肩宽，计算人体投影面积为 0.146m^2，对应相同面积的圆形的半径分别为 0.21m，模型中人的半径 r 平均值确定为 0.21m。通过观测统计分析，我国的亲密距离采用 0.43m；安全半径为亲密距离加上两人的半径，所以 R_s 为 0.85m；人员之间的平均间距为影响半径 R_{eff}，R_{eff} 值为 1.5m。

4.3.5　人员群集流动仿真系统组成

　　本节采用面向对象的高级语言 Java，开发基于智能体技术的群集流动仿真（agent-based simulation for crowd flow，ASCF）系统。该系统主要由四大模块构成，分别是预处理模块、仿真环境生成模块、仿真计算模块和仿真数据处理模块，见图4.5。

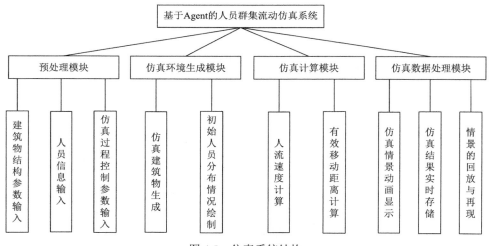

图 4.5　仿真系统结构

1. 预处理模块

　　该模块主要是完成系统与用户的交互。用户可以通过鼠标、键盘方便地输入或者选择各种参数信息，用于仿真情景及过程的生成与控制。建筑物结构参数包括四面墙壁参数、出口位置与个数信息、障碍物大小位置等信息；目前，该系统的人员信息主要考虑了参与仿真的总人数，其他信息如人员性别、年龄的构成、体重等没有考虑；仿真过程控制参数有人员的初始速度、加速度、仿真时间上限、数据是否存储等。

2．仿真环境生成模块

该模块负责完成系统的仿真环境初始化，包括仿真建筑物生成、初始人员分布情况等的绘制。仿真建筑物生成：根据用户的设置，系统绘制四周墙体、障碍物、出口等；初始人员分布情况绘制：根据一定的随机数生成策略，在房间内随机分布人员，并在屏幕上绘制出来。

3．仿真计算模块

仿真计算模块是仿真系统的核心模块，该模块根据用户设定及仿真时钟，采用系统的仿真模型，计算出各个时刻的人员流动情况，即人员的物理位置信息。人流速度计算：采用第 3 章提出的人员流动微观模型，通过计算自驱动力、第一排斥力、第二排斥力得出各个人员的加速度，根据系统时钟和当前速度，计算出下一时刻的人流速度。有效移动距离计算是指根据计算出的人员移动速度和系统时间步长，计算出人员的位移数据。

4．仿真数据处理模块

仿真数据的处理模块主要进行仿真数据的实时保存、动画显示、仿真情景的离线回放等。仿真情景动画显示：根据仿真计算模块的人员位置信息，采用多线程技术实时显示人员流动情况，同时保持界面反应灵敏性，用户可以进行定格等操作，以便随时观测人员流动情况；仿真结果实时存储：为了便于仿真情景的再现，根据用户设置，可以将试验数据存储到文件系统；情景的回放与再现：该功能主要是便于仿真观测，可以完整重现试验过程，并具有快进、暂停、后退等数据播放功能。

4.3.6　系统工作流程

采用人员流动微观模型，通过各个对象动态交互完成整个仿真过程，系统工作流程见图 4.6。

1．系统初始化

当用户启动系统后，将会自动生成一些基本对象，包括 UI 界面、Room、Time等。UI 界面包括各个参数输入框、信息 Label 和 Create、Start、Pause、Stop 等按钮；Room 作为整个仿真过程中的"环境"，在默认情况下是一个矩形的空白区域。Time 作为仿真时钟，这时已经做好启动计时的准备。系统调用并处理模块，等待用户的参数信息输入。

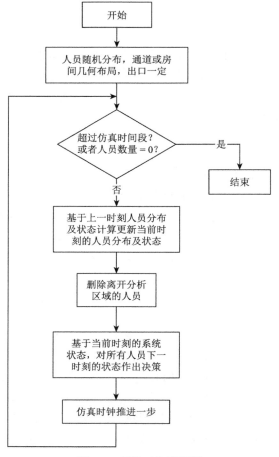

图 4.6 系统工作流程图

2. 智能体 Agent 创建

当用户将各类仿真参数，包括房间的大小、障碍物分布、仿真系统的人数及分布规律、出口位置与个数等输入完毕后，单击"Create"按钮，系统将立即根据用户输入调用仿真环境生成模块，创建各个 Agent，并在屏幕上绘制出房间的墙体、出口、障碍物等，以及按照一定分布规律和人员构成规则产生的行人。

3. 动态仿真

在用户完成上述步骤后，"Start"按钮将处于可用状态。单击"Start"按钮后，系统将调用仿真计算模块，进入仿真运算阶段。同时，调用仿真数据处理模块，将产生的实时数据发送给系统中的仿真动态展示部分，最终以动画的形式呈现出来；试验结果将存储到硬盘中，以便进一步分析和疏散场景的再现。

4. 清理工作

对仿真的结果进行实时存储，并动态呈现给用户。当单击 "Stop" 按钮或关闭 JFrame 时，系统将进行各类资源的释放，包括 Time 重置、中止活动的线程、停止屏幕的动态刷新、Room 复原、关闭文件描述符等。

4.3.7　系统的主要数据结构

该仿真系统采用面向对象的技术设计和实现，系统的主要数据结构通过多个 Class 的继承及组合等构成，可以根据它们的功能特征分为三个组成部分：前台界面数据结构、仿真环境数据结构、人员信息数据结构。

1. 前台界面数据结构

第一层是仿真界面、动画显示、参数输入等功能对应的数据结构，即 Class。它们主要是由 Swing 类构成，如 JFrame、JDialog 等，是用户 UI 的主要构成部分，用于接收用户参数输入，并将仿真结果以动画形式展示给用户。另外，它还是整个仿真系统中其他 Class 的容器。

2. 仿真环境数据结构

该部分涉及的数据结构包含的信息主要有房间的几何尺寸、障碍物的个数和位置、出口的个数及宽度、位置，另外还有房间内初始人数、现有人数等动态信息，该结构构成了仿真系统的外界环境。

3. 人员信息数据结构

该数据结构的信息包括人员编号、人的半径等静态信息，还有当前时刻、流向、坐标信息、加速度、速度、人员恐慌状态、自驱动力和两个排斥力等动态数据。

4.4　成拱现象的分析

本节利用上述建立的模型，对只有一个出口，长宽各为 15m 的单元房间内的人员疏散情况进行了模拟。房间内人员初始负荷为 200 人，每个人的初始期望速度为 1.3m/s。出口宽度为 1m，疏散从 15s 开始，滞留人员全部聚集在出口附近，出口处的群集密度随时间不断增加，直到在 100s 左右形成了拱形滞留状态，该状态持续一直持续了 42s 左右。200 人全部疏散完毕需要 300s，出口平均流动系数为 0.67 人/(m·s)。图 4.7 是模拟时间为 124s 时的仿真图，显示了人员流动过程中在流动通道瓶颈处的成拱现象，与 Predtechenskii 和 Milinskii（1969）对成拱现象的经验描述相符（图 4.8）。保持房间内人员负荷及人员初期期望速度不变，分别对出口宽度为 2m、3m、4m、5m 的情况进行模拟。出口宽度与疏散完成时间的关系见图 4.9，表明出口宽度由 1m 增大到 2m 明显地提高了出口的人员流量，节省了疏散时间，然而继续增加出口宽度对流动效率影响不大。因此，在本算例条件下，房间的最合理出口宽度为 2m，该结果符合建筑规范的规定。将出口宽度为 1m 和 2m 条件下的已疏散人数与疏散时间的关系进行了对比，结果见图 4.10。从关系曲线斜率的变化趋势可见，在出口宽度为 1m 情况下，出口出现人员流动阻塞，流动效率低；将出口宽度加宽到 2m，在疏散过程中虽然也存在人员滞留的现象，但没有出现成拱现象。

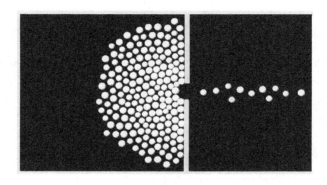

图 4.7   流动通道瓶颈处的成拱现象

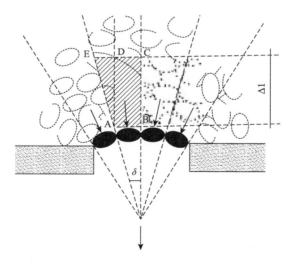

图 4.8   Predtechenskii 和 Milinskii（1969）对成拱现象的经验描述

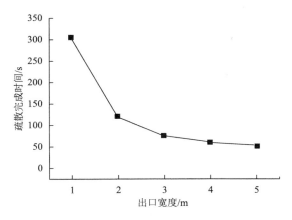

图 4.9　出口宽度与疏散完成时间的关系图

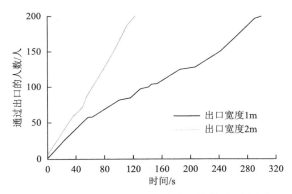

图 4.10　已疏散人数与疏散时间的关系对比图

4.5　双向流流动规律的分析

图 4.11 所示为一个 40m×10m 的长方向空间，沿纵向中间位置分割为两个尺寸为 20m×10m 的空间，沿分隔墙的宽度方向，在中间位置开设一个宽度为 2m 的门。模拟的初始状态假设有 200 人随机分布在这个空间中，并同时开始双向流动，试图穿越中间的门到达对面的空间。假设初始状态的期望速度为 2.0m/s。向右方运动的人用白色圆圈表示，用灰色圆圈代表向左方运动的人，人的平均肩宽假设为 0.45m。某次双向流动过程中，不同时刻的人员流动状态画面如图 4.12～图 4.17 所示。

从模拟结果观察到，双向流动中，在人员流动通道的瓶颈处，由于流通断面突然缩小，出入口的总体流动能力下降，此处很快呈现拥堵现象（$t = 10s$）。而且由于双向流的一方在拥挤过程中力量较大，暂时占据上风，于是呈现以某个方向为主的流动状态。例如，自 $t = 5s$ 左右开始，双向流以自右向左的人流为主，

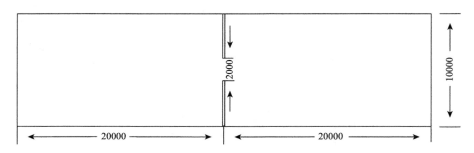

图 4.11　双向流模拟空间几何尺寸（单位：mm）

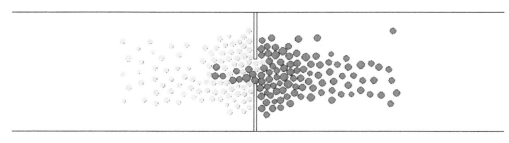

图 4.12　人员流动状态（$t = 14.5$s）

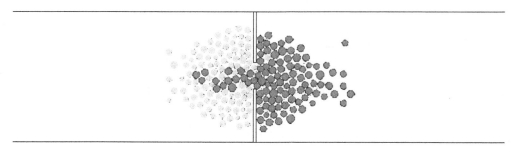

图 4.13　人员流动状态（$t = 24.5$s）

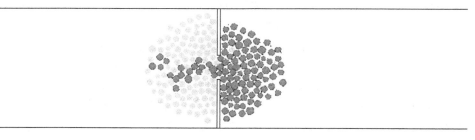

图 4.14　人员流动状态（$t = 35$s）

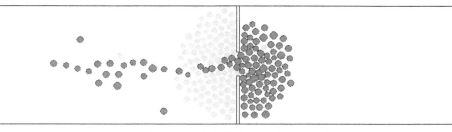

图 4.15　人员流动状态（$t = 42.5$s）

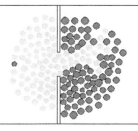

图 4.16　人员流动状态（$t = 66.7$s）

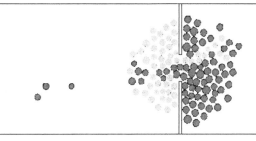

图 4.17　人员流动状态（$t = 80.5$s）

并在出口处形成"连续的队列"，同时左方空间中极少数能力较强的人也会克服右方人流的阻碍，零星地突围而出。这种以左向人流为主的状态持续了 30s 左右以后，右向人流终于发展为主流人群，双向人流开始呈现为以右向人流为主的状态。两个方向的人流交替振荡，分别占据主导地位，直到门口拥堵状态缓解为止。有的时候，可以在门口同时观察到两个不同方向的连续的人流队列，两个方向的人流在一定程度上达到了平衡。模拟状态对人员行为的假设是随机的，所以可能会是不同方向的人流先占据主导地位，但总是可以清晰地观察到这种队列现象和不同方向人流交替出现的振荡现象。

　　将上述空间内的初期人员总数调整为 300 人，假设具有同样的初始期望速度（2.0m/s），并与 200 人的模拟结果进行对比，如图 4.18 和图 4.19 所示。从对比结果可以看出，模拟的初始阶段，左向人流持续时间增加了 1 倍左右。随着初始人流密度的增加，双向人流的交替和振荡更加频繁。

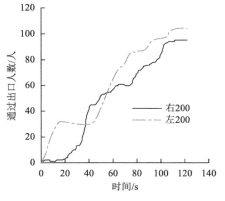
图 4.18　人员的双向流动（200 人）

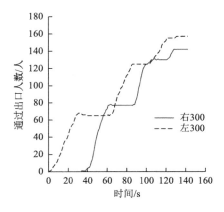
图 4.19　人员的双向流动（300 人）

4.6　建筑物结构及布局的影响

4.6.1　建筑空间结构的影响

图 4.20 所示为一个虚拟的几何尺寸为 40m×37.5m 的房间，该房间宽度方向中心位置处有一个宽度为 3m 的出口。假设初期人员负荷为 1000 人，随机地分布在房间内，假设人员肩宽在 0.4～0.6m 随机分布。速度为 1.0～5.0m/s 时，逐步增加初始期望速度，进行人员单向流动的计算机模拟，初始期望速度为 3.0m/s，部分模拟结果见图 4.21～图 4.24。

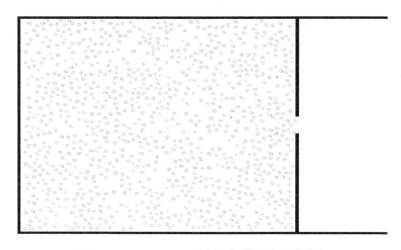

图 4.20　40m×37.5m 房间内初始状态人员分布

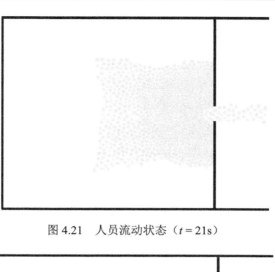

图 4.21　人员流动状态（$t = 21s$）

图 4.22　人员流动状态（$t = 47s$）

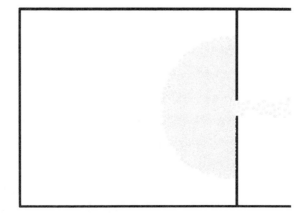

图 4.23　人员流动状态（$t = 52s$）

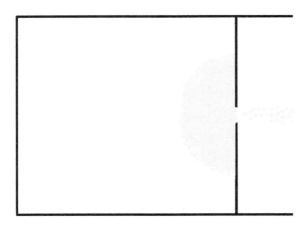

图 4.24　人员流动状态（$t = 187s$）

从图 4.22 可以看出，当初始期望速度增加到 3.0m/s 的时候，在出口附近可以观察到成拱现象。并且，随着初始期望速度的增加，1000 人全部从该房间完全走出去所需的时间先减少，当初始期望速度超过 2m/s 这一临界值时，1000 人全部走出去所需的时间反而增加，与日常生活中观察到的"欲速则不达"的现象吻合，如图 4.25 所示。

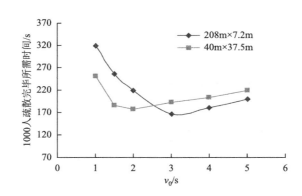

图 4.25　空间几何尺寸和初始期望速度与完成疏散时间的关系

保持房间的面积不变，改变房间的几何形状为狭长形，几何尺寸为 208m×7.2m，初始人员负荷为 1000 人，门宽仍然为 3m，其他人员形体尺寸等参数不变。类似地，逐步增加流动人员的初始期望速度，从模拟结果可以看到，当初始期望速度增加到超过 3m/s 后，1000 人全部走出去所需的时间反而增加，见图 4.25。

在尺寸为 208m×7.2m 的空间内，人员疏散模拟过程如图 4.26～图 4.28 所示，这个模拟结果从一个方面反映了空间几何尺寸对人员流动的安全性具有一定的影响。因此，在人员流动的安全评价及制定安全管理计划和应急策略方面，必须根据人员流动空间的几何和结构特征进行性能化分析。

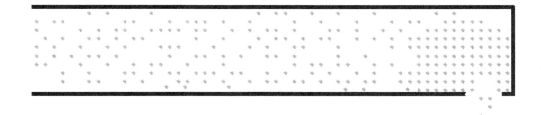

图 4.26　208m×7.2m 房间出口处的人员分布（$t = 80s$）

图 4.27　208m×7.2m 房间出口处人员分布（$t = 110s$）

图 4.28　208m×7.2m 房间出口处人员分布（$t = 150s$）

图 4.29 所示为出口处群集流动系数和空间几何尺寸及初始期望速度的关系，从图中可以看出，当初始期望速度增加到超过一定临界值时（方形建筑空间的临界值为 2.3m/s，狭长形建筑空间的临界值为 3.0m/s），出口处的群集流动系数反而降低。

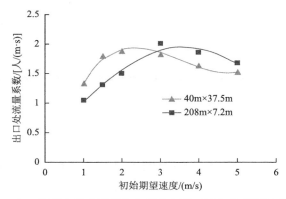

图4.29　出口处群集流动系数和空间几何尺寸及初始期望速度的关系

从上述分析可以看出，对于面积一定的建筑空间，若设计成方形，整体完成安全疏散所需的时间较短，但出口附近更加容易形成拥堵和成拱现象。而且，紧急状态对生命安全的威胁越大，人们的期望速度越高，方形空间出入口附近越易形成堵塞和拥堵现象。在紧张、恐慌的情况下，欲速则不达，很容易导致情绪激动，以致互相推搡、踩踏，最终导致群死群伤事故发生。因此，应根据全部完成疏散时间和出口处拥堵现象的严重程度和持续时间，对人员密集场所活动空间人员流动的安全性进行综合评价。

进一步地，假设初始时刻共400人随机分布在24m×21m的空间内，疏散人员的肩宽在0.40~0.45m随机分布，疏散人员的初始期望速度为2m/s。针对建筑物不同的出口数量及布局特点，进行了以下三种工况的数值模拟，模拟结果如图4.30~图4.35所示。

（1）工况1：单出口，出口宽度3m。

（2）工况2：双出口，每个出口宽度分别为1.5m，两出口相距6m。

（3）工况3：双出口，每个出口宽度分别为1.5m，两出口相距1.5m。

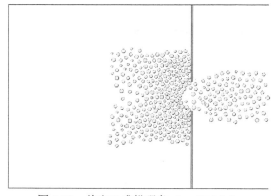

图4.30　单出口成拱现象（$t = 53.06$s）

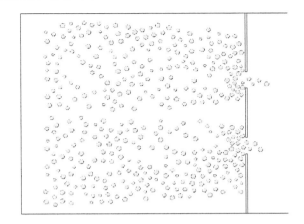

图 4.31　间距较远双出口疏散行动中的自组织分流现象（$t = 6.8s$）

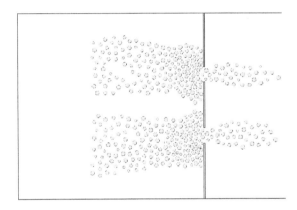

图 4.32　出口附近两队列明显分流（$t = 24.1s$）

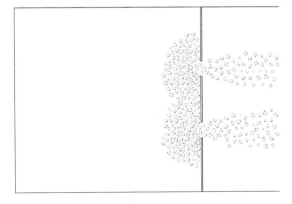

图 4.33　出口附近两队列融合（$t = 54.5s$）

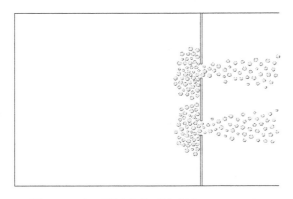

图 4.34　出口附近人员再次分流（$t = 76.4$s）

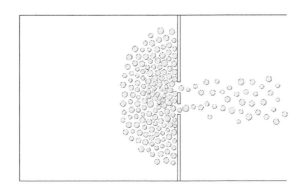

图 4.35　相距较近双出口的成拱现象

4.6.2　出口数量对疏散安全性的影响

单出口单元空间人员疏散行动开始后，在第 53.06s 时首次出现成拱现象，见图 4.30，这次堵塞仅持续了 5s 即得到了缓解。全部疏散行动在 137s 左右后结束，总共出现了 3 次短时间的成拱现象，每次堵塞时间不超过 5s。

图 4.31～图 4.34 为间距较远的双出口单元空间的人员疏散行动模拟截图。从图 4.31 可以看出，疏散行动开始 6.8s 时，双出口建筑物中疏散人员自组织地分为两组，各自向最靠近的出口疏散。当疏散行动进展到 54.5s 时，两出口附近人流出现队列融合现象，人们以最快速度安全疏散为目的，自发地调整各自的目标出口完成疏散行动。当疏散行动进展到 76.4s 时，两出口附近再次出现明显的队列和分流。整个疏散行动在 121s 时结束，期间队列的分流和融合现象自组织地出现多次振荡现象，但整个疏散行动比较顺利，没有成拱等人群滞留现象发生。

4.6.3　出口布局对疏散安全性的影响

　　将两出口的间距缩小至 1.5m，如图 4.35 所示，疏散行动开始后在 72.4s 时第一次观察到成拱现象。在 31.5～86s 的时间段内，每隔 8～10s 就可以观察到一次持续时间为 5～6s 的成拱现象，整个疏散行动进展得很不顺利。但疏散行动中观察不到自组织分流和融合的振荡现象，整个疏散几乎合二为一，全部完成疏散需要的时间为 145s。

　　图 4.36 所示为在上述三种出口布局条件下，完成人员安全疏散的情况对比，从图中可以看出，当两个出口距离比较近时，完成人员安全疏散的情况是最差的：在整个过程中，一共出现了 5 次成拱现象，由于人员流动不顺畅，全部完成安全疏散所需时间最长。在两个出口间距较远的工况下，可以满足安全疏散的要求，没有出现人员滞留现象。当只有一个出口时，也会出现成拱现象，但没有两个近距离出口的情况严重。

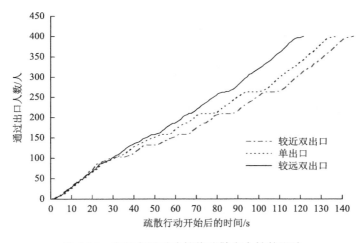

图 4.36　出口布局对建筑物疏散安全性的影响

　　虽然很多建筑设计符合规范要求有多个出口设计，但是出于管理方便等原因考虑，常常将不常使用的出口关闭。因此，紧急情况发生时，可以利用的逃生出口仅剩一个，由此造成的群死群伤事故时有发生。即使保留了两个出口，若两出口距离太近，也不利于人流的疏导，极易造成人流的拥堵。科学地设计安全疏散出口及出口的布局，是实现建筑安全疏散的重要保障。

4.6.4 疏散通道障碍物的影响

图 4.37 所示为尺寸为 75m×10m 的长廊，初期人员负荷为 1000 人，假设入口不断有人流以 1.3 人/(m·s)速度进入，全部待疏散人数为 3000 人。人员在行走中遇到一个直径为 2m 的柱形障碍物时，可以清晰地观察到避让和绕流现象。

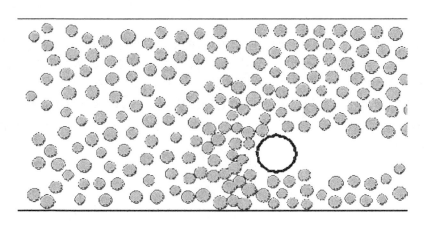

图 4.37　人员流动过程中遇到柱形障碍物时的避让和绕流

对尺寸为 24m×21m 的单室建筑进行疏散模拟，模拟初始时刻假设室内随机分布 400 人，初始疏散速度为 2m/s，共实现了 4 种不同建筑物出口布局工况的疏散模拟，时间步长为 0.05s。

（1）工况 1：单一出口，出口宽度 2m，一个直径为 1m 的圆柱形障碍物，距出口中心 2m。

（2）工况 2：单一出口，出口宽度 2m，一个直径为 2m 的圆柱形障碍物，距出口中心 2m。

（3）工况 3：两个出口，出口宽度分别为 1m，两出口中心距离 2m，一个直径为 1m 的圆柱形障碍物，距出口所在平面 2m。

（4）工况 4：两个出口，出口宽度分别为 1m，两出口中心距离 2m，一个直径为 2m 的圆柱形障碍物，距出口所在平面 2m。

在建筑物只有一个出口情况下，当直径为 1m 的圆柱形障碍物放置在距离出口中心 2m 位置时，与没有障碍物的情况相比，$t=36s$ 时人员滞留情况会提前出现（图 4.38），整个疏散过程前后共出现 3 次人员滞留现象，每次持续 5～8s，完成整个疏散过程需要 169s，滞后了 32s 左右。

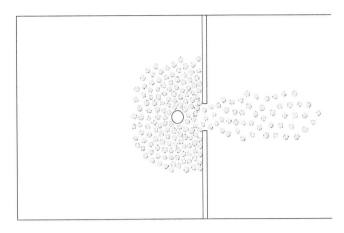

图 4.38　出口附近有直径 1m 圆柱形障碍物时单出口房间的疏散模拟状况（$t = 36$s）

在建筑物只有一个出口情况下，当直径为 2m 的圆柱形障碍物放置在距离出口中心 1m 位置时，与没有障碍物的情况相比，$t = 25$s 时即出现人员滞留情况（图 4.39）。整个疏散过程前后共出现 5 次人员滞留现象，每次持续 6～10s，整个疏散过程完成时间需要 207s，与没有障碍物的情况相比，滞后了 70s 左右。

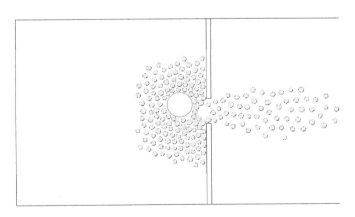

图 4.39　单出口房间疏散模拟状况（$t = 25$s）

在建筑物具有两个距离较近的出口情况下，当直径为 1m 和 2m 的圆柱形障碍物分别放置在距离出口平面中心 2m 和 1m 位置时，分别在 $t = 35.8$s 和 $t = 24.3$s 时出现人员滞留情况（图 4.40 和图 4.41）。在圆柱形障碍物直径为 2m 情况下，整个疏散过程前后共出现 6 次人员滞留现象，每次持续 7～10s，整个疏散过程完成时间需要 227s，滞后了 90s 左右。

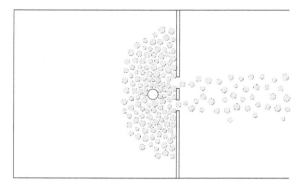

图 4.40　双出口房间疏散模拟状况（$t = 35.8\text{s}$）

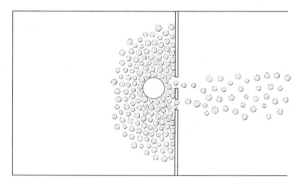

图 4.41　双出口房间疏散模拟状况（$t = 24.3\text{s}$）

　　障碍物尺寸和出口数目不同的建筑物的疏散过程和单出口无障碍物建筑物疏散情况的对比如图 4.42 和图 4.43 所示。从图 4.42 可以看出，具有单出口的建筑

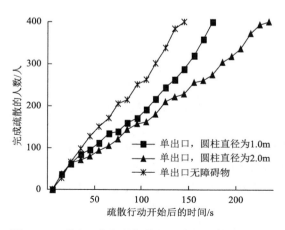

图 4.42　不同尺寸障碍物单出口房间疏散情况对比

物前的圆柱形障碍物尺寸增加一倍时，疏散完成时间滞后了约 25%。从图 4.43 可以看出，当两个距离较近的双出口前的圆柱形障碍物尺寸增加 1 倍时，与没有障碍物的单出口建筑物相比，疏散完成时间滞后了将近 65%。

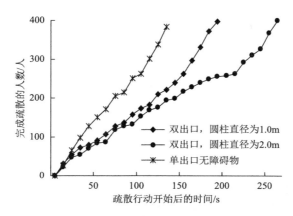

图 4.43　不同尺寸障碍物双出口房间疏散情况对比

　　障碍物对疏散安全性造成了严重的威胁。在建筑物出口有效宽度相同的情况下，障碍物的尺寸大小、障碍物和安全出口的相对位置、安全出口布局对人员疏散安全性具有较大的影响。目前，仅对障碍物尺寸和疏散通道布局不同的建筑物的疏散安全进行了典型案例的模拟分析，未来的研究将针对建筑物疏散楼梯的疏散安全性、障碍物与安全出口的相对位置、发生踩踏事故灾变的临界状态和动力学规律进行深入分析，加强对人员密集公共场所人员群集伤亡事故的预防和控制工作的指导。

4.7　小　　结

　　本章建立了基于智能体技术的人员群集流动动力学模型，采用 Java 面向对象编程语言编写人员群集流动仿真软件，通过对单个房间的人员疏散、平直通道、存在瓶颈通道等不同类型结构空间中的人员流动进行仿真，再现了人员疏散通道出口处的成拱现象，以及双向流在瓶颈处的自组织队列、冲撞及流动方向的振荡现象；通过对建筑空间结构、出口数量、出口布局、疏散通道障碍物等对人员群集疏散流动的影响进行分析，得出了导致疏散通道发生拥堵的临界条件，以及人员群集疏散流动效率的优化方案。

第5章 疏散指示标识对人员应急疏散
行为的诱导作用

5.1 引　　言

在日常生活中，如果路径难以辨别的话，可能仅仅会造成行人时间的浪费或者心理上的不悦。然而，如果在紧急的事故状态下，如火灾等，路径辨识困难将可能造成致命的伤害。

在强烈的外部环境信息和个人行为目的的作用下，感觉和认知行为贯穿于动态的路径决策全过程。影响人的应急疏散决策行为反应的因素除了年龄、性别、方向感、遭遇紧急状态的经历、成长背景等人员本身的生理心理因素之外，人员对环境的熟悉程度及所处环境的状态也是主要的影响因素。其中，环境信息系统，包括疏散指示标识、建筑物空间的连续性等，会对疏散人员的感官产生强烈的刺激并进一步转换为行为人大脑皮层的认知地图。在火灾等事故环境状态下，疏散通道常常被浓烟笼罩。此时，如果疏散诱导系统不能提供足够的准确的信息，即使对所处环境非常熟悉的人也会变得恐慌并失去方向感，那些对受灾建筑物非常陌生的人会更加慌乱不堪。Bryan（1976）的调查结果表明，在400起火灾中，只有8%的人记得在逃离过程中看到过出口标识，一名爆炸事件的幸存者抱怨在任何地方都得不到有效的关于疏散出口的信息。虽然事后调查或访问的研究结果会受到接受调查者的记忆力及受访时的状态等因素的限制，但无论如何，清晰可见的疏散指示标识会大大提高应急疏散人员安全逃生的机会。因此，疏散诱导系统的完善引起了研究人员、设计师、管理人员及建筑使用者的高度重视。

疏散指示标识是疏散诱导系统的重要组成部分。一方面，疏散指示标识在紧急状态下必须清晰可见；另一方面，合理科学地设置疏散指示标识，应该能够对受灾人员在心理上起到稳定情绪的作用，在行动上能够安全科学地疏导人流。

借助消防演习、灾后调查和现场试验等手段，研究人员在人员疏散路径选择领域进行了大量的调查研究，在医院、商场、机场等公共场所搜集了大量的数据。Collins等（1993）研究了清洁空气和烟气条件下疏散指示标识的能见度，通过有烟和无烟条件下的试验发现，疏散指示标识亮度、均匀度和对比度是烟气条件下的重要影响因素。Ouellette（1988，1993）指出，疏散指示标识颜色并不是影响能见度的主要因素，但却是影响人的注意力的主要因素。宋卫国等

（2006，2007）也针对疏散指示标识在烟气中的特性进行了研究。

　　根据国家标准，公共场所中疏散指示标识的字体为黑体。然而在日常生活中，在疏散指示标识的布置与管理上存在着不规范的地方，一些场所中甚至存在各种手写体的疏散指示标识。由于火灾事故的复杂性，消防演习、现场试验等研究手段存在不可复制、重复性差、有悖伦理道德规范等不足。并且，一方面，相同行为人员对不同特征疏散指示标识的行为反应需要进一步的定量分析；另一方面，不同行为特征人员对于不同表达方式的疏散指示标识的行为反应，也有待进一步研究和分析。考虑到中国人和西方人在感性思维和逻辑思维能力、成长和教育背景、生活习惯等方面存在很大的差异，本章利用 3DS MAX 技术建立虚拟疏散场景，在地铁站、建筑物 Y 形路口场景中，通过对比试验和数据处理，分析不同行为特征人员对字体、颜色、图案、文字、箭头等不同表达方式的疏散指示标识的行为反应，分析了中国香港和内地大学生由于不同成长背景所产生的行为差异，对建筑物疏散指示标识系统的科学设置提供了技术支持。

5.2　地铁站台应急疏散指示标识诱导作用的虚拟试验

5.2.1　模型的建立

　　3DS MAX 是由 Autodesk 公司出品的三维动画制作软件，它提供了强大的基于 Windows 平台的实时三维建模、渲染和动画设计等功能。基于 3DS MAX 的图像处理技术极大地简化了图像处理的复杂过程，在广告、影视、工业设计、多媒体制作及工程可视化领域得到了广泛应用。

　　利用三维建模软件 3DS MAX 构建正常照明和应急照明时地铁站台的三维空间模型，分别如图 5.1 和图 5.2 所示。

图 5.1　地铁站台正常照明情况

图 5.2　地铁站台应急照明情况

地铁站台几何尺寸为 140m×12m×4.2m，站台两侧设置立柱、自发光式灯箱广告与排风口。设计了 9 组试验场景，就不同颜色、字体、图形的疏散指示标识进行两两对比。疏散指示标识遵照国家相关标准中关于消防安全标识的设置要求，尺寸为 400mm×145mm。标识灯类型为内光源型疏散标识灯，亮度设置为 16cd/m²。

地铁站台中烟气的扩散模型选用 AURA 插件制作，人物行走模型选用 Poser软件。在地铁站台设置摄像机镜头，按照成年人行走的速度设置镜头跟进速度，实现了人员疏散环境的虚拟仿真。为提高虚拟环境的真实感，在场景中加入消防警报声音。

在建立的地铁站台人员疏散虚拟场景下，对大学生、中青年技术人员进行了模拟试验，试验的目的与内容见表 5.1。初始时刻，地铁站台环境照明较好，人员向疏散楼梯行进的速度较快，假设人员行进速度为 2m/s，行进 2s 后，正常照明线路断电，站台能见度很低，人员行进速度较慢，设为 0.8m/s。仿真疏散过程如图 5.3～图 5.6 所示。

表 5.1　试验的目的与内容

试验组别	目的	试验内容
1	颜色对比	红与黄对比
2		红与绿对比
3		黄与绿对比
4	字体对比	黑体与楷体对比
5		黑体与草书对比

续表

试验组别	目的	试验内容
6	字体对比	楷体与草书对比
7	表达方式对比	汉字与英文对比
8		图形与英文对比
9		汉字与图形对比

图 5.3 疏散仿真过程（$t = 0\text{s}$ 时刻）

图 5.4 疏散仿真过程（$t = 10\text{s}$ 时刻）

图 5.5 疏散仿真过程（$t = 15s$ 时刻）

图 5.6 疏散仿真过程（$t = 20s$ 时刻）

为了将模拟试验的数据采集起来，并分析影响人们选择疏散指示标识的因素，设计了调查问卷，在模拟试验的同时，收集人员行为特点数据，分析不同行为特点人员对疏散指示标识的决策反应。问卷内容包括性别、年级、成长背景（大城市、小城镇、农村）、是否担任学生干部、对比选择（左或右）、选择原因（未在表 5.2 中列出，分为感觉标识更吸引注意、更正规、更符合习惯、更明白、其他）。

表 5.2 问卷调查的整理

性别	年级	成长背景	是否担任学生干部	第 1 组	第 2 组	第 3 组
男	2	大城市	是	右	左	左
男	3	小城镇	否	右	左	右

续表

性别	年级	成长背景	是否担任学生干部	第1组	第2组	第3组
男	2	农村	否	右	左	左
男	2	大城市	是	右	左	右
女	3	小城镇	否	右	右	右
女	3	小城镇	是	左	左	右
男	3	小城镇	否	右	左	右
女	3	小城镇	否	右	左	右
女	3	大城市	否	右	左	右
女	3	农村	是	右	左	右
男	4	大城市	是	右	左	右
女	4	小城镇	是	右	左	右
女	4	小城镇	否	右	左	左
男	4	小城镇	否	右	左	右
女	4	农村	是	右	左	右
女	4	小城镇	是	右	左	右
男	4	农村	是	右	左	右
女	4	小城镇	否	右	左	右
女	4	农村	是	左	左	左
女	4	农村	否	右	左	左
男	4	大城市	是	右	左	右
男	4	农村	是	右	左	右
男	4	大城市	是	右	左	右
男	4	小城镇	是	右	左	右
男	4	小城镇	是	右	左	右
女	4	大城市	否	右	左	右
女	4	小城镇	是	右	左	右
男	4	小城镇	否	右	左	右
男	4	小城镇	是	右	左	右
男	4	农村	是	右	左	右
女	4	农村	否	右	左	左

　　在大学生、中青年技术人员中进行虚拟试验，采集到了 462 份答卷，其中有效问卷 416 份。有效问卷中关于颜色对比有 172 份，其中男 106 人，女 66 人。关

于字体对比有 243 份，其中男 142 人，女 101 人。关于表达方式对比 244 份，其中男 143 人，女 101 人。

利用统计分析软件 SPSS14.0 对数据进行处理，采用克拉默系数 V（Cramer's V）分析不同行为特征人员对疏散指示标识的颜色、字体、图案等的反应特性及其相关性。当 $V \leqslant 0.1$ 时表示不相关；$0.1 < V \leqslant 0.3$ 时表示微弱相关；$V > 0.3$ 时表示显著相关。

5.2.2　疏散指示标识颜色的影响

从心理上讲，绿色可以舒缓压力，对行为人起到稳定精神的作用。然而，日本学者神忠久（1985）指出，在烟尘弥漫的环境中，红色系统的可见距离远远大于绿色系统。这是因为随着烟浓度的增加，物体的可见距离成反比下降，红色光波较长，可适当延长可见距离。我国、澳大利亚和许多欧洲国家均采用绿色疏散指示标识。美国的生命安全规范中规定，出口指示灯具亮度最小为 $14cd/m^2$，疏散指示标识采用红色。在加拿大，红色疏散指示标识最为普及。部分国家规定为，只要标识颜色与建筑内部色彩配置协调一致均可采用。考虑到红色光谱的可见距离较长，也有人主张在我国采用红色疏散指示标识，但是持不同意见的人也很多，主要是考虑到心理因素及日常生活习惯的影响，因为我们日常生活中常常用红色表示危险或停止的意思。

为进一步分析不同行为特征人员对不同颜色疏散指示标识的行为反应，本章选择了绿色、红色和黄色三种不同颜色的疏散指示标识进行仿真试验。如图 5.7 所示，将三种具有不同颜色字体的疏散指示标识置于地铁站台的虚拟疏散环境中，进行两两对比。

(a) 绿色　　　　　　　　　　(b) 黄色　　　　　　　　　　(c) 红色

图 5.7　不同颜色的疏散指示标识对比

一共收集到 172 份有效问卷，其中，将绿色疏散指示标识作为第一选择的有 120 份，占总数的 69.8%；黄色标识作为第一选择的有 44 份，占总数的 25.6%；红色标识灯为第一选择的有 8 份，仅占总数的 4.7%。性别对不同颜色疏散指示标识的决策反应的影响如表 5.3 所示。172 份有效答卷中，66 名女性受访人员中，将绿色疏散指示标识作为第一选择的共 50 名，占 75.8%。106 名男性受访人员中，将绿色疏散指示标识作为第一选择的共 70 名，占 66.0%。利用 SPSS 软件分析性别与对不同颜色疏散指示标识决策反应的相关性，得到 $V = 0.107 < 0.3$，表明性别对不同颜色疏散指示标识的选择具有微弱相关性。

表 5.3　性别对不同颜色疏散指示标识的决策反应的影响

性别	颜色			总数
	绿色	黄色	红色	
男	70	30	6	106
女	50	14	2	66
总数	120	44	8	172

不同成长背景的人员面对不同颜色的疏散指示标识的选择情况如表 5.4 所示。成长在大城市的有 46 人，其中绿色标识是第一选择的有 35 人，占 76.1%；成长在小城镇的有 66 人，绿色为第一选择的有 47 人，占 71.2%；成长在农村的有 60 人，绿色是第一选择的有 38 人，占 63.3%。$V = 0.178 < 0.3$，为微弱相关。从结果来看，成长环境越优越，越容易认同疏散指示标识颜色为绿色的普遍规范，应该是受到了城市的生活环境，以及自幼儿阶段接受的安全教育的影响。

表 5.4　成长背景对不同颜色疏散指示标识的决策反应的影响

成长背景	颜色			总数
	绿色	黄色	红色	
大城市	35	6	5	46
小城镇	47	17	2	66
农村	38	21	1	60
总数	120	44	8	172

5.2.3　疏散指示标识字体的影响

选择了三种不同字体的疏散指示标识，包括黑体字、楷体字和草书字体，如图 5.8 所示，将疏散指示标识置于虚拟的疏散环境中，进行两两对比。共收集到 244 份有效问卷，其中认为黑体字最能代表安全出口的标准字体的人数最多，占总数的 77.87%；日常生活中比较常见的楷体字占总数的 19.26%；仅有 7 人将草书作为第一选择。

图 5.8　不同字体疏散指示标识对比

　　不同性别人员对不同字体的疏散指示标识的选择情况如表 5.5 所示。244 份有效答卷中，101 名女性受访人员中，将黑体字疏散指示标识作为第一选择的共 78 名，占 77.2%；143 名男性受访人员中，将黑体字疏散指示标识作为第一选择的共 112 名，占 78.3%。利用 SPSS14.0 软件分析性别对不同字体疏散指示标识的决策反应的影响，得到 $V = 0.058 < 0.1$，可见性别对字体选择的影响不大。

表 5.5　性别对不同字体疏散指示标识的决策反应的影响

性别	字体			总数
	黑体字	楷体字	草书字体	
男	112	26	5	143
女	78	21	2	101
总数	190	47	7	244

　　不同成长背景的人员面对不同字体的疏散指示标识的选择情况如表 5.6 所示。出生在大城市的被调查者中，选择黑体字的比例为 85.9%；出生在小城镇的被调查者中，选择黑体字的比例为 74.3%；出生在农村的被调查者中，选择黑体字的比例为 75%。得到 $V = 0.22 < 0.3$，为微弱相关，说明成长背景对字体选择的影响很小。

表 5.6　成长背景对不同字体疏散指示标识的决策反应的影响

成长背景	字体			总数
	黑体字	楷体字	草书字体	
大城市	61	9	1	71
小城镇	81	25	3	109
农村	48	13	3	64
总数	190	47	7	244

　　专业背景对不同字体疏散指示标识的决策反应如表 5.7 所示。收集的问卷中，广告学专业与人力资源专业的人数最多，分析不同专业背景人员在标识字体对比选择中的差异，得到 $V = 0.227 < 0.3$，表明专业背景与选择结果之间的关系是微弱相关。

表 5.7　专业背景对不同字体疏散指示标识的决策反应的影响

专业	字体			总数
	黑体字	楷体字	草书字体	
法学	16	8	0	24
工业设计	33	7	1	41
广告学	47	12	1	60
人力资源	46	11	1	58
外语	32	3	1	36
艺术	16	6	3	25
总数	190	47	7	244

在对字体两两对比选择过程中，被测试人员需要给出选择的理由，见表 5.8～表 5.10，进而推测是什么因素影响了人们对不同字体疏散指示标识的抉择。

表 5.8　黑体字与楷体字间的选择原因分析

选择的字体	在黑体字与楷体字间选择的理由					总数
	更符合习惯	更明白	更吸引注意	更正规	其他	
黑体字	32	17	35	113	7	204
楷体字	21	4	23	5	4	57
总数	53	21	58	118	11	261

表 5.9　黑体字与草书字体间选择的原因分析

选择的字体	在黑体字与草书字体间选择的理由					总数
	更符合习惯	更明白	更吸引注意	更正规	其他	
黑体字	20	18	37	154	9	238
草书字体	8	1	3	6	4	22
总数	28	19	40	160	13	260

表 5.10　楷体字与草书字体间的选择原因分析

选择的字体	在楷体字与草书字体间选择的理由					总数
	更符合习惯	更明白	更吸引注意	更正规	其他	
楷体字	28	33	59	101	16	237
草书字体	7	1	7	4	3	22
总数	35	34	66	105	19	259

　　由表 5.8 可知，在黑体和楷体字体疏散指示标识的两两对比仿真试验中，78.2%的人选择了黑体字的疏散指示标识，其中 113 人认为黑体字比楷体字更正规，占总数的 43.3%。而选择楷体的人中，多数认为楷体较黑体更能吸引注意。

　　由表 5.9 可知，在黑体和草书字体疏散指示标识的两两对比仿真试验中，91.5%的人选择黑体，其中 154 人认为黑体字比草书字体更正规，占总数的 59.2%。而为数不多选择草书的人中，多数认为草书较黑体更符合习惯。

　　由表 5.10 可知，在楷体和草书字体疏散指示标识的两两对比仿真试验中，91.5%的人选择楷体，其中 101 人认为楷体字比草书字体更正规，占总数的 39.0%。其次，认为楷体更吸引注意的有 59 人，占总数 22.8%。

　　总体来看，选择黑体的人多数从正规性考虑，而选择楷体的人多数认为它比较吸引注意。选择草书字体的人很少，大部分人是因为觉得草书字体不符合习惯。可见，人们在选择安全出口的时候，大多数人将标识的正规性放在首位，而标识的明显程度、字体的大小、标识的发光面积等因素均为次要。

5.2.4　疏散指示标识表达方式的影响

　　选择了三种不同表达方式的疏散指示标识，包括图形、汉字和英文，如图 5.9 所示，将疏散指示标识置于虚拟的疏散环境中，进行两两对比。

图 5.9　不同表达方式的疏散指示标识对比

　　性别对不同表达方式疏散指示标识的决策反应的影响如表 5.11 所示。由表 5.11 可知，把图形作为第一选择的人最多，占总人数的 52.9%。把汉字作为第一选择的有 95 人，占总数的 38.9%。英文作为第一选择的有 20 人，占总数的 8.2%。由此可见，选择安全出口的时候，图形的感觉更为直观、明显。而由于受测人群大多数为内地人，使用中文远比使用英文的机会多，相对于香港的结果来看，选择英文的比例明显减小。

表 5.11　性别对不同表达方式疏散指示标识的决策反应的影响

性别	表达方式			总数
	图形	汉字	英文	
男	68	59	16	143
女	61	36	4	101
总数	129	95	20	244

男性共 143 人，其中 47.6%的人将图形作为第一选择，41.3%将汉字作为第一选择，选择英文的仅为 11.2%。女性共 101 人，其中 60.4%的人将图形作为第一选择，将汉字作为第一选择的占 35.6%，选择英文的仅为 4%。女性相对于男性来说，更多地把图形作为疏散出口标识的第一选择。得到 $V = 0.158 > 0.1$，说明性别与表达形式的相关性为微弱相关。

不同成长背景对不同表达方式疏散指示标识的决策反应如表 5.12 所示，得到 $V = 0.177 < 0.3$，为微弱相关，可见成长背景对选择的影响不大。

表 5.12　成长背景对不同表达方式疏散指示标识的决策反应的影响

成长背景	表达方式			总数
	图形	汉字	英文	
大城市	31	30	10	71
小城镇	67	36	6	109
农村	31	29	4	64
总数	129	95	20	244

专业背景对不同表达方式疏散指示标识的决策反应的影响如表 5.13 所示。得到 $V = 0.23 < 0.3$，为微弱相关，专业背景对选择的影响不大。

表 5.13　专业背景对不同表达方式疏散指示标识的决策反应的影响

专业	表达方式			总数
	图形	汉字	英文	
法学	15	5	4	24
工业设计	16	22	3	41
广告学	32	27	1	60
人力资源	33	24	1	58
外语	19	10	7	36
艺术	14	7	4	25
总数	129	95	20	244

在对表达方式的对比选择过程中，被测试人员需要给出选择的理由，见表 5.14~表 5.16，进而可由此推测是什么因素影响了人们对不同表达方式疏散指示标识的选择。

表 5.14　汉字与英文间的选择原因分析

选择的字体	在汉字与英文间选择的理由					总数
	更符合习惯	更明白	更吸引注意	更正规	其他	
汉字	55	52	31	43	13	194
英文	17	7	22	11	9	66
总数	72	59	53	54	22	260

表 5.15　图形与英文间的选择原因分析

选择的字体	在图形与英文间选择的理由					总数
	更符合习惯	更明白	更吸引注意	更正规	其他	
图形	27	83	66	31	8	215
英文	13	16	8	3	5	45
总数	40	99	74	34	13	260

表 5.16　汉字与图形间的选择原因分析

选择的字体	在汉字与图形间选择的理由					总数
	更符合习惯	更明白	更吸引注意	更正规	其他	
汉字	15	38	20	31	9	113
图形	21	52	45	18	11	147
总数	36	90	65	49	20	260

选择汉字的人中，28.4%的人认为汉字更符合习惯，26.8%的人认为汉字更明白；选择英文的人中，33.3%的人认为英文比汉字更能吸引注意。

选择图形的人中，38.6%的人认为图形更加明白，30.7%的人认为图形更吸引注意；选择英文的人中，35.6%的人认为英文比图形更明白。

汉字和图形的对比中，选择图形的比例略高，选择图形的人中多数人认为图像比汉字更明白或更吸引注意。

总体来看，选择图形类疏散指示标识的人大部分是觉得图形能给出更直观、更明显的指示；在汉字与英文的对比中，绝大多数人根据习惯选择了汉字。

5.3　不同成长背景人员对不同疏散指示标识的决策行为反应

为进一步分析成长背景对不同疏散指示标识的行为反应的影响，利用 3DS MAX 软件设计了一个具有 Y 形路口的建筑物场景，在这个虚拟的场景中设置不同的疏散标识，进行两两对比，分析不同背景人员对疏散指示标识的字体、图案等不同属性特征的反应特征。

5.3.1　建筑物 Y 形通道虚拟场景的建立和试验方案

建筑物 Y 形通道如图 5.10 所示，主通道长度为 15m，在主通道的尽头有两个分支，长度为 10m。

图 5.10　建筑物 Y 形通道 3D 场景设计

试验中共设计了六种疏散指示标识，如图 5.11 表示。字符和背景颜色全部采

(a) 标识A：白底，绿色箭头，白色人物图案

(b) 标识B：绿色背景，白色箭头，绿色人物图案

(c) 标识C：英文Arial字体

(d) 标识D：英文罗马字体

(e) 标识E：中文宋体字体

(f) 标识F：中文仿宋字体

图 5.11　建筑物 Y 形通道中设置的疏散指示标识

用绿色或白色，其中两个标识用中文"出路"表示，两个用英文"EXIT"，两个采用图案和箭头，标识的安装高度和尺寸大小符合中国香港关于建筑物消防设施施工验收和维护规范的规定。

5.3.2　成长背景的影响

模拟试验分别在沈阳建筑大学（Shenyang Jianzhu University，SJZU）和香港城市大学（City University of Hongkong，CityU）进行，共有 560 名志愿者参加了这项试验，共收集到 501 份有效问卷，其中 CityU 学生的有效问卷为 217 份，SJZU 学生的有效问卷为 284 份。利用专家选择模型对数据进行处理，两两对半试验的结果如表 5.17 所示。两校学生对六种疏散指示标识的喜好度对比如表 5.18 所示。

表 5.17　两两对半试验结果对比

试验编号	选用的疏散指示标识		选择频数/%						优选程度对比		
			CityU		SJZU		综合		CityU	SJZU	综合
	左	右	左	右	左	右	左	右			
1	B	E	86.1	13.9	86.0	14	86.1	13.9	6.2	6.1	6.18
2	C	F	64.3	35.7	22.8	77.2	38.2	61.8	1.5	0.85	0.92
3	A	D	63.3	36.7	75	25	69.2	30.8	1.7	3	2.24
4	C	E	71.3	28.7	53	47	62.2	37.8	2.5	1.1	1.64
5	B	F	81.2	19.8	85	15	83.1	16.9	4.3	5.7	4.9
6	A	F	58.4	41.6	61	39	59.8	40.2	1.4	1.6	1.48
7	B	D	74.3	25.7	69	31	71.6	28.4	2.9	2.2	2.53
8	A	B	27.7	72.3	38	62	32.8	67.2	0.38	0.826	0.49
9	A	E	57.4	42.6	46	54	51.7	48.3	1.3	0.83	0.93
10	C	A	78.3	21.7	48	52	63.2	36.8	3.6	0.91	1.72
11	C	D	72.2	27.8	56	44	64.2	35.8	2.6	1.3	1.72
12	D	E	61.4	38.6	47	53	42.8	57.2	1.6	0.90	0.95
13	C	B	29.7	70.3	33	67	31.3	68.7	0.42	0.5	0.45
14	D	F	57.4	42.6	42.7	57.3	57.2	42.8	1.3	1.3	1.34
15	F	E	67.3	32.7	48	52	48	52	2.1	1.1	1.1

表 5.18　两校学生对六种疏散指示标识的喜好度对比

标识编号	标识描述	CityU 学生喜好度	SJZU 学生喜好度	综合
B	绿色背景，白色箭头，绿色人物图案	0.384	0.374	0.384
E	中文宋体字体	0.068	0.140	0.177

续表

标识编号	标识描述	CityU 学生喜好度	SJZU 学生喜好度	综合
C	英文 Arial 字体	0.229	0.089	0.094
F	中文仿宋字体	0.100	0.110	0.091
D	英文罗马字体	0.101	0.108	0.109
A	白底，绿色箭头，白色人物图案	0.118	0.179	0.145
	合计	1.00	1.00	1.00

从表 5.17 和表 5.18 可以看出，不同成长背景人员对疏散指示标识的决策反应具有不同的行为特征。CityU 学生的喜好度顺序从大到小依次为：B、C、A、D、F、E；SJZU 学生的喜好度顺序从大到小依次为：B、A、E、F、D、C。当两校学生面对图形和文字作为主体的疏散指示标识时，他们做出的决策反应具有共同的特征，65%以上的人会更加倾向于选择图形作为主体的疏散指示标识，可能是因为图形标识更加直观和形象。然而，当面对中文字体疏散指示标识和英文字体疏散指示标识时，CityU 学生选择英文标识的比例更高，达到了 55%～60%；而 SJZU 学生选择中文标识的比例高达 80%。试验数据同时也表明，对于采用同一种文字但不同字体的疏散指示标识，如中文的宋体和仿宋体、英文的罗马字体和 Arial 字体，两校学生的选择几乎是相同的。也就是说，对于这两种常用的中文字体和英文字体，两校学生的接受程度是相同的。

5.3.3　个体行为特征的影响

为进一步分析个体行为特征对疏散指示标识决策反应的影响，同时对被试者的个人信息进行了收集和整理，见表 5.19。

表 5.19　被试者的个人信息

被试者的个人信息		信息数据统计/%
性别	男	55.4
	女	44.6
年龄/岁	16～20	16.1
	21～25	49.1
	26～30	34.8
教育背景	在校本科生	73.2
	研究生	20.5
	其他	6.3

被试者的个人信息		信息数据统计/%
日常对疏散指示标识的关注度	是	61.6
	否	38.4
对逃生常识的了解程度	是	92.9
	否	7.1
是否经历过火灾	是	13.4
	否	86.6
是否参加过消防演习	是	9.8
	否	90.2

考虑到试验数据的离散性和随机因素，利用皮尔逊卡方检验方法对各影响因素的相关性的显著水平进行分析，进一步分析个人行为特征对疏散指示标识决策反应的影响。在进行皮尔逊卡方检验计算之前，首先进行了如下假设。

零假设：H_0，个人对疏散指示标识的决策反应与人员的行为特征相互独立，也就是说，性别、年龄、教育背景、日常对疏散指示标识的关注度、对逃生知识的了解程度、火灾经历、消防演习经历等因素对疏散指示标识的决策反应没有影响；H_1，行为人对疏散指示标识的决策反应与人员的行为特征具有相关性。前提：所有的试验数据的获取均是相互独立的，显著性水平设为 $\alpha = 0.05$。如果试验所得的显著性水平大于 0.05，那么 H_0 成立；否则，H_1 成立。

由于所获得的数据有限，此处仅选择了性别、年龄、消防演习经历及教育背景四个因素进行相关性分析，分析结果如表 5.20 所示。从表中数据可以看出，四项因素的显著性水平均远远大于 0.05，可以说，性别、年龄、消防演习经历及教育背景四个因素对于疏散指示标识的决策反应特征方面没有非常直接的相关性。

表 5.20　个人行为特征和疏散指示标识决策反应特征的相关性分析

试验编号	显著性水平			
	性别	年龄	消防演习经历	教育背景
1	1.000	0.322	0.391	0.447
2	0.585	0.476	0.324	0.125
3	1.000	0.408	0.626	0.368
4	0.596	0.296	0.231	0.332
5	0.847	0.322	0.915	0.209
6	0.536	0.142	0.333	0.125
7	1.000	0.887	0.598	0.126

续表

试验编号	显著性水平			
	性别	年龄	消防演习经历	教育背景
8	0.244	0.290	0.915	0.384
9	0.558	0.238	0.449	0.820
10	0.732	0.637	0.364	0.206
11	1.000	0.457	0.090	0.974
12	0.501	0.909	0.692	0.367
13	0.805	0.460	0.681	0.261
14	0.663	0.369	0.845	0.401
15	0.258	0.471	0.364	0.537

5.4 小 结

本章利用模拟试验,对不同人群对疏散指示标识的选择情况进行了调查。对试验结果的分析表明,标识的字体与图案都在某种程度上影响了人的选择。在字体的选择上,人们普遍认为黑体字显得更加正规,更有安全感,说明人们习惯并认可了公共场合中黑体字的权威性。在不同表达方式的对比中,图形比汉字和英文的选择更多,可见图形的指示作用更加显著,各类人员对图形的疏散指引都有更直观的反应。目前的试验结果表明,性别、年龄、教育背景、专业背景、消防演习经历与疏散指示标识决策反应的相关性非常微弱。对于 SJZU 学生来讲,城市或农村的成长背景与疏散指示标识的决策行为相关性比较微弱。但是,CityU 学生和 SJZU 学生之间存在特殊的成长背景差异,导致他们在疏散指示标识的决策方面存在比较悬殊的差异,尤其在中文和英文字体的选择,以及路标设置的位置方面。CityU 学生更加容易接受英文字体的标识,当路标设置在行进方向的左方时,CityU 学生也更加容易接受。

火灾期间的一切指示系统都应受控制中心的控制,如果某些标识的箭头或文字正好指向当时的危险区域,则应通过控制中心校正标识,改变方向,而这一点还有待于研究,应安排专人引导疏散。

因此,根据建筑物火灾时人员应急疏散行为规律和疏散通道通行能力的分析,在实现人员疏散路径全局动态优化决策基础上进行合理的疏散诱导,对实现大型公共建筑物内的人员智能疏散,预防群集踩踏事故和加强公共安全具有非常重要的理论价值和现实意义。

第6章 大规模人群应急疏散决策优化

6.1 引　言

生物学家和仿生学家经过仔细研究发现，在从食物源和蚁穴之间的往返过程中，蚂蚁能在其走过的路径上通过自身分泌的一种化学物质，即信息素，来进行信息传递，形成信息素轨迹。蚂蚁在运动过程中能够感知信息素的存在及其强度，并以此调整自己的运动方向，朝着信息素强度高的方向移动，从而形成正反馈，在没有任何可见提示下找出从蚁穴到食物源的最短路径：某条路径上走过的蚂蚁越多，该路径上的信息素越多，后到的蚂蚁选择该路径的概率就越大。

20世纪90年代初，意大利的Dorigo等（1997）提出了蚁群优化（ant colony optimization，ACO）算法，用来模拟自然界中真实蚁群的觅食行为。近年来，蚁群算法在若干领域已经获得了成功的应用（Bullnheimer et al.，1999；Maniezzo et al.，2004），这些应用大体可以分为两类：一类应用于静态组合优化问题，如旅行商问题（traveling salesman problem，TSP）、二次分配问题、车间调度问题等；另一类应用于动态组合优化问题，如网络路由问题等。大量应用研究结果表明，蚁群算法用于动态组合优化问题时具有很强的能力。自适应蚁群算法（赵宝江等，2007）对传统蚁群算法进行了改进，自适应地调节路径选择和更新优化策略，大大提高了优化求解速度，有利于实现真正意义上的全局优化决策。

在火灾等紧急情况下，疏散人员会优先选择可用信息较多、安全系数较大并且路径最短的通道。在疏散行动过程中，疏散人员会根据周围环境事故状态的演变及不断获得的疏散诱导指示信息，自适应地调整疏散策略，避开环境危险区域的疏散通道和拥挤的人群，以保证在有限的安全疏散时间内尽快到达安全避难场所。整个疏散过程中，疏散人员呈现显著的从众性、自组织性、系统的整体性等行为特点，和蚁群觅食寻路过程具有很多共同的特点。同时，一般来讲，与蚂蚁觅食寻路不同的是，疏散人员以到达安全避难场所为最终目标，除特殊情况外，不存在返回起点的情况。

利用自适应蚁群算法，结合人员应急疏散行为规律及人员群集流动动力学的研究，开发人群大规模应急疏散决策优化算法，对于提高疏散效率和安全性具有重要的意义。

6.2　人员应急疏散决策优化自适应蚁群算法的理论基础

6.2.1　蚁群算法的基本理论

蚁群算法利用人工蚂蚁的概念描述相互合作的个体和群体，以解决一些实际工程中的优化问题。人工蚂蚁和真实蚂蚁一样，利用信息素进行间接通信，应用不预测未来状态概率的状态转移策略，寻找起点（蚁穴）和终点（食物源）之间的最短路径。同时，人工蚂蚁利用了真实蚂蚁路径寻优过程中的正反馈现象，并利用挥发机制模拟真实信息素的挥发。为了使蚁群算法更有效，人工蚂蚁又具备一些真实蚂蚁不具备的本领，例如，人工蚂蚁具有记忆过去行为的内部状态，人工蚂蚁释放信息素的时间可以视情况而定等。图 6.1 说明了如何利用蚁群算法找到最佳觅食路径，为说明方便，此处进行如下假设。

（1）蚂蚁从点 A 出发，以相同的速度向食物源 D 点爬行，可能随机选择路线 ABD 或 ACD。

（2）假设在初始时刻，每条路线上分配一只蚂蚁，每个时间单位行走一步。

（3）假设蚂蚁每行走一步所留下的信息素为一个单位。

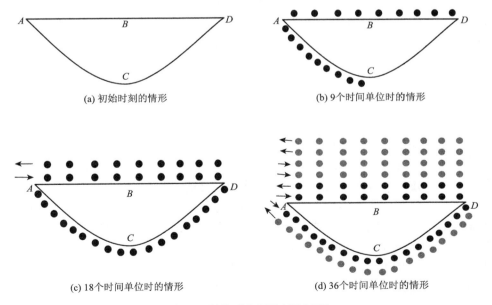

(a) 初始时刻的情形　　　　　　　　　　(b) 9个时间单位时的情形

(c) 18个时间单位时的情形　　　　　　　(d) 36个时间单位时的情形

图 6.1　蚂蚁觅食寻路行为过程

在图 6.1（a）中，假设路径 ABD 的距离是路径 ACD 的一半，初始时刻，两条路径上都没有蚂蚁信息素的存在。此时蚂蚁以同样的概率选择路径，经过 9 个时间单位后，两条路径上留下的信息素如图 6.1（b）所示。在接下来的 9 个时间单位里选择路径 ABD 的蚂蚁开始从 D 返回出发点 A，而选择路径 ACD 的蚂蚁将继续沿着 ACD 移动，最终到达食物所在地 D 处。此时两条路径上留下的信息素如图 6.1（c）所示，ABD 和 ACD 单位长度上的信息素量比值为 2:1。因此，在接下来的 9 个时间单位里会有两只蚂蚁选择路径 ABD 去寻找食物，而只有一只蚂蚁选择路径 ACD 去寻找食物。经过 36 个时间单位后，两条路径上留下的信息素如图 6.1（d）所示，此时路径 ABD 和 ACD 单位长度上的信息素量的比值为 3:1。以此类推，在接下来的时间单位里将会有更多的蚂蚁选择路径 ABD，经过较长时间运动后，蚁群最终会沿着最优路径 ABD 运动。

蚂蚁系统是最早的蚂蚁优化算法，且是大量蚁群算法的原型，下面以旅行商问题为例来说明蚂蚁系统模型。旅行商问题是指给定 n 个城市和两两城市之间的距离，要求确定一条经过各城市当且仅当一次的最短路径。

在旅行商问题中，利用 m 表示蚁群中蚂蚁数量；$\eta_{ij}(t)$ 表示 t 时刻从城市 i 到城市 j 的路径 (i,j) 上的启发度函数，反映了由城市 i 移动到城市 j 的路径 (i,j) 的启发程度；$\tau_{ij}(t)$ 表示 t 时刻路径 (i,j) 上的信息素轨迹强度；$P_{ij}^k(t)$ 表示 t 时刻位于城市 i 的蚂蚁 k 选择转移到城市 j 的概率，j 是未访问的城市。

在算法的初始时刻 $t=0$，将 m 只蚂蚁随机地放到 n 座城市上，此时各路径上的信息量相等，设 $\tau_{ij}(0)=C$，C 为常数。每只蚂蚁根据各路径上的信息量决定选择下一个城市的概率 $P_{ij}^k(t)$：

$$P_{ij}^k(t) = \begin{cases} \dfrac{\tau_{ij}^{\alpha}(t)\eta_{ij}^{\beta}(t)}{\displaystyle\sum_{s\in \text{allowed}_k}\tau_{ij}^{\alpha}(t)\eta_{ij}^{\beta}(t)}, & j\in \text{allowed}_k \\ 0, & \text{其他} \end{cases} \tag{6.1}$$

式中，$\text{allowed}_k=\{0,1,2,\cdots,n-1\}$，表示蚂蚁 k 下一步允许选择的所有城市的集合，该集合为禁忌表集合 $\text{tabu}_k(k=1,2,\cdots,m)$ 的补集，禁忌表集合 tabu_k 是为了满足蚂蚁必须经过所有 n 个不同的城市的要求而设计的，禁忌表集合 tabu_k 记录了当前蚂蚁 k 所走过的城市，它随着进化过程即时进行动态调整，当所有 n 个城市都加入禁忌表中时，蚂蚁 k 便完成了一次循环，此时蚂蚁 k 所走过的路径便是旅行商问题的一个最优解；α 为信息启发式因子，表示轨迹相对重要性，反映了被疏散人员运动过程中所累积的信息在疏散过程中的作用程度，α 值越大，则该被疏散人越倾向于选择其他人经过的路径，人与人之间协作性越强，则该状态越接近于向最佳路径转移；β 为期望启发式因子，反映了启发信息在人员路径选择过程中受重视程度。

当所有蚂蚁完成一次循环后，各路径上的信息量进行如下调整：

$$\tau_{ij}(t+1) = \rho\tau_{ij}(t) + \Delta\tau_{ij}(t, t+1) \tag{6.2}$$

$$\Delta\tau_{ij}(t, t+1) = \sum_{k=1}^{m} \Delta\tau_{ij}^{k}(t, t+1) \tag{6.3}$$

式中，$\Delta\tau_{ij}^{k}(t, t+1)$ 为第 k 只蚂蚁在 $(t, t+1)$ 期间留在路径 (i, j) 上的信息素量；$\Delta\tau_{ij}(t, t+1)$ 为本次循环中路径 (i, j) 上的所有蚂蚁的信息素增量；系数 $\rho \leqslant 1$，为路径上信息素残留系数，用 $1-\rho$ 表示信息素的挥发系数，避免路径上信息素轨迹量的无限累加。

基本蚁群算法的流程图如图 6.2 所示。

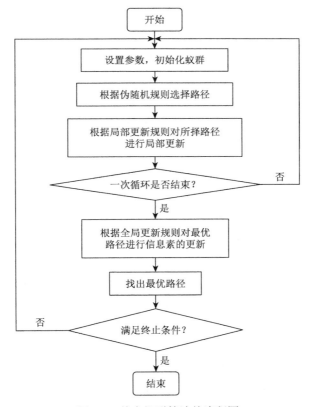

图 6.2　基本蚁群算法的流程图

6.2.2　自适应蚁群算法

蚁群算法利用局部更新和全局更新两种更新规则对信息素轨迹进行更新，增加最优路径上的信息素轨迹量，利用状态传递机制指导蚂蚁的寻优过程。然而，和其他优化算法一样，该算法存在易于陷入局部最优等缺陷。为了克服这些缺陷，自适应地改变算法中信息素的挥发度等参数，可以在保证收敛速度的条件下提高解的全局性，这就是自适应蚁群算法。自适应蚁群算法有很多种，这里只介绍基于调节信息素挥发度的自适应蚁群算法，这种蚁群算法在基本蚂蚁算法的基础上做了如下的改进。

（1）保留最优解。在每次循环结束之后，求出最优解，并将其保留。

（2）自适应地改变信息素残留系数 ρ 的值。当问题规模较大时，由于 ρ 的存在，那些从未被搜索到的路径的信息量趋近于零，降低了局部搜索能力。ρ 过大时，以前搜索过的解被选择的可能过大，也会影响算法的全局搜索能力。然而，只是单纯地减少 ρ 的值，虽然可以提高算法的全局搜索能力，但可能会降低算法的收敛速度。

假设 ρ 的初始值 $\rho(0)=1$，当算法求得的最优值在 N 次循环内没有得到明显改进时，按照式（6.4）自适应地改变 ρ 的值：

$$\rho(t)=\begin{cases}0.95\rho(t-1), & 若0.95\rho(t-1)\geqslant\rho_{\min} \\ \rho_{\min}, & 否则\end{cases} \qquad (6.4)$$

式中，$\rho_{\min}$ 为 ρ 的最小值，可以防止 ρ 过小而降低算法的收敛速度。

传统的蚁群算法存在搜索时间过长、早熟及易于停滞等问题。基于动态信息素更新的自适应蚁群算法，在加速收敛和防止早熟、停滞现象之间取得了很好的平衡。

结合建筑物火灾中的人员应急疏散行为特点，对自适应蚁群算法进行改进，本章建立了基于改进自适应蚁群算法的人员应急疏散优化决策模型。

6.3　基于改进自适应蚁群算法的人员应急疏散优化决策模型

建筑物发生火灾时，人员应急疏散行为特点和蚁群系统有一定的相似性，但不同的是，一方面，疏散人员一旦找到出口，即自行终止路径遍历过程；另一方面，火灾现场的动态变化会造成疏散路径状态的动态变化。尤其是在火灾现场滞留人员疏散过程中，会根据火场灾害信息获取的难易程度和获取量的多少，根据所选取疏散路径上滞留人员的多少，自发地调整疏散行动策略，以约束最少、安全程度最高为原则，以在最短时间内全部待疏散人员到达安全场所为根本目标。因此，人员疏散路径优化算法比通常意义上的 TSP 等路径优化算法的难度和不确定性有所增加。

6.3.1　改进的自适应蚁群算法

本章首先根据建筑物火灾烟气态势的发展情况及其对人员应急疏散行为能力

的影响，定义了疏散路径当量长度，对疏散路径通行能力进行评价，进一步利用疏散通道人员滞留水平、疏散出口的宽度和群集流动系数等参数，定义疏散时间成本函数，对自适应蚁群算法的搜索机制和信息更新策略进行调整和改进，实现了建筑物火灾时人员疏散路径寻优。改进的自适应蚁群算法流程如图 6.3 所示。

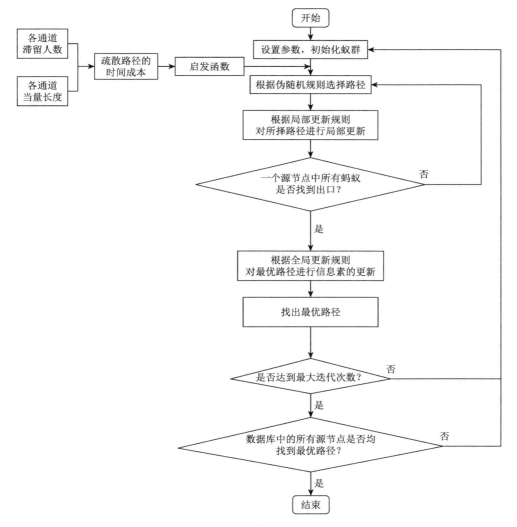

图 6.3　改进的自适应蚁群算法流程

1. 火灾中人员疏散路径的当量长度

由于道路的通行难易程度和烟气等有毒气体对人员疏散能力的影响，建筑物火灾中常采用几何空间上的最短路线进行疏散,实际需要的疏散时间不一定最短。在考虑火灾烟气蔓延的情况下,将疏散路线 e_{ij} 的当量长度 $d_{e_{ij}}$ 定义为

$$d_{e_{ij}} = \frac{\zeta_{e_{ij}} \times L_{e_{ij}}}{M_b} \tag{6.5}$$

式中,$\zeta_{e_{ij}}$ 为通道 e_{ij} 的通行难度系数;$L_{e_{ij}}$ 为通道 e_{ij} 的几何长度,单位为 m;M_b 为火灾等事故环境中人员的活动性指数。

同一个疏散人员通过当量长度相同的两条疏散路线所需的步行时间是相同的。最优疏散路线的必要条件之一,是当量长度最短。

各种不同路况疏散通道的通行难度系数 $\zeta_{e_{ij}}$ 如式(6.6)所示:

$$\zeta_{e_{ij}} = \frac{v_0}{v_s} \tag{6.6}$$

式中,v_0 为人员在平直通道上正常的步行速度;v_s 为不考虑火灾等事故环境状态影响,只考虑通道的有效宽度、坡度、弯度及人流密度等因素的影响下,人在特定路径上的通行速度。

综合国内外学者对人员步行速度的观测分析,不考虑火灾等事故的环境影响,不同路况疏散通道的通行难度系数取值见表 6.1。

表 6.1　不同路况疏散通道的通行难易系数

步行状态	速度/(m/s)	ζ	步行状态	速度/(m/s)	ζ
平直通道	1.33	1	用手和膝爬	0.40	3.33
下楼梯	0.86	1.54	用手和脚爬	0.50	2.66
上楼梯	0.65	2.05	弯腰走	0.60	2.22

火场环境下,烟气的毒性及遮光性是阻碍人员逃生的重要因素。活动性指数 M_b 反映了事故环境中人员行走速度 v_t(m/s)与不考虑火灾等事故环境状态影响下人在特定路径上的通行速度 v_s 的相对值:

$$M_b = \frac{v_t}{v_s} \tag{6.7}$$

M_b 与能见度影响系数 $f_1(K_s)$、有毒气体浓度影响系数 $f_2(\rho_{gas})$ 和烟气温度影响系数 $f_3(T_s)$ 成正比关系,参见式(6.8)~式(6.11):

$$M_b = f_1(K_s)f_2(\rho_{gas})f_3(T_s) \tag{6.8}$$

$$f_1(K_s) = \begin{cases} 1, & K_s < 0.35 \\ 1-0.3025K_s, & 0.35 \leqslant K_s \leqslant 1.2 \\ 0, & K_s > 1.2 \end{cases} \tag{6.9}$$

$$f_2(\rho_{gas}) = \begin{cases} 1, & \rho_{gas} < 0.1 \\ 1-(0.2125+1.788\rho_{gas}t), & 0.1 \leqslant \rho_{gas} \leqslant 0.25 \\ 0, & \rho_{gas} > 0.25 \end{cases} \qquad (6.10)$$

$$f_3(T_s) = \begin{cases} 1, & T_0 < T_s \leqslant T_{cr1} \\ \dfrac{(v_{max}-1.2)\left(\dfrac{T_s-T_{cr1}}{T_{cr2}-T_{cr1}}\right)^2}{v_0}+1, & T_{cr1} < T_s \leqslant T_{cr2} \\ \dfrac{v_{max}}{1.2}\left[1-\left(\dfrac{T_s-T_{cr2}}{T_{dead}-T_{cr2}}\right)^2\right], & T_{cr2} < T_s \leqslant T_{dead} \end{cases} \qquad (6.11)$$

式中，K_s 为减光系数；ρ_{gas} 为该通道烟雾传感器测得的 CO 体积分数；T_s 为该通道处温度传感器测得的环境温度（℃）；T_0 为室外环境温度（℃）；v_{max} 为事故状态下人员的最大疏散速度（m/s）；T_{cr1} 是人员感到不舒服的温度，设为 35℃；T_{cr2} 为对人员造成伤害的温度，设为 60℃；T_{dead} 为火灾等事故环境下致人员死亡的温度，设为 120℃。

2. 路径选择规则

以 m 表示建筑物中待疏散人员的总人数，见式（6.12）：

$$m = \sum_{w_i=1}^{Y} b_{w_i}(t) \qquad (6.12)$$

式中，Y 为建筑物中疏散节点的总数量；$b_{w_i}(t)$ 为 t 时刻位于节点 w_i 的待疏散人员的数目。

在搜索过程中，被疏散人员根据各条通道上的信息量及通道的启发信息选择下一个节点，即在节点 w_i 的疏散人员 k 选择通向下一节点 w_j 的规则为

$$J = \begin{cases} \max\limits_{j \in \text{allowed}_k} \{[\tau_{e_{ij}}(t)]^{\alpha}[\eta_{e_{ij}}(t)]^{\beta}\}, & \text{如果} q \leqslant q_0 \\ P_{ij}^{k}(t) & \text{其他} \end{cases} \qquad (6.13)$$

式中，$\tau_{e_{ij}}(t)$ 为 t 时刻疏散通道 e_{ij} 上的信息素；$\eta_{e_{ij}}(t)$ 为 t 时刻疏散通道 e_{ij} 上的启发函数；q_0 为随机参数，$0 \leqslant q_0 \leqslant 1$；$q$ 为随机生成数，如果 $q \leqslant q_0$，被疏散人员 k 将在允许选择的节点集合 allowed_k 内选择信息素和启发函数综合值最大 $\left(\max\limits_{j \in \text{allowed}_k} \{[\tau_{e_{ij}}(t)]^{\alpha}[\eta_{e_{ij}}(t)]^{\beta}\}\right)$ 的下一个节点进行疏散；"其他"情况，是指如果 $q > q_0$，那么疏散人员按照概率 $P_{ij}^{k}(t)$ 选择疏散路径。

本节所建立的改进的蚁群算法充分考虑了疏散通道的事故状态和结构特征，以及通道宽度、滞留人数等因素影响，利用所选择疏散通道 e_{ij} 的时间成本函数 $u_{e_{ij}}$ ［见式（6.14）］定义启发函数 $\eta_{e_{ij}}(t)$ ［见式（6.15）］。该通道上完成疏散所需的时间成本越小，通道启发函数值越大，疏散人员选择该通道的概率越大。

$$u_{e_{ij}} = t_d + t_L \tag{6.14}$$

$$\eta_{e_{ij}} = \frac{1}{u_{e_{ij}}} \tag{6.15}$$

式中，t_d 为人员通过通道 e_{ij} 的步行时间（s），见式（6.16）；t_L 为群集人员从通道口流出的时间（s），见式（6.17）。

$$t_d = \frac{d_{e_{ij}}}{v_0} \tag{6.16}$$

$$t_L = \frac{m_{e_{ij}}}{W_{e_{ij}} \xi_{e_{ij}}} \tag{6.17}$$

式中，$m_{e_{ij}}$ 为通道 e_{ij} 的滞留人数；$W_{e_{ij}}$ 为通道 e_{ij} 的宽度（m）；$\xi_{e_{ij}}$ 为通道 e_{ij} 的群集流动系数[人/(m·s)]。

对任意疏散人员 k 而言，疏散通道 e_{ij} 的当量长度 $d_{e_{ij}}$ 越小，通道 e_{ij} 的滞留人数 $m_{e_{ij}}$ 越少，则采用该通道进行疏散的时间成本函数值越小，其启发函数也就越大，人员 k 从节点 w_i 转移到节点 w_j 的期望程度越高。

3. 局部信息素更新

由于每条通道的人不可能无限制累积，本章在人员疏散蚁群算法中对信息素也做了局部更新。因此，$(t+1)$时刻，在路径 e_{ij} 上的局部信息素的更新按式（6.18）进行：

$$\tau_{e_{ij}}(t+1) = \begin{cases} \tau_{e_{ij}}(t) - \dfrac{10}{d_{e_{ij}}(t)}, & \begin{array}{l} \text{若本次迭代中已有} m/3 \text{人员选择同一路径或} \\ m/5 \text{人员选择该路径后终止本次迭代的遍历} \end{array} \\ \tau_{e_{ij}}(t) + \dfrac{1}{d_{e_{ij}}(t)}, & \text{其他} \end{cases} \tag{6.18}$$

当选择该路径的人员达到一定数量（$m/3$）或多数（$m/5$）疏散人员选择该路径时，会大幅度地削减该路径的信息量（$-10/d_{e_{ij}}$），疏散人员会对当前没有被众人选中的通道产生较强的探索能力，以平衡人员疏散过程中从众行为的强烈作用。当选择当前路径的疏散人员数量较少时，取 $1/d_{e_{ij}}$ 为当前信息素的增量。

4. 全局信息素更新

每一次迭代完成后，应判断所有蚂蚁是否找到出口。若全部找到出口，则按照式（6.19）和式（6.20）进行全局信息素更新；若否，则继续执行下一次迭代，直至循环结束，进行下一步。

$$\tau_{ij}(t+1) = (1-\rho)\tau_{ij}(t) + \rho\Delta\tau_{ij}^{\mathrm{gb}} \qquad (6.19)$$

$$\Delta\tau_{ij}^{\mathrm{gb}} = \begin{cases} \dfrac{1}{L^{\mathrm{gb}}}, & \text{如果通道} e_{ij} \text{包含在最优路径中} \\ 0, & \text{其他} \end{cases} \qquad (6.20)$$

式中，L^{gb} 为当前最优解的长度；$(1-\rho)\in(0, 1)$，为全局信息素挥发系数，其中 ρ 是信息素残留系数。

关于蚁群算法中信息素残留系数 ρ 的选择，必须综合考虑算法的全局搜索能力和收敛速度两项性能指标。本章建立的自适应蚁群算法根据式（6.21）自适应地改变 ρ 的值：

$$\rho(t) = \max\left(1 - \frac{\lg(t)}{\lg(t+\psi)}, \quad \rho_{\min}\right) \qquad (6.21)$$

式中，ψ 为常数；$\rho_{\min}$ 为 ρ 的最小值，可以防止 ρ 过小降低算法的收敛速度。

在求解的初始阶段，ρ 应该稍大一些，以增大蚁群算法搜索速度。随着循环次数的不断增加，若每次的最优值相差不大，说明过程陷入了某个极值点，不一定是全局最优解。此时，需要减小 ρ 以提高算法的搜索能力。

6.3.2　疏散空间网络模化

根据人员分布情况和疏散通道特征，将任一建筑物的疏散空间模化为 $G(W, E)$ 网络。节点集 W，表示由各疏散空间节点 w_i 组成的集合。通道集 E，表示建筑物空间网络中所有可利用疏散通道 e_{ij} 的集合，如图 6.4 所示。节点可分为三类：源节点、传输节点和根节点。源节点为只有流出群集、无流入群集的节点，例如，办公楼一旦发生火灾，各办公室内的待疏散人员将全部离开各自的办公室，向安全出口疏散，因此常把办公楼建筑物中各办公室的门口作为源节点。根节点只存在由源节点或传输节点流入的单向群集流动，无流出群集，若假设疏散人员到达办公楼建筑物一楼的安全出口即为安全的话，则该建筑物一楼的安全出口即为疏散空间网络模化中的根节点。传输节点是指从源节点向根节点的疏散过程中必须通过的中间节点，如办公楼的走廊等。传输节点可以有流入群集，也可以有流出群集。

　　建筑物疏散空间网络中的通道具有各自的方向属性。例如，通道 e_{89} 表示由节点 w_8 向节点 w_9 疏散的通道，而 e_{98} 表示由节点 w_9 向节点 w_8 疏散的通道。网络中任意通道均与建筑物空间中某一具体的疏散路线相对应，如图 6.4 所示，由节点 w_5 向节点 w_7 的疏散路线可以表示为一系列首尾相呼应的通道和节点的集合，$E = \{e_{59},\ e_{98}, e_{87}\} = \{(w_5, w_9), (w_9, w_8), (w_8, w_7)\}$。

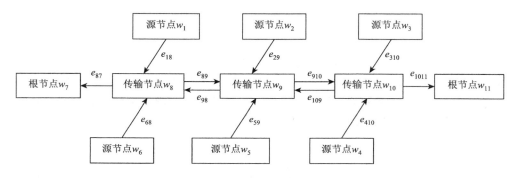

图 6.4　大型公共建筑物人员疏散路径优化节点示意图

　　利用 Revit 平台的 Filtertype 函数，辨识安全出口及疏散通道上的障碍物，实现对每一个不同类型的疏散节点，包括源节点、传输节点和根节点的筛选。通过注册 wpf 命令，调用 LocatedCmd_CanExecuted 函数不断唤醒线程，实时监听用户所选中的疏散节点，将疏散节点的信息以定位视图的方式展示，基于 Revit 的空间网络节点信息自动识别的流程如图 6.5 所示。

　　某医院病房建筑总面积为 38 万 m^2，占地面积为 2.35 万 m^2。建筑共 17 层，地下 1 层，标准层 5~18 层的层高约为 3.6m，整体建筑高度约为 69m。根据该医院建筑的结构特点，自动识别该病房楼一楼疏散空间网络节点总计 110 个，如图 6.6 所示。其中，源节点 32 个、传输节点 74 个、根节点 6 个，6 个根节点分别代表医院的北门（59 号节点）、西 1 门（26 号节点）、西 2 门（89 号节点）、东北门（83 号节点）、东南门（65 号节点）和西南门（1 号节点）。

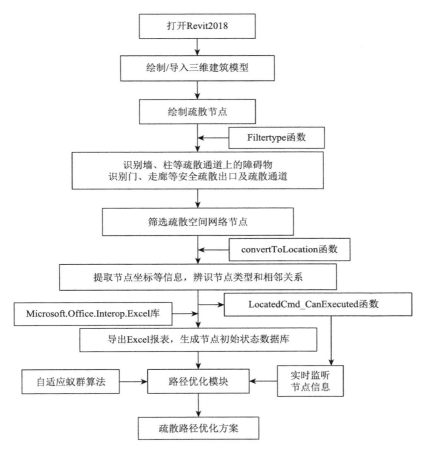

图 6.5 基于 Revit 的空间网络节点信息自动识别流程

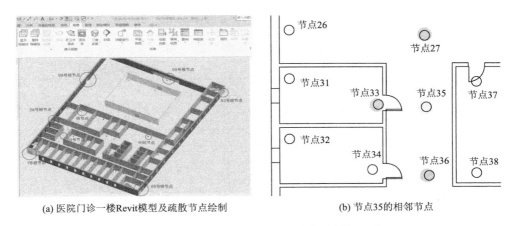

(a) 医院门诊一楼Revit模型及疏散节点绘制   (b) 节点35的相邻节点

图 6.6 基于 Revit 建模技术的节点绘制与识别

6.3.3　疏散空间数据库

在利用 Revit 对建筑物疏散空间进行网络模化和节点识别的基础上（宋嘉宝，2021；宋嘉宝等，2021），可以将所有节点的各项信息整理成数据库，如图 6.7 所示，将表格以 ".xls" 格式保存到计算机中任意位置进行下一步运算，得到建筑物疏散空间网络节点静态信息关系型数据库（表 6.2）。检查和核对所建立数据库的节点信息，发现问题可以及时修正，更新数据库。基于 Revit 二次开发功能自动建立大范围、大规模区域应急疏散空间网络模型数据库，节省疏散空间网络建模所需时间，提高了疏散优化决策模型的运行效率。

	编号	房间号	X坐标	Y坐标	Z坐标	节点特性	neighbor1	neighbor2	neighbor3	neighbor4	neighbor5	neighbor6	疏散人员数	节点类型	防火分区	相关探测器ID	回路号	机器号	探测器(标识)编号
2	0		0	0	0	0	0	0	0	0	0	0	0	0	0	0	0	0	0
3	1	1001	1	69	0	2	1	0	0	0	0	0	5	1	0	1	1	1	1
4	2	1002	7	69	0	2	14	1	0	0	0	0	5	1	0	2	1	1	2
5	3	1003	11	69	0	2	15	0	0	0	0	0	5	1	0	3	1	1	3
6	4	1004	15	69	0	2	16	0	0	0	0	0	5	1	0	4	1	1	4
7	5	1005	19	69	0	2	17	0	0	0	0	0	5	1	0	5	1	1	5
8	6	1006	23	69	0	2	18	0	0	0	0	0	5	1	0	6	1	1	6
9	7	1007	27	69	0	2	19	0	0	0	0	0	5	1	0	7	1	1	7
10	8	1008	31	69	0	2	20	0	0	0	0	0	5	1	0	8	1	1	8
11	9	1009	35	69	0	2	21	0	0	0	0	0	5	1	0	9	1	1	9

图 6.7　疏散空间网络节点静态信息关系型智能数据库建立

表 6.2　建筑物疏散空间网络节点静态信息关系型数据库

字段名称	数据类型	含义
NdID	Number（整数）	节点的 ID
X	Number（小数）	节点的 X 向坐标
Y	Number（小数）	节点的 Y 向坐标
Z	Number（小数）	节点的 Z 向坐标
NdChact	Text（文本）	节点特性（源节点 2，传输节点 0，根节点 1）
neighbor1	Number（整数）	上方邻近节点 ID
neighbor2	Number（整数）	下方邻近节点 ID
neighbor3	Number（整数）	前方邻近节点 ID
neighbor4	Number（整数）	后方邻近节点 ID
neighbor5	Number（整数）	左方邻近节点 ID
neighbor6	Number（整数）	右方邻近节点 ID
EvaNum	Number（整数）	节点处待疏散人数
NodeStyle	Number（整数）	节点处火灾状态（着火 0，不着火 1）
FireAera	Number（整数）	节点所处的防火分区
SenserID	Text（文本）	与节点相关的探测器编号
LoopID	Text（文本）	消防联动系统的回路号
MachID	Text（文本）	消防联动系统的机器号
GuideID	Text（文本）	疏散指示标识的 ID

疏散空间网络节点和疏散通道动态信息数据库结构分别见表 6.3、表 6.4，记录了随着事故环境状态的演变，疏散空间网络各节点和各疏散通道状态的动态变化，包括各节点（通道）事故环境状态参数、各通道完成疏散通过的人数、滞留人数、状态转移概率等。

表 6.3　建筑物疏散网络节点动态信息数据库

字段名称	数据类型	含义
NdID	Number（整数）	节点的 ID
TmAtF	Number（小数）	时间参数
FT	Number（小数）	节点 w_i 的温度影响系数
FC	Number（小数）	节点 w_i 的烟气浓度影响系数
FK	Number（小数）	节点 w_i 的能见度影响系数
Avb	Number（小数）	节点 w_i 的通行难易系数
PasNo	Number（整数）	时刻 t 节点 w_i 完成疏散走向邻近节点的人数
SpNo	Number（整数）	时刻 t 节点 w_i 滞留的人数

表 6.4　建筑物疏散路径状态数据库

字段名称	数据类型	含义
HdNdID	Number（整数）	通道 e_{ij} 首节点 w_i 的 ID
EndNdID	Number（整数）	通道 e_{ij} 尾节点 w_j 的 ID
TmAtF	Number（小数）	时间参数
FT	Number（小数）	节点 w_i 的温度影响系数
FC	Number（小数）	节点 w_i 的烟气浓度影响系数
FK	Number（小数）	节点 w_i 的能见度影响系数
Avb	Number（小数）	节点 w_i 的通行难易系数
EPasNo	Number（整数）	时刻 t 通道 e_{ij} 完成疏散通过的人数
ESpNo	Number（整数）	时刻 t 通道 e_{ij} 滞留的人数
Pr	Number（小数）	时刻 t 通道 e_{ij} 的状态转移概率

6.3.4　应急疏散优化决策模型与消防联动控制系统的集成

人员疏散路径优化算法与消防联动控制系统集成步骤如图 6.8 所示。

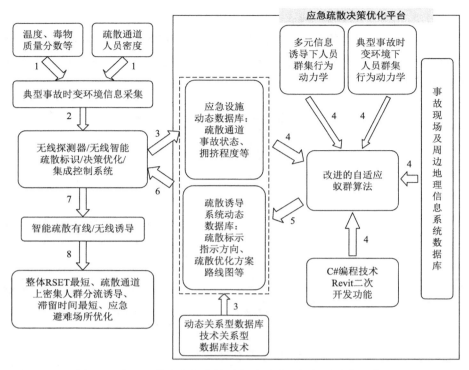

图 6.8　人员疏散路径优化算法与消防联动控制系统集成步骤

本章通过一个信息模块实现人员疏散路径优化算法与消防联动控制系统的集成，该模块中包括存储火灾探测报警器动态信息的 FireSensor 文件（图 6.9）和存储疏散指示标识动态信息的 Eva_Marker 文件（图 6.10）。FireSensor 文件中的第一列表示消防设施的动作类型（其中 1 代表火灾探测报警器动作，0 代表其他消防设施动作），第二列表示消防设施对应消防联动系统的机器编号，第三列表示消防设施对应消防联动系统的回路号，第四列表示消防设施的编号。

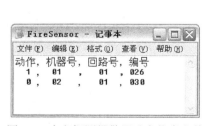

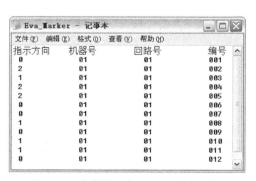

图 6.9　火灾探测报警器动态信息文件　　　　图 6.10　疏散指示标识动态信息文件

随着火灾态势的发展，火灾探测报警器、防火门、挡烟垂壁等消防设施的动作信息将发生改变，消防联动系统能及时更新存储消防设施信息的文件内容，即动态更新 FireSensor 文件。人员疏散路径优化算法通过火灾探测报警器的编号将 FireSensor 文件和疏散节点信息数据库关联在一起。同样，利用疏散指示标识的编号（Eva_Marker 文件中的第四列数据），建立疏散节点信息数据库和 Eva_Marker 文件的关联。人员疏散路径优化算法根据更新后的报警器信息和建筑物疏散节点信息运行，实现该状态下疏散路径的寻优，更新 Eva_Marker 中疏散指示标识的信息，改变建筑物内疏散指示标识的指示方向（Eva_Marker 文件中的第一列数据表示疏散指示标识的指示方向，其中 0 代表双向指示，1 代表指左，2 代表指右），实现算法与消防联动系统的集成。

6.4　人员应急疏散决策优化模型应用

为了更好地验证算法的可行性和可靠性，本节在办公楼、网络式教学楼、体育场、酒店、医院病房楼等不同类型建筑物中应用改进的自适应蚁群算法模型，对火灾状态下的人员疏散路径进行了优化，通过对案例应用结果的对比分析，获得了最优的参数组合。进一步地，在酒店、商场、地铁站、商业步行街和医院进行了不同类型建筑物的案例应用，算法实现的流程如图 6.11 所示，算法实现的步骤如下。

（1）参数初始化。根据建筑物空间结构几何信息、各消防设施的状态信息，以及各建筑物空间节点初始火灾状态及初始待疏散人数，建立建筑物空间信息数据库。设置每条通道 e_{ij} 的信息素挥发系数 ρ 以及初始化信息量 $\tau_{e_{ij}}(0) = C$，其中 C 表示常数，且初始时刻 $\Delta \tau_{e_{ij}}(0) = 0$。

（2）选择疏散行动起始点，建筑物的出口不可以做起始点。

（3）确定最大循环次数 NC，循环次数初始设为 $N=1$。

（4）根据状态转移概率选择下一个节点 w_j，w_j 不可以是源节点，且不在禁忌表 tabu$_k$ 中。

（5）根据局部更新规则对路径 e_{ij} 上的信息素进行更新。

（6）判断是否找到出口，如果找到出口则执行步骤（7），否则返回步骤（4）继续寻找下一个节点，直到找到出口为止。

（7）找出最优路径，根据全局更新规则更新最优路径上的信息素含量。

（8）判断是否完成所有循环，若 $N < NC$，$N = N + 1$，则返回步骤（3）继续循环。若 $N = NC$，则结束循环，输出最优路径。

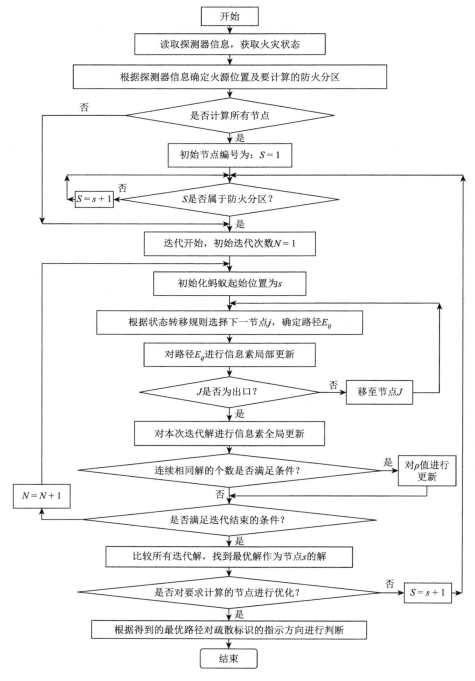

图 6.11　基于自适应蚁群算法的人员疏散路径优化模型流程图

6.4.1　办公楼案例分析

某办公楼共两层，建筑面积约为 3400m^2，对其进行空间网格模化，得到 74 个节点（图 6.12）。该建筑中标号为 36、37、38、39、40 的为根节点，标号为 5、14、15、16、21、22、23、45、54、55、56、61、62、63 的为源节点，其余为传输节点，假设在某时刻，节点 10 附近发生火灾不能通行。

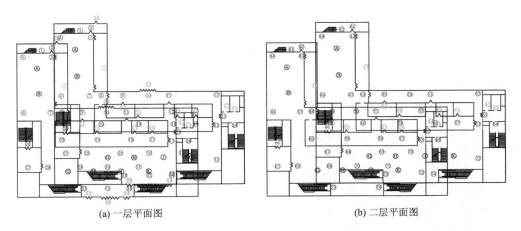

(a) 一层平面图　　　　　　　　　　　　　　　(b) 二层平面图

图 6.12　某办公楼平面图

采用如表 6.5 所示的三种参数组合进行案例应用，办公楼案例中的参数优化路径寻优过程如表 6.6 所示，办公楼疏散路径优化结果如图 6.13 所示。

表 6.5　自适应蚁群算法模型案例应用所采用的参数组合

迭代次数	α	β	ρ	ρ_{min}	τ_0	W	Q_0
1000	0.5	1	0.98	0.01	5	1	0.5
1000	1	2	0.98	0.01	5	1	0.5
1000	2	5	0.98	0.01	5	1	0.5

表 6.6　办公楼案例中的参数优化路径寻优过程

节点	参数组合	最优解	最差解	死循环	找到最优解的迭代次数	找到可能路径的个数
节点 4	$\alpha = 0.5$、$\beta = 1$	14.37	113.06	7	1	37
	$\alpha = 1$、$\beta = 2$	14.37	113.06	175	1	35
	$\alpha = 2$、$\beta = 5$	14.37	113.06	18	6	37

续表

节点	参数组合	最优解	最差解	死循环	找到最优解的迭代次数	找到可能路径的个数
节点 7	$\alpha = 0.5$、$\beta = 1$	23.33	59.50	62	1	13
	$\alpha = 1$、$\beta = 2$	23.33	59.50	272	1	13
	$\alpha = 2$、$\beta = 5$	23.33	29.50	16	3	8
节点 17	$\alpha = 0.5$、$\beta = 1$	30.88	127.73	6	42	47
	$\alpha = 1$、$\beta = 2$	30.88	127.73	168	227	51
	$\alpha = 2$、$\beta = 5$	30.88	127.73	252	10	31
节点 22	$\alpha = 0.5$、$\beta = 1$	31.66	128.51	178	33	34
	$\alpha = 1$、$\beta = 2$	31.66	128.51	418	1	33
	$\alpha = 2$、$\beta = 5$	31.66	128.51	89	11	24

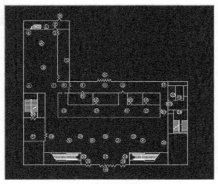

(a) 建筑平面图

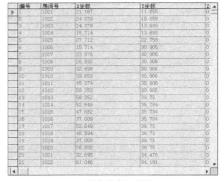

(b) 节点信息一览表

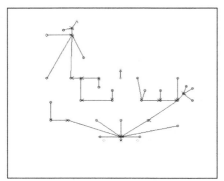

(c) 一层最优疏散路径示意图

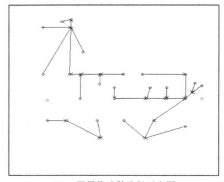

(d) 二层最优疏散路径示意图

图 6.13 办公楼疏散路径优化结果

结果表明：当 $\alpha = 0.5$、$\beta = 1$ 时，所有节点均找到最优的疏散路径；当 $\alpha = 1$、$\beta = 2$ 时，只有 55 号节点的解不是最优的；当 $\alpha = 2$、$\beta = 5$ 时，共有 11 个节点（11、51、52、55、56、58、59、62、63、65、67）的解不是最优的疏散路径。4 个节点的路径寻优过程如表 6.6 所示，由表 6.6 的分析可见：选取 $\alpha = 0.5$、$\beta = 1$ 和 $\alpha = 1$、$\beta = 2$ 时找到的最优解个数相当，均多于 $\alpha = 2$、$\beta = 5$ 时找到的最优解的个数。但是当 $\alpha = 1$、$\beta = 2$ 时，迭代过程中出现的死循环数比较多，部分节点出现死循环的数量接近迭代次数的一半。综上，在办公楼案例中，参数选取 $\alpha = 0.5$、$\beta = 1$ 时更有利于对该类建筑物内人员疏散路径的优化。

6.4.2　网格式教学楼案例分析

某教学楼以 80m×80m 网格为基本单元形成网格式平面，建筑面积约为 20000m^2，如图 6.14 所示。对该建筑物进行疏散空间网络模化后得到 238 个节点，其中包括 4 个根节点、85 个源节点和 149 个传输节点。假设一楼某十字交叉路口着火，即节点 20 的火灾状态为着火，此处不能通行，选取表 6-5 中的三种参数组合，应用改进的自适应蚁群算法模型对该教学楼火灾状态下的疏散路径进行优化，计算结果如图 6.15 所示。

参数设置不同时教学楼实例中 4 个节点的优化计算结果见表 6.7。由表 6.7 分析可见：当 $\alpha = 0.5$、$\beta = 1$ 时，结果中只有 1 个节点没有找到最优的疏散路径；当 $\alpha = 1$、$\beta = 2$ 时，有 7 个节点的解不是最优的；当 $\alpha = 2$、$\beta = 5$ 时，共有 22 个节点的解不是最优的疏散路径。综上，参数取 $\alpha = 0.5$、$\beta = 1$ 时，自适应蚁群算法模型的路径搜索能力较强，能更有效地得到最优的疏散路径。

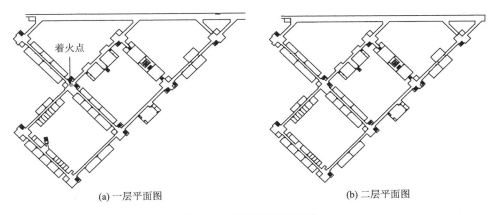

(a) 一层平面图　　　　　　　　　　(b) 二层平面图

图 6.14　某教学楼平面图

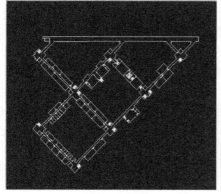

(a) 建筑平面图

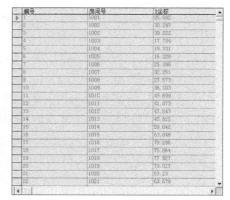

(b) 节点信息一览表

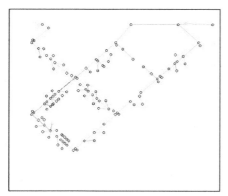

(c) 一层最优疏散路径示意图

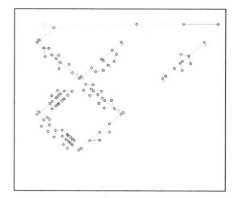

(d) 二层最优疏散路径示意图

图 6.15　教学楼自适应蚁群算法疏散路径优化结果

表 6.7　参数设置不同时教学楼实例中 4 个节点的优化计算结果

节点	参数组合	最优解	最差解	死循环	找到最优解的迭代代数	找到可能路径的个数
节点 208	$\alpha = 0.5$、$\beta = 1$	149.92	888.03	247	9	213
	$\alpha = 1$、$\beta = 2$	149.92	685.12	591	5	122
	$\alpha = 2$、$\beta = 5$	149.92	634.61	684	5	74
节点 8	$\alpha = 0.5$、$\beta = 1$	67.13	622.64	350	2	8
	$\alpha = 1$、$\beta = 2$	67.13	622.64	591	5	6
	$\alpha = 2$、$\beta = 5$	67.13	622.64	461	36	4
节点 11	$\alpha = 0.5$、$\beta = 1$	85.02	638.60	348	1	8
	$\alpha = 1$、$\beta = 2$	85.02	638.60	491	13	8
	$\alpha = 2$、$\beta = 5$	85.02	346.82	340	1	4

续表

节点	参数组合	最优解	最差解	死循环	找到最优解的迭代代数	找到可能路径的个数
节点 204	$\alpha=0.5$、$\beta=1$	161.16	776.45	321	21	192
	$\alpha=1$、$\beta=2$	161.16	717.63	707	6	102
	$\alpha=2$、$\beta=5$	161.16	622.69	800	15	69

6.4.3　体育场馆案例分析

　　某奥体中心的网球馆（图 6.16）占地面积为 $12000\mathrm{m}^2$，一楼共设 6 个安全出口，二层为看台，设有 5 个安全出口。对其进行空间模化共得到 278 个节点，假设某一时刻在节点 113 出口处发生火灾，对该建筑进行疏散路径寻优，优化结果见图 6.17。

　　取 4 个节点的路径寻优过程比较发现（表 6.8），$\alpha=2$、$\beta=5$ 时的搜索能力差，解的遍历性不好，且不能较早地发现最优解。比较 $\alpha=0.5$、$\beta=1$ 和 $\alpha=1$、$\beta=2$ 两种参数组合发现，两种参数组合下均具有较好的解的搜索能力，并能较早地发现最优解。但选择 $\alpha=1$、$\beta=2$ 的参数设置时，迭代过程中出现死循环的次数较

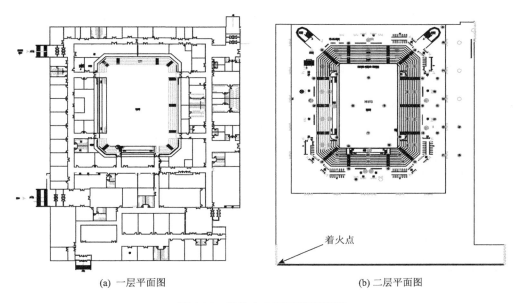

(a) 一层平面图　　　　　　　　　　　　(b) 二层平面图

图 6.16　奥体中心网球馆平面图

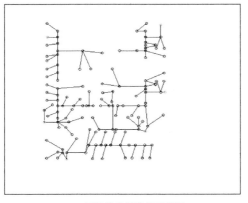

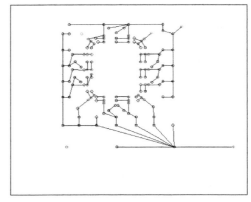

(a) 一层最优疏散路径示意图 　　　　　　　　(b) 二层最优疏散路径示意图

图 6.17　奥体中心网球馆人员疏散路径优化结果示意图

多。因此，在奥体中心网球馆案例中，$\alpha = 0.5$、$\beta = 1$ 的参数组合比其他的参数组合方式更适合进行疏散路径优化。

表 6.8　奥体中心网球馆案例自适应参数优化路径寻优过程分析

节点编号	参数组合	最优解	最差解	死循环数	找到最优解的迭代代数	找到可能路径的个数
节点 4	$\alpha = 0.5$、$\beta = 1$	180.64	240.33	0	2	9
	$\alpha = 1$、$\beta = 2$	180.64	240.33	124	18	9
	$\alpha = 2$、$\beta = 5$	180.64	240.33	59	935	8
节点 5	$\alpha = 0.5$、$\beta = 1$	165.60	202.239	1	2	10
	$\alpha = 1$、$\beta = 2$	165.60	252.62	142	2	12
	$\alpha = 2$、$\beta = 5$	165.60	182.46	54	13	4
节点 12	$\alpha = 0.5$、$\beta = 1$	61.97	188.33	0	1	5
	$\alpha = 1$、$\beta = 2$	61.97	188.33	122	1	5
	$\alpha = 2$、$\beta = 5$	61.97	188.33	15	2	4
节点 23	$\alpha = 0.5$、$\beta = 1$	154.72	282.00	7	7	23
	$\alpha = 1$、$\beta = 2$	154.72	282.00	134	116	22
	$\alpha = 2$、$\beta = 5$	154.72	211.84	74	605	10

利用奥体中心网球场 19 节点 1000 次迭代的寻优过程绘制疏散路径优化演化图，如图 6.18 所示。从图中可以看出，在整个优化过程中，解的多样性一直很好，

具有不断获得新的最优解的能力，采用自适应模型可以获得全局最优解，而不易陷入局部最优解。

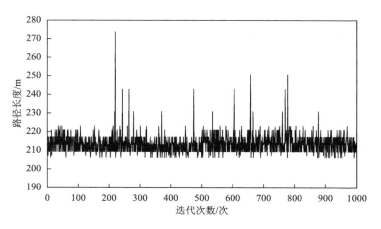

图 6.18　奥体中心网球馆 19 节点疏散路径优化演化图

综上，以三种不同的建筑物为例，选取不同建筑、不同节点的寻优过程进行比较，考虑模型的搜索能力和死循环的出现次数可知，基于自适应蚁群算法的人员疏散路径优化模型很好地克服了早熟和停滞等问题，路径优化计算效率得到了很大的提高。不同的参数设置会影响人员疏散路径优化算法中自适应模型的寻优结果，对自适应模型进行参数优化后得到：当 $\alpha = 0.5$、$\beta = 1$ 时，人员疏散路径优化算法的自适应模型的搜索解的能力更高且死循环出现的概率小，在疏散路径优化过程中效果最好。

6.4.4　酒店案例分析

某酒店的建筑面积约为 3400m^2，将 3 个楼梯口作为出口，对建筑空间进行疏散空间网络模化后得到 92 个节点，如图 6.19 所示。在无火灾状态下，选取优化后的参数组合对建筑物的疏散路径进行寻优，得到无火灾状态下疏散指示标识的指示方向，如图 6.20 所示。

假设某时刻在节点 29 处发生火灾，编号为 29 的火灾探测器报警，消防联动控制系统将该报警器的信息存储在 FireSensor 文件中。应用基于改进自适应蚁群算法的人员应急疏散决策优化模型对建筑物的疏散路径重新进行优化，得到节点 29 在火灾状态下的疏散路径优化结果和疏散指示标识指示方向如图 6.21 所示。此时

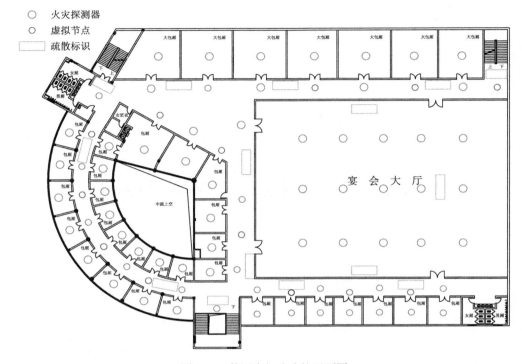

图 6.19　某酒店部分建筑平面图

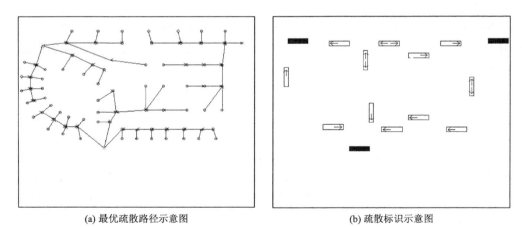

(a) 最优疏散路径示意图　　　　　　　　　　(b) 疏散标识示意图

图 6.20　无火灾状态下的路径优化结果示意图

下方的疏散楼梯不能使用，该处的疏散指示标识熄灭，其周围的疏散指示标识均指向了远离该出口的方向。

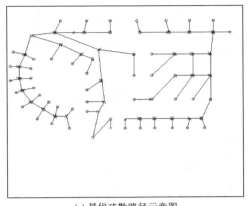

(a) 最优疏散路径示意图

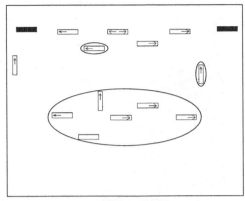

(b) 疏散标识示意图

图 6.21　节点 29 在火灾状态下路径优化后的疏散指示标识方向示意图

改变火源位置，根据人员疏散路径优化算法，得到不同火源位置条件下人员疏散的最优路径，更新建筑物内疏散指示标识的方向，分别如图 6.22～图 6.25 所示。

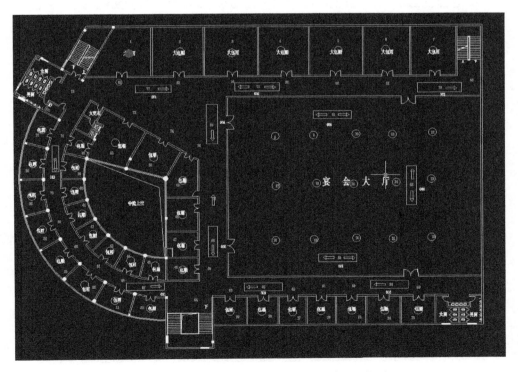

图 6.22　不同火灾状态下的人员最优疏散路径指示 a

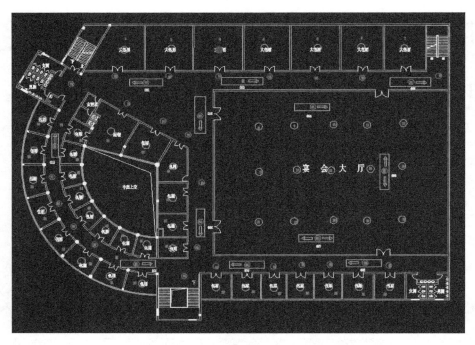

图 6.23　不同火灾状态下的人员最优疏散路径指示 b

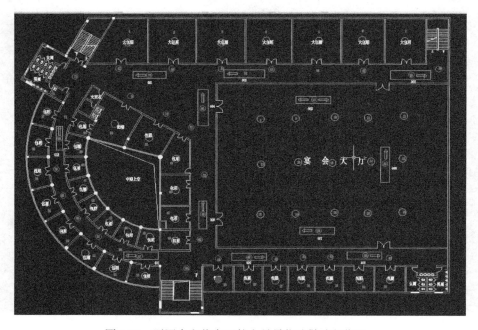

图 6.24　不同火灾状态下的人员最优疏散路径指示 c

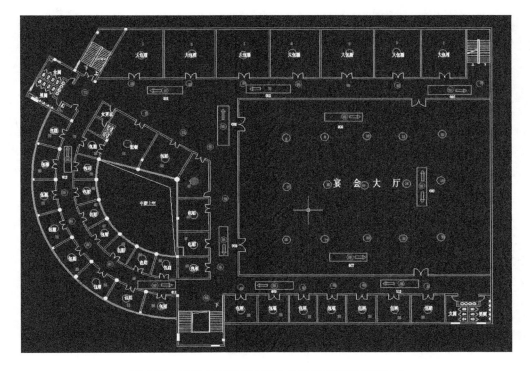

图 6.25　不同火灾状态下的人员最优疏散路径指示 d

如图 6.22～图 6.25 所示，当发生火灾时，多个疏散指示标识方向发生改变，避免了将人员引向火灾高风险区域，同时有效避免疏散人员在疏散过程中发现着火又折返的现象，提高了疏散效率。

6.4.5　商场案例分析

某商场的建筑面积约为 8000m²，将 7 个楼梯作为出口，进行疏散空间网络模化，得到 84 个节点，在建筑物内共设置了 36 个疏散指示标识，节点与疏散指示标识的分布如图 6.26 所示。该建筑共分为 4 个防火分区，防火分区划分如图 6.27 所示。其中，Ⅰ区有 1 个疏散楼梯，Ⅱ区有 2 个疏散楼梯、1 个扶梯，Ⅲ区有 3 个疏散楼梯，Ⅳ区有一个疏散楼梯。

无火灾情况下应用人员应急疏散决策优化模型对该建筑物进行疏散路径优化，优化结果见图 6.28。

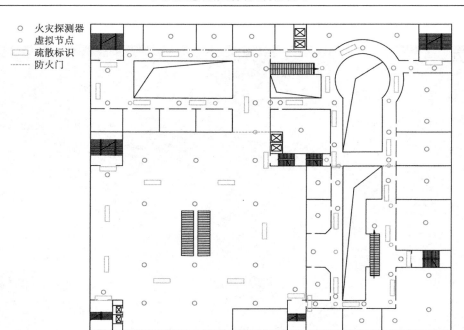

图 6.26　某商场节点与疏散指示标识分布示意图

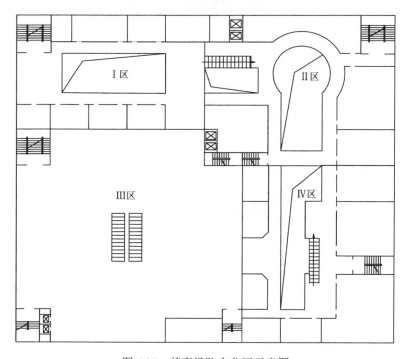

图 6.27　某商场防火分区示意图

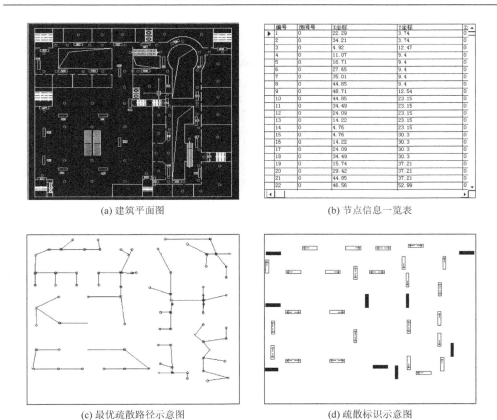

(a) 建筑平面图　　　　　　　　　　　　(b) 节点信息一览表

(c) 最优疏散路径示意图　　　　　　　　　(d) 疏散标识示意图

图 6.28　无火灾状态下的疏散路径优化结果

假设某时刻在 4 号楼梯处发生火灾，建筑内所有的扶梯停止运行且不作为疏散通道，也就是说此时建筑物内的人只能通过楼梯进行疏散逃生，为此建立如下两种疏散方案。

方案一：未进行疏散路径优化，不改变疏散指示标识方向，一旦遇到不能通行的地方再重新选择逃生路线，疏散方案如表 6.9 和图 6.29 所示。

表 6.9　不改变疏散指示标识方向时的疏散方案一

疏散区域	选用的疏散楼梯	疏散区域面积/m²	疏散人数/人
区域一	1#楼梯	925	393
区域二	2#楼梯	1026	436
区域三	3#楼梯	1108	471
区域四	7#楼梯	4115	1749
区域五	5#楼梯	878	373
区域六	6#楼梯	826	351

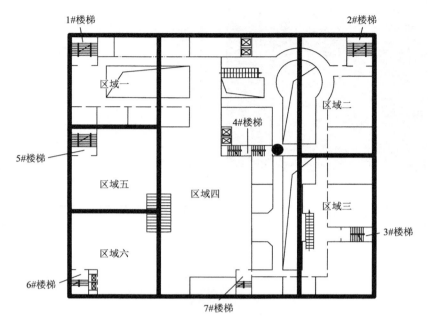

图 6.29　疏散方案一示意图

　　方案二：利用人员疏散路径优化算法对建筑物的疏散路径进行优化，并动态地改变疏散指示标识方向，其结果如图 6.30 所示。根据改变后的指示方向确定疏散方案，如表 6.10 所示，确立的疏散方案示意图如图 6.31 所示。

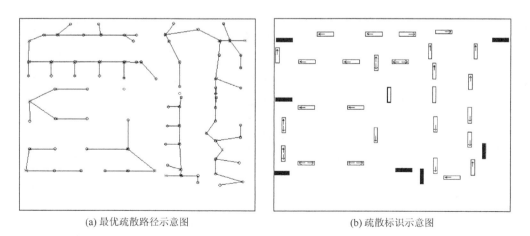

(a) 最优疏散路径示意图　　　　　　　　　　　(b) 疏散标识示意图

图 6.30　火灾时疏散指示标识方向

表 6.10　智能改变疏散指示标识方向时的疏散方案二

疏散区域	选用的疏散楼梯	疏散区域面积/m²	疏散人数/人
区域一	1#楼梯	1718	730
区域二	2#楼梯	1932	821
区域三	3#楼梯	1108	471
区域四	7#楼梯	1579	671
区域五	5#楼梯	1715	729
区域六	6#楼梯	826	351

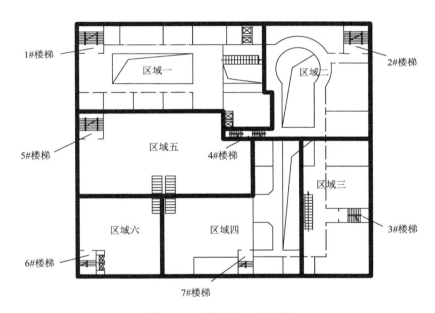

图 6.31　疏散方案二示意图

　　利用大空间复杂建筑物安全疏散时间分析模块对上述两种人员疏散方案进行性能化分析，结果如图 6.32 所示。

　　从图 6.32 中可以看出，当扶梯停运时，疏散指示标识方向智能改变后，方案二中人员完成安全疏散的行动时间约为 140s；疏散指示标识方向不改变时，方案一中人员完成安全疏散的行动时间约为 293s，可见方案二所需的人员安全疏散时间比方案一要少得多，约为方案一的一半。因此，疏散指示标识智能改变能有效地减少疏散时间，降低危险性。

　　分析不同疏散预案中各楼梯口等疏散通道瓶颈区域的人员滞留现象，如图 6.33 所示。

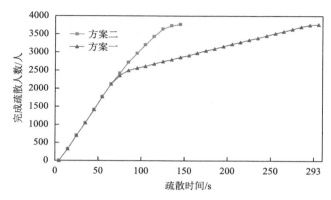

图 6.32 商场人员疏散动态变化

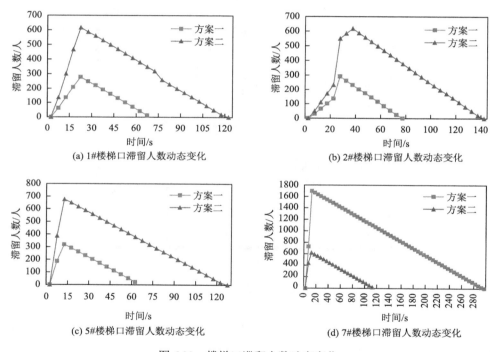

(a) 1#楼梯口滞留人数动态变化

(b) 2#楼梯口滞留人数动态变化

(c) 5#楼梯口滞留人数动态变化

(d) 7#楼梯口滞留人数动态变化

图 6.33 楼梯口滞留人数动态变化

从图 6.33 可以看出，在方案二中，通过 1#、2#和 5#楼梯疏散的人数均比方案一的人数多，所以滞留时间相对长一些，滞留人数的最大值较大。方案一中，通过 7#楼梯疏散的人数多于方案二，同样，滞留时间和滞留人数都相对大些。取四个楼梯口的最大滞留时间和滞留人数，方案一中的最大滞流人数出现在 7#楼梯处，滞留人数为 1710 人，出现的时间为 7.5s。方案二中的最大滞留人数在 7.5s 时出现在 5#楼梯口处，最大滞留人数为 690 人。且方案一的最大滞留时间是 292s，方案二的最大滞留时间是 138s。由此可见，疏散指示标识方向智能改变后，建立的疏散方案二能很好地分流疏导人员，不会出现方案一中多数人选择同一疏散楼梯疏散的现象，节省了安全疏散的时间，有效地缓解了建筑物内楼梯口处的人员滞留现象。

6.4.6　医院病房楼案例分析

医院类建筑内，人员高度密集，病患人员的应急反应能力及行为能力存在特殊性，加之对医院环境的不熟悉，医院类建筑中人员疏散难度较大。在经过疏散路径优化的基础上，进行智能疏散诱导，对于提高医院火灾中的人员疏散安全具有重要的意义。某医院病房楼总建筑面积为 38 万 m²，占地面积为 2.35 万 m²，共 17 层，地下 1 层，标准层 5~18 层的层高约为 3.6m，整体建筑高度约为 69m。根据该病房楼的建筑结构特点，利用 Revit 二次开发技术自动识别和生成该病房楼中一楼疏散空间的网络节点初始状态数据库，总共 110 个节点。其中，源节点 32 个、传输节点 74 个，根节点 6 个，6 个根节点分别代表医院的北门（59 号节点）、西 1 门（26 号节点）、西 2 门（89 号节点）、东北门（83 号节点）、东南门（65 号节点）和西南门（1 号节点）。

在不考虑其他影响因素的前提下，假设没有发生火灾，利用基于改进自适应蚁群算法的人员应急疏散决策优化模型计算程序，得到了无火灾条件下的某医院病房楼应急疏散决策优化结果，如图 6.34 所示。

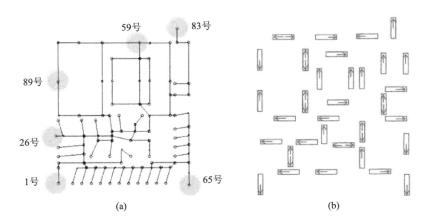

图 6.34　无火灾条件下某医院病房楼应急疏散决策优化方案

分别假设医院 6 个出口附近的 1、26、59、65、83、89 号节点为起火点，其他初始参数设置不变，可以得到火灾情况下的应急疏散决策优化结果。59 号节点为医院正门，以此处发生火灾为例其疏散路径优化方案和疏散指示标识方向如图 6.35 所示。

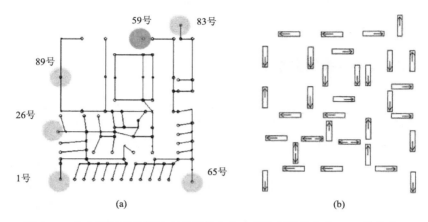

(a)　　　　　　　　　　　　　　　　　(b)

图 6.35　火灾情况下某医院病房楼的应急疏散决策优化方案（59 号节点）

统计有火灾和无火灾条件下的优化结果，得到在不同起火条件下利用不同出口完成疏散的人员数量及各出口的人员通过率，各个出口的人员通过率如图 6.36 所示。由图 6.36 可以看出，在无火灾情况下，医院中 59 号节点的通过率较高，为 23.08%；而 89 号节点的通过率较低，为 14.42%。与无火灾时的情况相比，当医院的 6 个出口中有 1 个起火而不可通过后，其他 5 个出口的通过率发生改变，

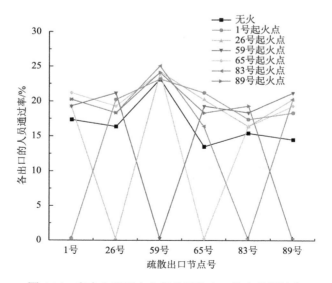

图 6.36　有火灾和无火灾条件下各出口的人员通过率

且通过路径优化后，每个出口的通过率较为平均，避免了疏散时在某个出口人员过于集中的情况，从而合理疏导每个出口通过的人数，提高疏散效率。

统计无火灾及发生火灾时医院内各个源节点至根节点的路径长度，得到在无火灾和有火灾条件下，各最优疏散方案中最长疏散路径的长度。取中青年女性患者的步行速度为中值进行计算，疏散速度为 0.85m/s，假设疏散总人数为 2500 人，按照各个出口人员通过率能够计算得到每个出口的通过人数；人流密度为 0.97 人/m²，出口的人员群集流动系数取 1.5 人/(m·s)，得到在有火灾或者无火灾条件下最长疏散路径上人员的疏散步行时间 t_d，以及各出口全部完成疏散的流动时间 t_L，结果如表 6.11 所示。从表 6.11 中可以看出，在七种情况下，均存在 $t_d > t_L$ 的关系，说明医院内距出口最远的人员到达出口时，其他人员已经离开，疏散行动时间由最远点的人员行走时间 t_d 决定，结果说明疏散中没有人员滞留现象出现，疏散路径规划合理。

表 6.11　疏散行动时间

参数	无火灾	1 号起火点	26 号起火点	59 号起火点	65 号起火点	83 号起火点	89 号起火点
最长路径安全出口通过人数/人	337	457	601	481	409	409	601
最长路径安全出口节点	65 号	89 号	59 号	65 号	83 号	65 号	59 号
出口宽度/m	3	3	9	3	3	3	9
L/m	80.80	116.55	108.56	153.80	148.22	126.39	105.38
t_d/s	95.06	137.12	127.72	180.94	174.38	148.69	123.98
t_L/s	74.89	101.56	44.51	106.89	90.89	90.89	44.51

6.4.7　地铁站案例分析

地铁站结构封闭，蓄热性好，火灾烟气蔓延迅速，灭火排烟困难。一旦发生火灾，如果没有采取有效的诱导措施，高度密集的受灾人员容易在人们熟悉的出口处造成拥堵。并且，地铁站内的受灾人员须沿受烟囱效应影响显著的楼梯等竖向通道向地面安全出口疏散，由于传统的疏散指示标识方向不能动态改变，存在将受灾人员指向火灾烟气态势严重的通道的可能性，加剧了地铁站火灾人员疏散的危险性。本节对某三层地铁换乘站进行应急疏散决策优化案例分析，利用 Pathfinder 进行数值模拟，对比分析基于应急疏散优化决策的智能诱导下地铁疏散的安全性（姜雪，2021）。

　　该地铁站共三层，包括站厅（B2）和站台层（B3、B4）。B3、B4 层均为岛式换乘站台，乘客可以不同方向实现 1 号线和 3 号线的同台换乘。其中，1 号线采用 6 列 A 型车进行编组，车门数为 5 对，车门宽度为 1300～1400mm，定员 310 人。3 号线采用 6 列 B 型车进行编组，车门数为 4 对，车门宽度为 1300～1400mm，定员 250 人。每层站台均划分为三个部分：3 号线站台区，1 号线站台区及换乘区域。3 号线站台区为一个长方形，有效长度为 115m，宽 5m；1 号线站台区的有效长度为 135m，宽 9m；换乘区域是一个梯形，东南西北各边的有效长度分别约为 65m、77m、42m、65m。

　　该地铁站内共有楼梯 6 部、扶梯 12 部、垂直电梯 1 部。B2 层至 B3 层有楼梯 3 部、扶梯 5 部，B2 层至 B4 层有扶梯 3 部，B3 层至 B4 层有楼梯 3 部、扶梯 4 部。楼梯有效宽度为 1.88m，扶梯有效宽度为 1m。B2、B3、B4 各层平面结构图及楼梯、扶梯编号分别如图 6.37～图 6.39 所示。

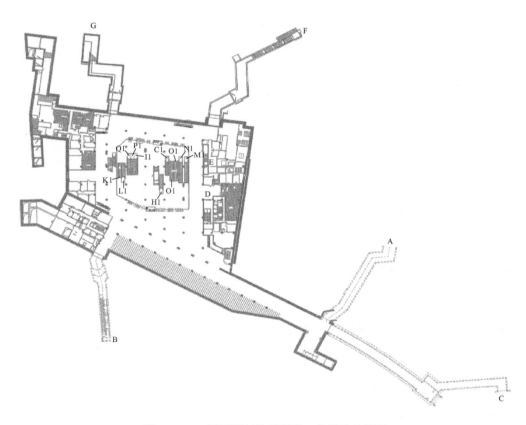

图 6.37　B2 层平面结构及楼梯、扶梯编号情况

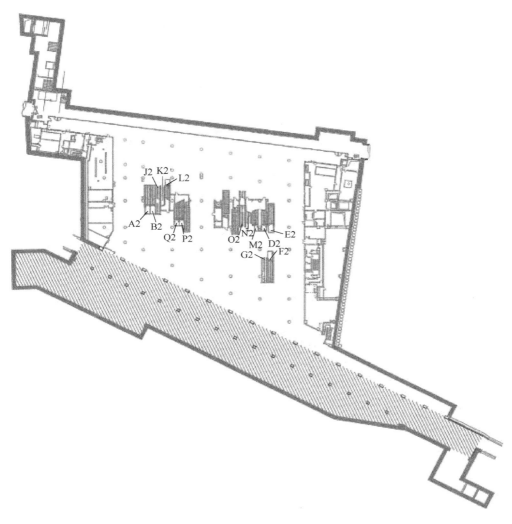

图 6.38　B3 层平面结构及楼梯、扶梯编号情况

　　该地铁站的站厅层共有 8 个出口 A～H，其中出口 A、B、F、G 直接通往地面，D、E、H、C 出口通往不同的地下商场。为简化计算，忽略站厅层中的闸机及围栏对疏散的影响，假设所有闸机开启，工作人员撤除围栏，使得人员可以快速疏散。除此之外，假设发生紧急情况后，所有进站后的列车车门均打开，所有自动扶梯均停止运行，其疏散能力与楼梯相当。考虑到火灾疏散中不宜使用垂直电梯，所以没有在模型中设置垂直电梯。

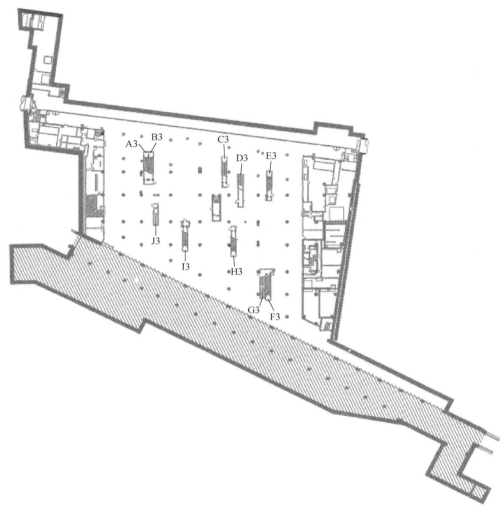

图 6.39　B4 层平面结构及楼梯、扶梯编号情况

1. 疏散路径优化

首先根据地铁站内疏散通道、出口布局等结构特点和人员分布情况建立疏散空间网络节点初始状态信息数据库，B2、B3、B4 层分别设置了 102、172、184 个节点。如图 6.40 所示，在没有发生火灾的情况下，也不考虑其他事故环境，以站内全部人员以最短时间从站厅和站台层完成疏散到达地面，以及各出口不出现拥堵为优化目标，分析地铁站内各层最优的疏散路径及标识的指示方向。

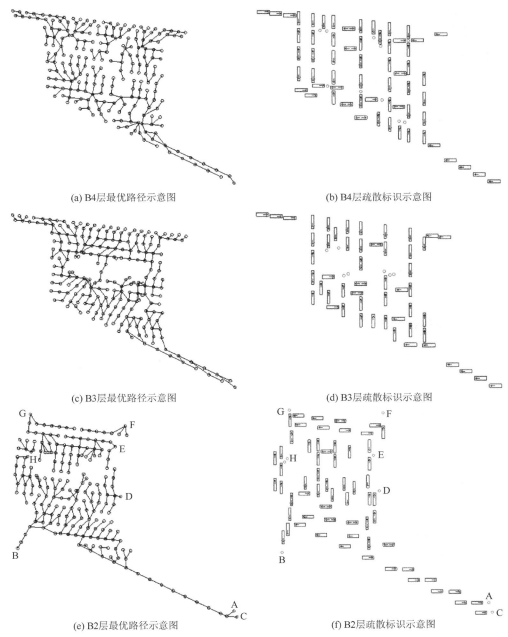

(a) B4层最优路径示意图　　　　　　　　　(b) B4层疏散标识示意图

(c) B3层最优路径示意图　　　　　　　　　(d) B3层疏散标识示意图

(e) B2层最优路径示意图　　　　　　　　　(f) B2层疏散标识示意图

图 6.40　无火灾情况下地铁站内各层最优疏散路径及标识指示方向

以 B4 层编号为 H3 的扶梯附近起火为例，疏散决策优化结果见图 6.41。图 6.41 左侧各图为各层的人群疏散优化路径，虽然假设起火点位置为 B4 层，但

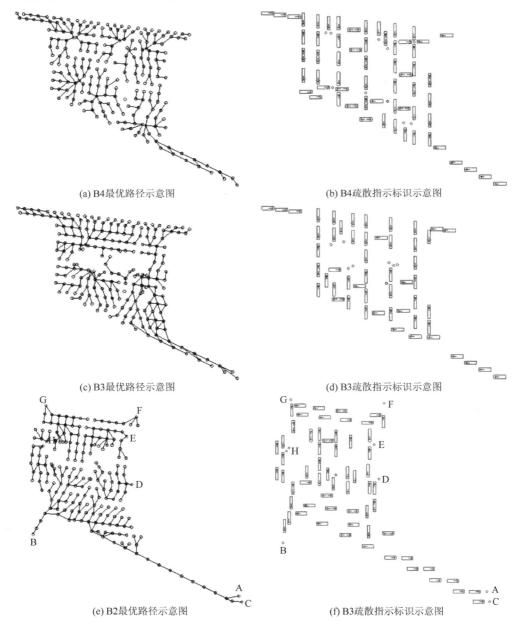

是由于烟囱效应，B3 层和 B2 层均会迅速受到烟雾的影响，个别疏散出口不具备通行能力；图 6.41 右侧各图为各层疏散指示标识方向。

(a) B4最优路径示意图　　　　　　　　　(b) B4疏散指示标识示意图

(c) B3最优路径示意图　　　　　　　　　(d) B3疏散指示标识示意图

(e) B2最优路径示意图　　　　　　　　　(f) B3疏散指示标识示意图

图 6.41　有火灾情况下地铁站内各层最优疏散路径及疏散指示标识方向

假设上行站台层（B3 层）扶梯 J2 周围发生火灾，此时 J2 扶梯不能作为上行站台层（B3）人群疏散至站厅层（B2）的通道，并且临近的扶梯 K2 也不能继续作为疏散通道。同时，下行站台层（B4）扶梯 J2 所对应的起点 J3 禁止使用，不能作为疏散通道继续使用。此时受到烟囱效应的作用，站厅层（B2）扶梯 K2 所对应的终点 K1 的周围人员也会立即感受到烟气的作用，远离两点进行疏散，应用应急疏散决策优化模型所规划的最优疏散路径和指示标识方向如图 6.42 所示。图中空心圆圈表示 B4 和 B3 层用于疏散的楼梯、扶梯所在位置及 B2 层出口位置，实心圆圈标识起火点及各层最先受影响的点。

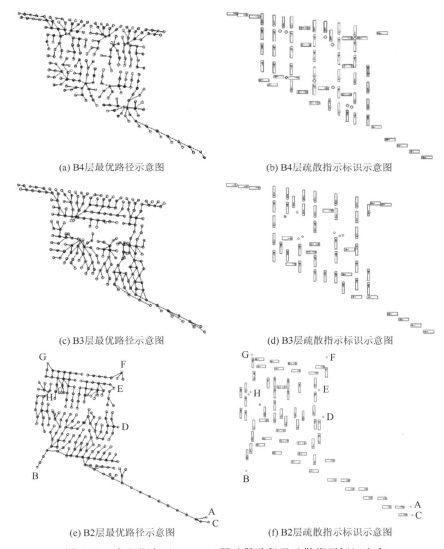

(a) B4层最优路径示意图　　　　　　(b) B4层疏散指示标识示意图

(c) B3层最优路径示意图　　　　　　(d) B3层疏散指示标识示意图

(e) B2层最优路径示意图　　　　　　(f) B2层疏散指示标识示意图

图 6.42　火灾状态下 B2～B4 层疏散路径及疏散指示标识方向

根据不同状态下的应急疏散决策优化结果，对比无火灾状态下和火灾状态下的最优疏散路径和不同指示方向变化情况，可以看出，在发生火灾事故时，在起火点及各层受到起火点影响的节点附近的指示标识方向均秉承着"远离起火点"的原则进行变化，指导人员进行疏散，使得人员能够快速、高效地找到安全疏散通道，这对于事故环境下的大规模人员疏散是十分有利的。以无火灾状态为基础，当下行站台层（B4）中的 220 号节点处发生火灾时，共有 163 个源节点和中间节点的疏散路径发生变化，以及 15 个标识节点的指示方向发生改变。在上行站台层（B3）中的 208 号节点处发生火灾时，共有 157 个源节点和中间节点的疏散路径发生变化，以及 22 个标识节点的指示方向发生改变。

2. 基于疏散路径优化和智能诱导策略的疏散安全性对比分析

据调查，虽然该地铁站的日客流量并不是十分突出，但是高峰期非常拥挤，每天的高峰期约 5h，日进站客流量约 5.5 万人/d，出站客流量约 5.8 万人/d，换乘客流量约 12 万人/d。本节中，高峰期客流量按日客流量的 50% 进行计算，即在高峰期 5 个小时，该地铁站的客流量约为 9.25 万人（进站客流量加上换乘客流量乘以 50%）。在高峰期，1 号线间隔时间为 4min，3 号线间隔为 3.5min。由于缺乏每辆列车的上下车及换乘人员数量，这里并不考虑 1 号线和 3 号线列车候车人数及下车人数的区别。假设地铁站台内发生火灾时，列车不进站或者过站不停车，疏散人员不包括列车上的乘客。据此，可以初步确定疏散模型的乘客数量，B3、B4 站台层中每层的待疏散乘客数量为 728 人。若站厅层的疏散乘客数量按 350 人计算，各个楼层的工作人员数量按 20 人计算，地铁站总人数为 1866 人。利用 Pathfinder 软件进行地铁站人员疏散模拟，待疏散人数设置为地铁站总人数乘以超高峰客流系数 1.4，因此该地铁站内全部待疏散人数为 2612 人。模拟过程中，每一类人员的比例、疏散过程行走速度见表 6.12。在本节中，以地铁火灾为背景，人员紧张程度更大，因此设定的步行速度取中等偏大值。

表 6.12　不同人员的疏散特征和初始数据

类别	老人	儿童	成年男性	成年女性
颜色	蓝色	绿色	红色	黄色
肩宽/cm	40	30	40	37
速度/(m/s)	1.10	1.00	1.55	1.50
比例	0.1	0.1	0.4	0.4

图 6.43 为没有发生火灾，以及是否采用基于疏散决策优化的智能诱导策略情况下，地铁站各出口完成疏散人数随时间的变化情况。由图 6.43 可知，在疏散优

化决策指导下，地铁站内全部待疏散人员完成疏散的时间为 310.525s，比无疏散优化决策指导下完成疏散的时间少了约 10.6%。在疏散行动开始 75s 后，疏散出口 A、C 不再进行人员疏散，相比于无事故且无决策的优化状态下，疏散人数有所增加，提高了两疏散出口的利用率。疏散出口 F 处的疏散人数有所下降，疏散出口 B 成为疏散的主要出口，疏散人员为 1055 人，缓解了疏散出口 F 的疏散压力。

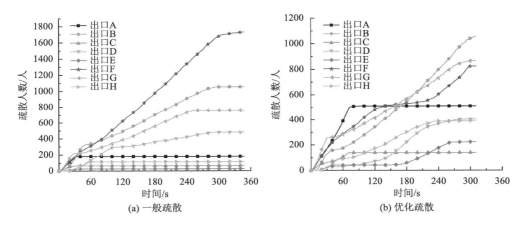

图 6.43　无火灾状态下的各出口疏散人数随时间的变化情况

假设下行站台层（B4）跨层扶梯 H3 周围发生火灾，H3 扶梯不能作为下行站台层（B4）人员向站厅层（B2）疏散的出口，进而导致地铁站内的疏散时间变长，各疏散出口疏散人数随时间的变化情况如图 6.44（a）所示。可以看出，在疏散开

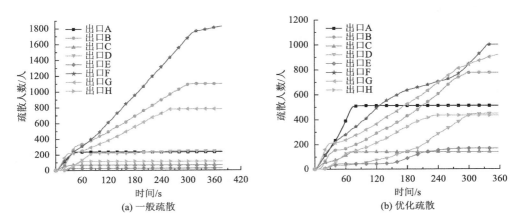

图 6.44　火灾状态下下行站台层（B4）各出口疏散人数随时间的变化情况

始 30s 后，A、C、E 不再继续作为疏散出口，1min 后 H 不再继续作为疏散出口，85s 后 D 不再继续作为疏散出口，疏散人数较少，出口利用率较低。疏散压力都作用于疏散出口 B、F、G 上，三个出口所对应的闸机处出现拥堵现象，导致整体疏散时间较长，F 是用于疏散的主要出口，能够使 1829 名人员进行疏散。地铁站内全部人员完成疏散的时间为 377.275s，不满足规范中 6min 内全部完成疏散的要求。

假设下行站台层（B4）跨层扶梯 H3 周围发生火灾，在不考虑其他因素影响的前提下，利用 Pathfinder 软件对下行站台层（B4）火灾事故状态下的人员疏散行动进行模拟，得到基于决策优化的各疏散出口疏散人数随时间的变化情况，如图 6.44（b）所示。由图 6.44（b）可知，在疏散开始 75s 后，疏散出口 A 和 C 不再进行疏散，疏散出口 H 在 4min 后不再进行人员疏散。对于疏散出口 E，在疏散开始 45s 后停止进行人员疏散，但是随着下行站台层（B4）和上行站台层（B3）的待疏散人员不断向站厅层（B2）疏散，各疏散出口的疏散压力增加，通过应急疏散决策优化模型的分流作用，疏散出口 E 在 130s 时继续进行人员疏散，直至 288s 时不再进行人员疏散。整个地铁站全部待疏散人员能够在 356.525s 内完成疏散，时间缩短了 5.5%，符合《地铁设计规范》（GB 50157—2013）中对于 6min 内完成疏散的相关要求。因此，基于应急疏散决策优化模型的智能疏散诱导可以有效缓解拥堵现象，对地铁站人员应急疏散安全具有技术保障作用。

6.4.8　商业步行街案例分析

随着城市化进程的推进，各地商业步行街的建设朝着空间范围大、街区长的方向发展。虽然现行的相关设计规范对其应急通道、安全疏散出口等进行了规定，但是，由于许多商业步行街是在原有历史街区的基础上改造而成的，为了保留古建筑群和历史街区的特点，街区内应急出口数量不足、位置分布不均匀的现象普遍存在。尤其是为了提高经济效益，个别商家违规占用安全疏散通道的现象也时有发生。作为高度密集人群聚集地，一旦商业步行街内发生火灾、爆炸等突发事件，如果不能根据突发事件的发展态势智能疏散人群，将会发生将人群错误引导至事故状态严重的疏散通道处，或造成疏散出口过度拥堵等不利于安全疏散的现象，极易引发踩踏等群死群伤事故。因此，根据突发事件中各通道的可利用状态和人群的疏散行动能力，进行大规模人群疏散方案的优化和智能疏散诱导，对于加强人员密集的商业步行街的公共安全具有重要意义。

本节以某商业步行街为例，利用基于改进自适应蚁群算法的人员应急疏散决策优化模型计算程序，对疏散方案进行了优化设计；结合 Pathfinder 软件进行基于疏散方案优化的人员疏散行为数值模拟，对各方案的疏散效率和安全性进行对比分析（姜雪，2021）。步行街长 484.75m、宽 384.63m，总面积达 186449.40m^2，其中建筑区域占地 141719.4m^2，街道区域占地 44730m^2，共有 8 个疏散出口，编号为 00～07，如图 6.45 所示。

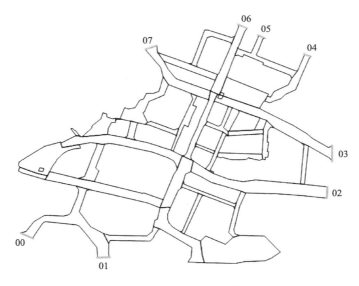

图 6.45　步行街出口编号示意图

根据步行街的特点，规定人流只能在街道区域内活动，离开步行街即视为到达安全区域。将步行街的待疏散人群设置为四类，分别为儿童、老人、成年男性、成年女性，街道区域人流密度取 0.60 人/m^2，计算得到待疏散人员总数为 26838 人。同时，结合实际情况，假设待疏散人员在初始时刻已经到达街道区域，且在街道区域呈现均匀随机分布状态。人员构成采用国际通用的一般娱乐公共场所推荐的人员比例构成来确定，不同人群的特征数据和疏散初始步行速度设定具体见表 6.12。

1. 无疏散诱导情况下的疏散安全性状分析

首先假设没有发生火灾等突发事件，在不采取任何疏散诱导条件下，采用 Pathfinder 软件进行步行街人员疏散模拟，$t = 369.0$s 时各出口附近的人流密度见图 6.46。如图 6.46 所示，在 $t = 369.0$s 时，其他出口基本完成疏散，但是出口 01 仍然存在拥堵现象。

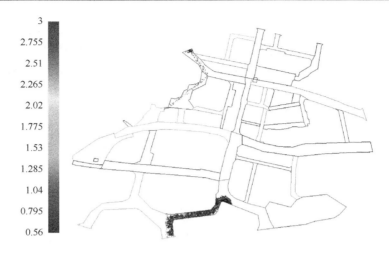

图 6.46　$t = 369.0\mathrm{s}$ 时的人流密度

各出口完成疏散人数及所用的疏散时间如图 6.47 所示，可以看出，将 26838 名待疏散人员全部疏散至安全区域所用时间为 544.5s。其中，出口 01 处的疏散人数最多，所用的疏散时间最长。假设在出口 01 附近发生火灾，对疏散结果造成的影响是最大的。

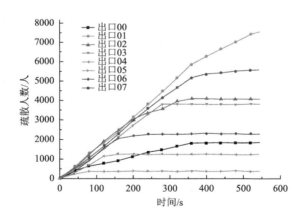

图 6.47　各出口完成疏散人数及所用疏散时间

基于上述分析，假设出口 01 附近发生火灾，如果人员能安全地疏散，无疑，在步行街其他任何地点发生火灾，都能做到安全疏散，所以把出口 01 作为危险性最大的起火点。假设 01 出口附近发生火灾而无法作为疏散出口使用，整个步行街其他各出口完成疏散的情况见图 6.48。由图 6.48 可知，将 26838 名待疏散人员全部疏散至安全区域所用时间为 651.3s。其中，01 号出口不参与疏散，00 号出口所用疏散时间最多，05 号出口所用疏散时间最少。各出口利用率非常不均匀，00、02、07 号出口部分时间段出现了拥堵现象。

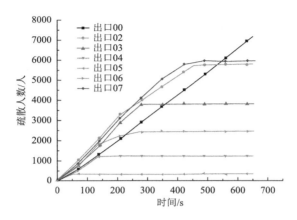

图 6.48　01 号出口附近起火时各个出口处疏散人数随时间的变化情况

2. 基于疏散方案优化和诱导情况下的疏散安全性状分析

1）无火状态下的疏散方案优化

根据步行街的建筑结构特点，首先对步行街进行网络模化，该步行街疏散区域网络模型如图 6.49 所示，总共 118 个节点，其中源节点 44 个、中间节点 66 个、根节点 8 个，8 个根节点分别代表步行街的 00～07 号 8 个出口。

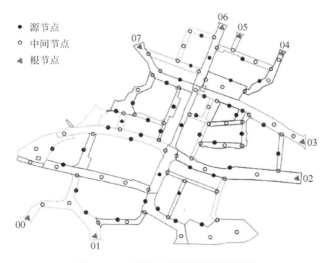

图 6.49　步行街疏散区域网络模型

建立无火灾状态下的建筑物初始状态节点数据库，见图 6.50。假设没有发生火灾，在不考虑其他影响因素的前提下，利用基于自适应蚁群算法的人群疏散决策优化模型，得到路径优化结果和智能疏散指示标识方向，如图 6.51 表示。

编号	房间号	X坐标	Y坐标	Z坐标	节点特性	neighbor1	neighbor2	neighbor3	neighbor4	neighbor5	neighbor6	疏散人员数	节点类型	防火分区	相关探测器I	回路号	机器号
0	0	0	0	0	0	0	0	0	0	0	0	0	0	0	0	0	0
1	1001	670.71	13324.81	0	1	9	0	0	0	0	0	0	0	0	1	1	1
2	1002	5139.61	14650.28	0	1	13	0	0	0	0	0	0	0	0	2	1	1
3	1003	18588.27	10607.61	0	1	46	0	0	0	0	0	0	0	0	3	1	1
4	1004	18921.78	8118.18	0	1	66	0	0	0	0	0	0	0	0	4	1	1
5	1005	17489.71	2023.14	0	1	80	0	0	0	0	0	0	0	0	5	1	1
6	1006	14664.03	847.34	0	1	83	0	0	0	0	0	0	0	0	6	1	1
7	1007	13530.46	291.78	0	1	85	0	0	0	0	0	0	0	0	7	1	1
8	1008	8107.24	1629.07	0	1	70	0	0	0	0	0	0	0	0	8	1	1
9	1009	1483.56	12407.88	0	0	1	85	0	0	0	0	0	0	4	9	1	1
10	1010	3632.85	11253.86	0	0	11	97	0	0	0	0	0	0	4	10	1	1
11	1011	3426.64	12365.97	0	2	9	10	12	0	0	0	0	0	1	11	1	1
12	1012	4187.87	13018.34	0	0	13	0	0	0	0	0	0	0	2	12	1	1
13	1013	4915.72	13621.96	0	2	12	14	0	0	0	0	0	0	1	13	1	1
14	1014	6002.37	13582.86	0	0	13	15	0	0	0	0	0	0	2	14	1	1
15	1015	5978.64	13599.99	0	2	14	16	0	0	0	0	0	0	1	15	1	1
16	1016	7986.3	13508.39	0	0	15	18	0	0	0	0	0	0	1	16	1	1
17	1017	8649.81	12292.64	0	0	18	37	0	0	0	0	0	0	4	17	1	1
18	1018	8481.07	12721.77	0	2	16	17	19	0	0	0	0	0	1	18	1	1
19	1019	9226.56	13155.14	0	0	18	20	0	0	0	0	0	0	4	19	1	1
20	1020	9847.53	13511.73	0	2	19	31	21	0	0	0	0	0	1	20	1	1
21	1021	10613	13943.8	0	0	20	20	0	0	0	0	0	0	4	21	1	1
22	1022	10845.36	14523.77	0	2	21	23	0	0	0	0	0	0	1	22	1	1
23	1023	11997.77	14475.25	0	0	22	24	0	0	0	0	0	0	1	23	1	1
24	1024	13278.15	14341.49	0	0	23	25	0	0	0	0	0	0	2	24	1	1
25	1025	14246.84	14202.48	0	0	24	26	0	0	0	0	0	0	1	25	1	1

图 6.50　节点初始状态数据库

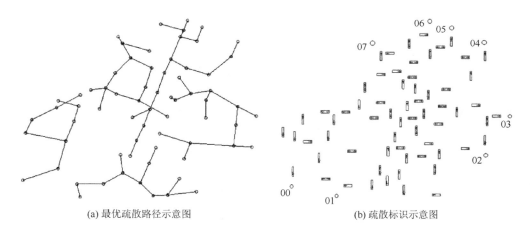

(a) 最优疏散路径示意图　　　　　　　(b) 疏散标识示意图

图 6.51　路径优化结果和智能疏散指示标识方向（无火灾）

基于图 6.51 所示的疏散路径优化结果，进行人员疏散诱导，运行 Pathfinder 软件，进行基于疏散方案优化和诱导的人员疏散模拟，各出口完成疏散人数及所用疏散时间如图 6.52 所示。由图 6.52 可知，将 26838 名待疏散人员全部疏散至安全区域所用的时间为 496.3s。

无火灾条件下，疏散路径优化前后各出口完成疏散的情况对比分析见图 6.53、图 6.54。

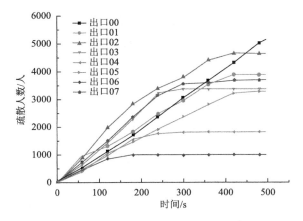

图 6.52　基于疏散路径优化的各个出口完成疏散的情况（无火灾）

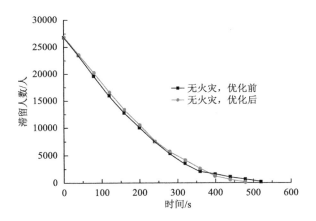

图 6.53　无火灾条件下疏散路径优化前后各出口完成疏散情况

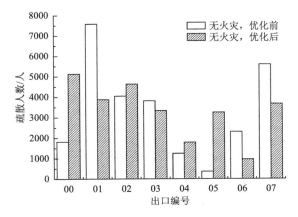

图 6.54　无火灾条件下优化前后各出口完成疏散情况

由图 6.53 可知，无火灾条件下，在没有优化前，所需疏散时间为 544.5s；利用自适应蚁群算法优化之后，所需疏散时间为 496.3s，所需疏散时间缩短了 48.2s。由图 6.54 可知，优化后各出口利用率得到了削峰补谷，优化前疏散人员在 1 号和 7 号出口的严重滞留情况得到了改善。

　2）有火灾状态下的疏散方案优化

由前面分析得知，01 号出口是危险性最大的起火点。为了与无火灾条件下的疏散情况进行对比，假设在 01 出口发生火灾，在无火灾工况节点初始状态数据库的基础上，把 01 号出口附近的 80 号根节点变为源节点，其他条件不变，建立有火灾条件下的蚁群算法信息数据库。总共 118 个节点，其中源节点 45 个、中间节点 66 个、根节点 7 个，7 个根节点分别代表步行街 01 号出口附近起火时可利用的其他 7 个出口。在不考虑其他影响因素的前提下，假设 01 号出口附近的 70 号节点发生了火灾，路径优化结果如图 6.55 所示。

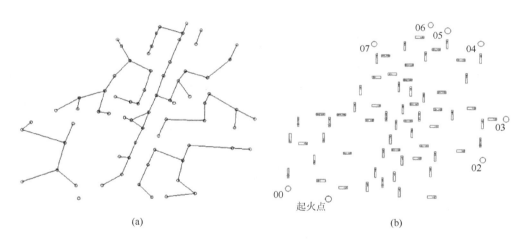

(a)　　　　　　　　　　　　　　　　　　(b)

图 6.55　有火灾时的疏散路径优化图示和智能疏散指示标识方向图示

在 01 号出口附近发生火灾情况下的疏散路径优化的基础上，采用 Pathfinder 软件进行基于疏散方案优化和诱导的人员疏散行动模拟，得到各出口完成安全疏散的人数及所用疏散时间，如图 6.56 所示，有火灾条件下，优化前后各个出口完成疏散情况的对比见图 6.57 和图 6.58。

由图 6.57 可知，在 01 号出口附近发生火灾的条件下，没有优化前，所需疏散时间为 651.3s，利用蚁群算法优化之后，所需疏散时间为 608.5s，所需疏散时间缩短了 42.8s。由图 6.58 可知，优化后，00 号和 02 号出口处的严重滞留情况得到了改善，该商业步行街大规模疏散的方案实现了全局优化。

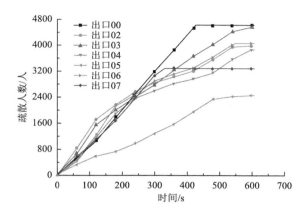

图 6.56　优化后有火灾条件下各个出口的疏散人数

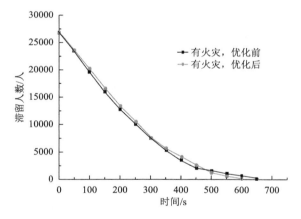

图 6.57　有火灾条件下优化前后商业街内滞留人数

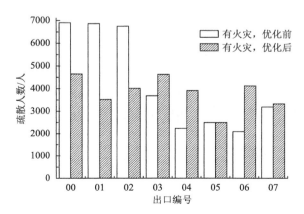

图 6.58　有火灾条件下优化前后各出口疏散人数

6.5　基于油气管道风险分析的城镇应急疏散决策优化

作为城市生命线工程的重要组成部分，城镇油气管道在运行过程中发生泄漏、火灾、爆炸和中毒等事故的危险性较高。在环境风速、风向及泄漏物质性质等复杂因素的影响下，事故可能造成方圆数十、数百公里范围内的大规模人员应急疏散和紧急避难。事故现场环境信息复杂多变，事故态势监测、风险分析和应急决策平台的信息传递渠道不通畅，疏散路线和避难方案缺乏优化设计和动态规划，使应急疏散决策的时效性、准确性和智慧程度降低，群集伤亡事故时有发生。

目前，针对应急疏散的研究主要集中在两个方面：一方面，Cornelia 等（2017）和 Schadschneider 等（2011）通过试验研究，分析了行人流动中的自组织行为、队列现象、疏散通道瓶颈区堵塞现象，以及人群中存在社会团体时的运动规律等。另一方面，为解决飓风、洪水、毒气泄漏等突发事件中大规模高密度人群应急疏散问题，国内外学者围绕疏散救援决策优化、最佳信息传播方式和区域疏散方案等问题，开展了深入的研究。陈一洲等（2018）和 Li 等（2018）利用 Dijkstra 算法建立了基于风险的人员疏散路径优化模型。Abdelghany 等（2014）利用遗传算法对疏散方案进行了优化。Zhang 等（2017）和邓云峰等（2014）分别在有毒气体泄漏事故风险分析的基础上实现了区域疏散决策优化。Crooks 等（2008）和 Chen 等（2006）应用智能体模型，对城市级别的大规模整体疏散策略进行了性能化分析和对比。Gai 等（2017）针对有毒气体泄漏，提出了一种多目标疏散路径模型。熊立春等（2014）利用运筹学中的图论和排队论理论对人员疏散路线设计和疏散时间进行了优化。

为了保障油气生产及管道输运过程中的公共安全，本节利用地理信息系统（geographic information system，GIS）平台对不同事故后果的严重性进行了定量分析，构建了基于改进的自适应蚁群算法的应急疏散路径优化模型，开发了城镇油气管道典型事故中的大规模应急疏散决策优化平台，实现了区域疏散路线的全局优化及应急避难广场的科学规划，可以为油气企业的安全管理和区域公共安全应急管理提供技术支撑（张新伟等，2019）。

6.5.1　系统平台总体框架

本节在上述人员疏散决策优化自适应蚁群算法的基础上，开发了城镇大规模智慧疏散决策（large scale smart evacuation decision，LSSED）优化系统，系统平台总体框架见图 6.59。

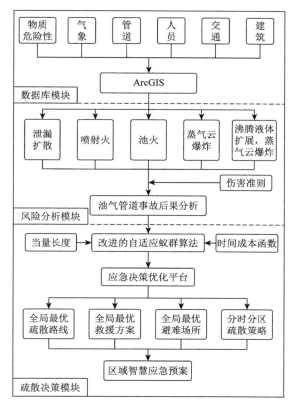

图 6.59 LSSED 系统平台总体框架

LSSED 系统平台由数据库模块、风险分析模块和疏散决策模块三部分组成。其中，数据库模块集 ArcGIS 在线地图服务、油气等物质危险性特征参数数据库、气象数据库、人员分布、交通流和建筑结构信息等数据库管理于一体。风险分析模块在 ArcGIS 平台上，首先对气相泄漏、液相泄漏和两相泄漏造成的有毒物质扩散态势、喷射火和池火事故热辐射伤害及油气管道爆炸事故产生的冲击波能量进行分析，进一步实现了对城镇油气管道典型事故造成的伤害半径和伤害区域内城镇脆弱性的模拟及影响因素的分析。疏散决策模块在事故后果严重程度分析的基础上，利用基于改进的自适应蚁群算法的大规模应急疏散优化决策模型，分析城镇应急疏散通道当量长度和疏散时间成本函数，制定疏散路径寻优信息素局部和全局更新规则，实现应急疏散、避难和救援方案的全局优化，制定区域智慧应急预案。

6.5.2 事故后果分析

在 ArcGIS 平台上，LSSED 系统的事故后果分析模块以云图和数据曲线形式动态、直观地预测和分析事故的伤害区域，能够对气相泄漏、液相泄漏和两相泄漏造成的有毒物质浓度值的动态和稳态变化进行分析；对喷射火和池火造成的热辐射进行分析；对城镇油气管道爆炸事故产生的冲击波能量进行分析。

假设在某城镇街道十字路口处，由于第三方施工将天然气管道挖断，发生燃气管道全管径泄漏事故，泄漏后由于应急处置操作不当引起喷射火事故。泄漏管道压力为 0.4MPa，管道直径为 600mm，泄漏孔直径为 300mm。对不同风速下的泄漏点源处上风向和下风向喷射火热辐射伤害半径进行分析，见图 6.60，由图可知，当风速小于 0.5m/s 时，风速对上下风向热辐射的影响都是正向且影响半径近似；当风速为 0.5~1m/s 时，热辐射在下风向的伤害半径随风速的变化速率大于其在上风向的变化速率；当风速大于 1m/s 时，风速对上风向热辐射的伤害半径的影响趋于稳定，若风速继续增大，下风向受风速的影响更明显；当风速达到 14m/s 时，风速对下风向的影响也趋于稳定，因此将 0.5m/s 设定为无风和有风的临界值，即当风速为 0.5m/s 时，热辐射对上下风向的伤害值达到近似相等时的最大值。根据事故最大化原则，无风天气下的模拟中将风力设置为 0.5m/s，在有风天气下的模拟中，设置风速为 14m/s。

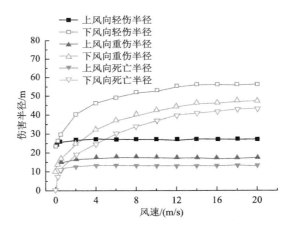

图 6.60　风速对上下风向伤害半径的影响

查询到该地区常年主导风向为西南风和东北风，当西南风风速为 14m/s 时，天然气管道泄漏引起的喷射火事故后果分析见图 6.61。利用 LSSED 平台中的风险分析模块对天然气管道泄漏形成的喷射火事故后果进行分析，得到其上风向的死亡半径、重伤半径和轻伤半径分别为 13m、17m 和 27m；下风向的死亡半径、重伤半径和轻伤半径分别为 41.5m、46m 和 56m。区域范围内不同点的伤害值均保存在系统后台数据库中，以备人员疏散应急决策优化模块调用。

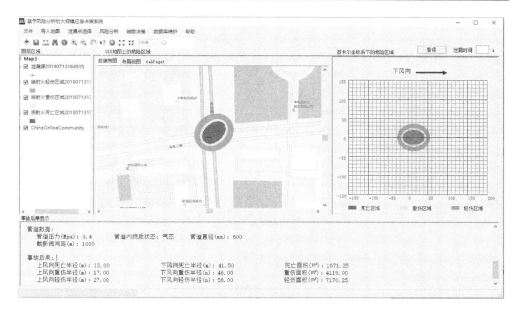

图 6.61 天然气管道泄漏引起的喷射火事故后果分析

6.5.3 街区应急疏散决策优化

本节以包括酒店、商场、办公楼等多个大型公共建筑、应急避难场所及其周围街道的城市商业街区为例，应用大规模应急疏散决策优化系统平台，进行不同事故状态下街区应急疏散方案的优化。

图 6.62 为该街区的平面示意图，其中有若干街道和大型公共建筑，位于西北角的是某大型商场，东南角为某大型酒店，东北角建筑为某大型写字楼，西南角和东北角绿色区域为应急避难场所，用于接收发生事故后的避难人群。经过疏散空间网络模化，该算例共 190 个节点，其中 1～166 号节点包括源节点、传输节点和根节点，这些节点处也设置相应的探测器设备，用于探测事故的发展态势。167～190 节点为智能指示标识所在位置。商场、写字楼、酒店内的疏散节点分别设置为 1～52、53～79、81～125，西南角和东北角的疏散避难场所节点编号为 136 和 156，其余节点为街道上的传输节点。

1. 无火无风条件

初始时假设该区域未发生火灾等事故，首先计算无火无风条件下的疏散路径优化结果和智能疏散指示标识的指示方向，结果如图 6.63 所示。图 6.63 中，通过连线与箭头的方式显示每个节点疏散至避难场所的最优路径，疏散指示标识界面

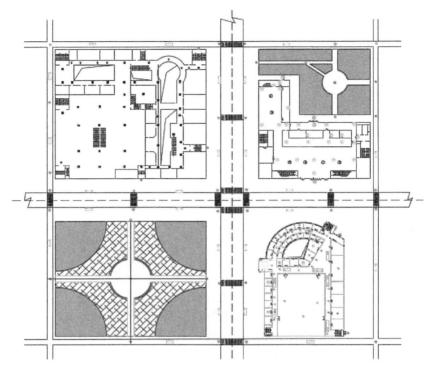

图 6.62　城市某街区平面示意图

显示每个疏散指示标识的指示方向。图 6.64 为最优疏散路径文本文件缩略图，图 6.65 为疏散指示标识方向文本文件缩略图。

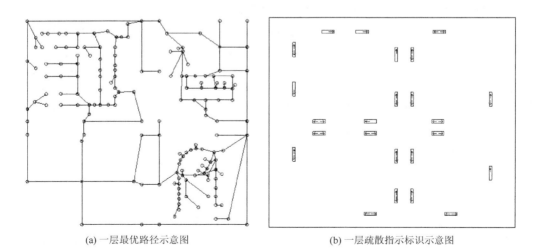

(a) 一层最优路径示意图　　　　　　　　　(b) 一层疏散指示标识示意图

图 6.63　无火无风条件下的疏散路径优化和疏散指示标识方向

```
1->2->3->4->5->6->7->8->9->10->138->139->147->148->155->156
2->3->4->5->6->7->8->9->10->138->139->147->148->155->156
3->4->5->6->7->8->9->10->138->139->147->148->155->156
4->5->6->7->8->9->10->138->139->147->148->155->156
5->6->7->8->9->10->138->139->147->148->155->156
6->7->8->9->10->138->139->147->148->155->156
7->8->9->10->138->139->147->148->155->156
8->9->10->138->139->147->148->155->156
9->10->138->139->147->148->155->156
10->9->8->19->22->27->30->35->37->38->141->142->133->134->135->136
11->126->139->147->148->155->156
12->11->126->139->147->148->155->156
13->11->126->139->147->148->155->156
14->15->16->5->6->7->8->9->10->138->139->147->148->155->156 |
15->16->5->6->7->8->9->10->138->139->147->148->155->156
16->5->6->7->8->9->10->138->139->147->148->155->156
17->18->26->29->34->42->50->49->48->132->133->134->135->136
18->26->29->34->42->50->51->52->43->38->141->142->133->134->135->136
19->8->9->10->138->139->147->148->155->156
20->25->33->41->48->132->133->134->135->136
21->17->18->26->29->34->42->50->51->52->43->38->141->142->133->134->135->136
22->19->8->9->10->138->139->147->148->155->156
23->24->25->33->41->48->132->133->134->135->136
24->25->33->41->48->132->133->134->135->136
25->33->41->48->132->133->134->135->136
26->18->6->7->8->9->10->138->139->147->148->155->156
27->22->19->8->9->10->138->139->147->148->155->156
28->127->128->129->130->131->136
29->34->42->50->51->52->43->38->141->142->133->134->135->136
30->27->22->19->8->9->10->138->139->147->148->155->156
31->32->33->41->48->132->133->134->135->136
32->33->41->48->132->133->134->135->136
33->41->48->132->133->134->135->136
```

图 6.64 无火无风条件下的最优疏散路径文本文件缩略图

节点编号	机器号	回路号	指示方向
167	1	1	1
168	1	1	1
169	1	1	2
170	1	1	2
171	1	1	0
172	1	1	2
173	1	1	1
174	1	1	2
175	1	1	2
176	1	1	2
177	1	1	2
178	1	1	0
179	1	1	2
180	1	1	2
181	1	1	2
182	1	1	2
183	1	1	2
184	1	1	2
185	1	1	2
186	1	1	0
187	1	1	2
188	1	1	2

图 6.65 无火无风条件下的疏散指示标识方向文本文件缩略图

由图 6.63 计算可知,当无火灾发生时,商场中有 51.9%的节点选择 136 号终点,48.1%的节点选择 156 号终点;写字楼内 28 个节点全部选择 156 号终点;酒店内有 93.3%的节点选择 136 号出口,6.7%的节点选择 156 号终点。综上,当无火灾发生时,两个应急避难广场均可以利用,系统能够根据疏散步行距离和疏散通道人流密度选择两个应急避难广场作为最终安全出口,不会出现个别区域人群拥堵的现象,LSSED 平台实现了正常情况下人群疏散的全局优化。

2. 有火无风条件

初始设定该区域两条主干街道交叉处，即 150 号节点发生火灾事故，分析有火无风条件下的最优疏散方案和智能指示标识的指示方向，结果如图 6.66 所示。

由图 6.66 计算可知，当无风情况下发生火灾时，商场中有 59.6% 的节点选择 136 终点，40.4% 的节点选择 156 终点；写字楼中有 75% 的节点选择 136 终点，25% 的节点选择 156 号终点；酒店中有 64.4% 的节点选择 136 号终点，35.6% 的节点选择 156 号终点。酒店中选择 136 号终点的数量降低 28.9%，商场和写字楼中选择 136 号作为终点的分别增加了 7.7% 和 75%，由此可知，上述建筑内的节点由于受到了不同程度的影响，部分节点所选择的安全避难场所智能地发生了改变。

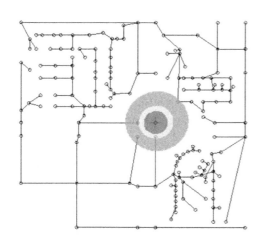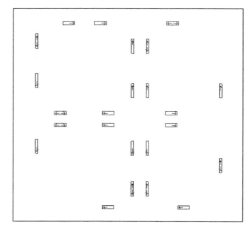

图 6.66　有火无风条件下的优化疏散方案

3. 有火东北风条件

初始假设该区域两条主干街道交叉处，即 150 号节点发生火灾事故，考虑环境和应急避难场所位置等因素的影响，本小节分析东北风条件下的路径优化结果和智能指示标识的指示方向，结果如图 6.67 所示。当初始风向参数为东北风时，考虑烟气或其他有毒气体会随风向扩散，西南角的应急避难场所位于下风向，将不作为最终的应急避难场所，各建筑物内所有源节点均选择 156 号节点作为最终的应急避难场所并完成疏散。

4. 有火西南风条件

初始设定该区域两条主干街道交叉处，即 150 号节点发生火灾事故，西南风

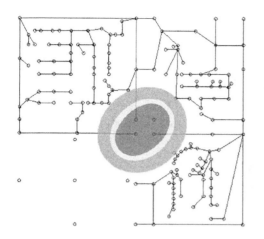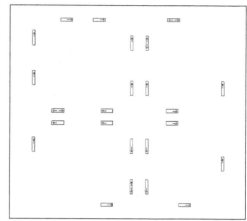

图 6.67　有火东北风条件下的优化疏散方案

条件下的疏散路径优化结果和智能指示标识的指示方向如图 6.68 所示。在西南风条件下，东北角应急避难场所位于下风向，将不作为最终的应急避难场所，商场、写字楼及酒店内的所有待疏散人员最终均选择 136 号节点完成疏散。

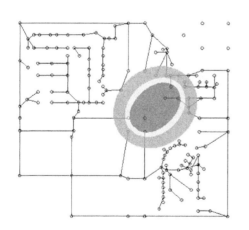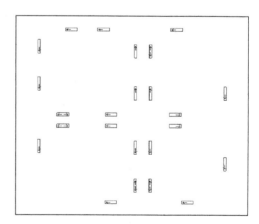

图 6.68　有火西南风条件下的优化疏散方案

6.5.4　讨论

对于传统的非智能疏散系统，在原疏散路径（即无火无风条件下）设置的疏散指示标识和保持视觉连续的导流灯带并不能随着疏散路径的调整而改变指示方向，在火灾等紧急情况下，还会造成不必要的人员伤害。把无火无风情况作为基准，其他三种情况下各个节点对应急避难场所的选择、各个节点的疏散路径和标识指示方向均发生了一定的更新。不同情况下应急避难场所的选择，以及疏散路径和指示标识方向的更新率分别如图 6.69 和图 6.70 所示，其中路径更新率 = 路径发生变化的节点个数/总疏散节点个数，标识方向更新率 = 标识方向发生变化的节点个数/总标识节点个数。不同情况下，商场、写字楼和酒店中的待疏散人员最终选择 136 号节点和 156 号节点作为应急避难场所的情况分别如图 6.71 和图 6.72 所示。

在无风情况下发生火灾时，商场中有 59.6%的根节点选择 136 号节点，40.4%的根节点选择 156 号节点；写字楼中有 75%的根节点选择 136 号节点，25%的根节点选择 156 号节点；酒店中有 64.4%的根节点选择 136 号节点，35.6%的根节点

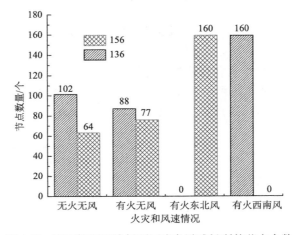

图 6.69　不同情况下选择不同应急避难场所的节点个数

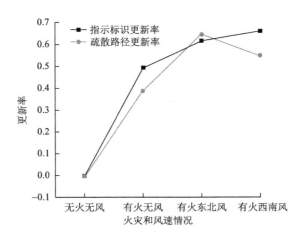

图 6.70　疏散路径和指示标识方向的更新率

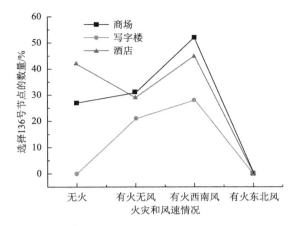

图 6.71　选择 136 号节点为安全出口的根节点情况

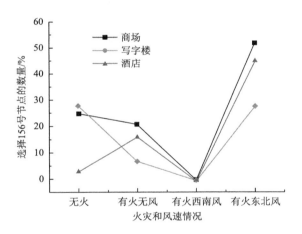

图 6.72　选择 156 号节点为安全出口的根节点情况

选择 156 号节点。酒店中选择 136 节点的数量降低 28.9%，商场和写字楼中选择 136 号节点的分别增加了 7.7% 和 75%。由此可知，上述建筑内的节点由于受到事故不同程度的影响，部分待疏散人员所选择的疏散路线和避难场所智能地发生了改变。因此，LSSED 平台能够根据事故环境态势的演变而实现疏散决策的优化，成功使受灾人员选择远离事故现场的安全区域进行应急疏散和避难。

6.6　小　　结

本章在充分考虑事故环境状态和疏散通道的结构条件等因素影响的前提下，定义了疏散通道的当量长度；结合疏散通道人员滞留程度定义应急疏散通道的时间成本函数，进一步构建了自适应蚁群算法的启发函数，建立了基于改进自适应蚁群算法的大规模人群应急疏散决策优化模型，搭建了基于油气管道风险分析的城镇大规模应急疏散优化决策平台；以办公楼、教学楼、商场、医院病房楼、地铁站、商业步行街等不同类型的人员密集公共场所，以及包含多个建筑物和街道的城市区域为例，实现了火灾等复杂典型事故环境下大规模应急疏散决策优化技术的案例应用，并对有无疏散决策优化和智能疏散诱导下的人群大规模应急疏散的安全性进行了对比分析。

大量的研究结果表明，采用本章所提出的大规模应急疏散决策优化技术可以根据事故发展态势及疏散通道人员滞留情况实现大规模疏散决策和智能诱导指示方向的优化，将以往传统的就近固定方向疏散的理念提升为远离危险区域的主动疏散理念，在疏散决策优化算法的基础上实现了智能疏散诱导，使得建筑物内及区域中的各可利用疏散通道和安全出口得到了合理的利用，缓解了从众行为造成的个别疏散通道或安全出口人员的滞留现象，提高了疏散的效率。

利用该技术，可以实现地铁等不同类型公共建筑和城镇街区大规模区域应急疏散路线、疏散诱导方案和应急避难场所选择的全局优化，适用于建筑火灾、城镇油气管道泄漏、喷射火、爆炸等复杂典型事故环境的大规模应急疏散优化决策，解决了大范围、强噪声、强干扰等复杂典型事故环境的大规模区域应急疏散优化决策难题。

第7章 基于应急疏散决策优化的智能无线诱导技术

7.1 引　　言

由于大规模应急疏散决策和诱导不力,在突发事件中造成的群死群伤事故屡有发生。建立基于疏散决策全局优化的智能疏散无线诱导系统,对加强城市公共安全具有重要的理论价值和技术支撑作用。

应急疏散智能诱导系统要实现的最终目标是提高在生产事故、自然灾害等突发事件复杂环境中的大规模人群疏散效率,减少人员伤亡。为了实现这一目标,系统应具备以下几个功能。

(1)火灾探测器等环境状态监测设备与主控计算机之间要有即时可靠的通信联系,以便于现场信息的及时采集和分析。

(2)能够根据采集的现场信息,通过合理的优化算法,得到满足全局最优的安全的疏散路径,进行最优疏散决策。

(3)根据疏散路径和疏散决策优化的结果,对疏散指示标识等控制器发出动态的智能控制指令,疏散指示标识等能够根据主控计算机发送的指令即时指示安全的疏散行动方向,诱导人群远离突发事件发生地,避开人群滞留,向着安全的避难场所疏散,以达到全体疏散人员最快最安全地完成疏散行动的目标。

(4)由于事故环境瞬息多变,在一些疏散通道关键地带,即使是针对建筑物内的大规模疏散,临时增添疏散诱导标识和设施的必要性也非常突出;野外或者城市街区大规模构建临时疏散诱导系统的重要性更加突出。

本章构建基于 LoRa 的无线通信网络,开发无线火灾温度探测器和烟雾探测器等传感器节点和无线发光二极管(light-emitting diode,LED)智能疏散指示标识等执行器节点,实现突发事件复杂环境状态数据监测、疏散决策优化算法和疏散诱导设施的远距离、低功耗、高可靠性的无线数据传递和集成控制,对于大规模人群智能疏散诱导具有重要的应用价值。

7.2　系统的总体框架

LoRa 是一种基于扩频技术的远距离(long range)无线通信技术(Fehri et al.,2018;Ali et al.,2017;Rashmi et al.,2017;Augustin et al.,2016),具备超低功

耗及广域覆盖的技术特点，解决了传统物联网通信技术长距离信号传输与低功耗无法同时实现的难题，在物联网领域得到了广泛应用。Ke 等（2017）在 800m×600m 的校区内利用 19 个 LoRa 终端节点和 1 个网关节点，构建了网状的 LoRa 动态网络，以 1min 为间隙收集数据，在 8 天实验周期内的成功投递率为 88.49%。张晓莉等（2017）基于 LoRa 无线通信技术实现了复杂地貌环境下井场无线数据传输。孟开元等（2017）提出了一种基于 LoRa 无线通信技术的油田井口数据监测系统设计方案。应急救援和指挥中心利用 LoRa 无线通信技术实现了远距离数据无线传递，但智能控制井喷、毒气泄漏等典型事故中大规模应急疏散诱导系统的应用尚鲜有报道。考虑到突发事件影响范围的广域性以及待疏散区域结构和事故环境的复杂性等特征，LoRa 无线通信技术在大规模应急疏散智能诱导技术领域的应用具有广阔的前景。

一旦发生洪水、泥石流等自然灾害，或在气井、油田等野外生产作业环境中发生井喷、泄漏、火灾、爆炸等事故，可能涉及方圆数十甚至数百千米范围内的大规模人员的应急疏散，风速、风向及有毒物质浓度等复杂环境因素均会对人员疏散产生直接影响（Xu et al.，2014；Li et al.，2009），对应急疏散诱导系统数据远距离传递的可靠性与系统布置的灵活性提出了更高的要求。基于 LoRa 无线通信技术的诱导系统不需要在现场铺设通信电缆等，为迅速开展应急救援和疏散诱导提供了可能。

另外，即使突发事件只是发生在大型公共建筑物内部，在门窗、墙壁、楼板等建筑构件影响下，复杂结构建筑物内高频电磁波的无线信号反而不如低频电磁波的无线信号强。这是由于高频电磁波波长较短，绕射能力相对较差，在穿透墙壁时的能量衰减非常严重。并且，和 LoRa 无线通信技术工作在相同低频段的电磁波较少，同频干扰问题不多。相反，如 WiFi、蓝牙、ZigBee 等大都运行于 2.4GHz 的工作频段，容易产生同频干扰问题，从而影响信息的通信。因此，工作于低频段的 LoRa 在内部障碍物、门窗较多的复杂建筑内要比 WiFi、蓝牙、ZigBee 等的信号更好。在功耗方面，LoRa 无线通信技术提高了接收器的灵敏度，降低了传输功率和功耗，非常适合电池供电的物联网系统。

以火灾事故为例，构建复杂事故环境下应急疏散智能无线诱导的 LoRa 星型网络系统，实现疏散决策优化算法和智能诱导系统的集成控制，系统总体框架如图 7.1 所示（禹傲然，2020）。系统采用四级控制架构，即传感器节点、执行器节点、中心节点和主控节点。一旦发生火灾等突发事件，首先由传感器节点探测事故环境信息（如火场温度和烟气浓度等），并将这些信息通过 LoRa 模块发送至中心节点；中心节点将这些信息汇总之后，通过 USB 接口发送至主控节点；主控节点运行内置疏散算法，计算出最优疏散路径，通过中心节点控制执行器节点动作（如语音引导、蜂鸣器报警、启动应急照明、启动指示灯具引导等）来引导人们安全疏散，实现基于 LoRa 无线通信技术的智能疏散无线疏导。

图 7.1　集成控制系统的总体框架

系统流程图如图 7.2 所示，系统各部分之间通过 LoRa 低功耗局域网进行无线通信。其中，LoRa 监听模块用于监听处于相同信道下的不同地址的探测器上传的信息，以便确认事故发生的具体的位置。探测器数据接收程序可将监听模块监听到的事故节点信息编码成可被应急疏散决策优化程序读取的文件，并由应急疏散决策优化程序生成最优疏散路径和标识方向信息文件。标识方向信息文件需经过输出控制器控制程序解析，并循环通过输出控制器发送至相应的指示标识，即时调整疏散指示标识方向。

为了提高系统的可靠性，整个系统配备自动巡检功能，能够实时监控设备的运行状态、电池温度和容量及通信稳定性等，一旦发现故障会立即定位故障、隔离故障并发出警报。

因为中心节点需要处理的数据量较大，而且接入的节点较多，本章设计的系统采用 LoRa SX1301 网关，负责接收传感器节点数据及向执行器节点发布指令，并通过主控节点对外发布网页和文件等。

本系统的传感器节点和执行器节点设计采用的是 LoRa SX1278 射频芯片的无线串口模块，工作在 410～441MHz 频段（默认为 433MHz），数据传输速率能够达到 0.3～19.2kbps。其接收灵敏度最大可以达到–130dBm，支持 LoRa TM 扩频技术，通信距离更远，在理想条件下，通信距离可达 3km，传输距离优于传统高斯频移键控（gauss frequency shift keying，GFSK）等调制解调系统。

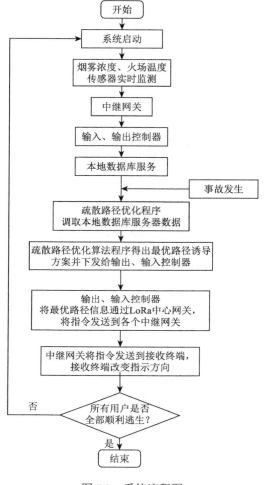

图 7.2　系统流程图

7.3　传感器节点的开发

7.3.1　结构设计

　　传感器节点主要是由烟雾传感器、温度传感器、MSP430 单片机、电池模块、调压模块和无线模块组成，其逻辑结构图如图 7.3 所示，该节点的主要功能是现场环境信息的采集、处理和发送，如火场温度、烟气浓度等，是整个系统的感知前端。

　　本节设计的传感器节点集成了温度和烟雾传感器，同时对事故环境进行监控，相对于单个温度传感器或单个烟雾传感器，有效降低了漏报率和误报率。当烟雾传感器和温度传感器中的一个或者多个同时探测到火灾的发生时，其向 MSP430 单片机传送一个电平信号，单片机通过该电平信号来判断是否有火灾事故的发生。若发生火灾事故，通过其输入、输出接口周期性向蜂鸣器发送高电平信号，使其周期性发出"嘀嘀嘀"的警报声。

对于负责不同防火防烟分区的传感器节点，通过 IAR EW430 单片机嵌入式开发软件对其写入不同的传感器节点编号、回路号、机器号等，在火灾发生时，由 LoRa 模块以无线通信的方式将该节点的编号等相关信息发送至主控节点的 LoRa 监听模块，以便快速确认发生事故的位置。图 7.4 为探测器实物图。

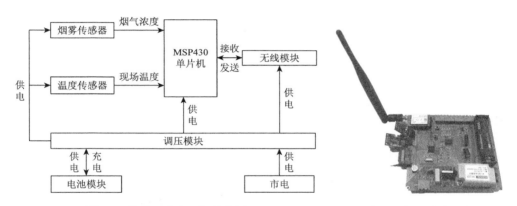

图 7.3　传感器节点逻辑结构图　　　　　　图 7.4　探测器实物图

7.3.2　温度传感器模块

传感器节点采用如图 7.5 所示的温度传感器模块，通过调节图中所示灵敏度调节电位器，可以改变温度检测的阈值（控制温度值）：如需要控制环境温度为 56℃时，模块则在相应环境温度低于该控制温度时，图中开关指示 LED 灯不亮，此时 DO（开关信号输出，下同）引脚输出高电平。火灾事故发生后，可燃物燃烧产生大量的热量，使得周围环境温度急剧上升，当温度超过该控制温度（56℃）时，DO 引脚输出低电平，则绿灯亮。DO 输出端可以与单片机 IO 接口直接相连，通过设置单片机 IO 接口的输入状态来检测高低电平，由此来检测环境的温度改变，本模块的温度检测范围为 20～80℃。

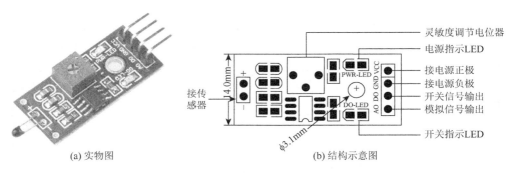

(a) 实物图　　　　　　　　　　　　(b) 结构示意图

图 7.5　温度传感器模块

7.3.3　烟雾传感器模块

图 7.6 所示为烟雾传感器模块。在无敏感气体影响或者气体浓度未超过设定阈值时，DO 接口输出高电平，数字指示灯不亮；当气体浓度超过设定阈值时，DO 接口输出低电平，数字指示灯亮。通过单片机来检测高低电平，由此来检测环境气体浓度是否达到危险的阈值。

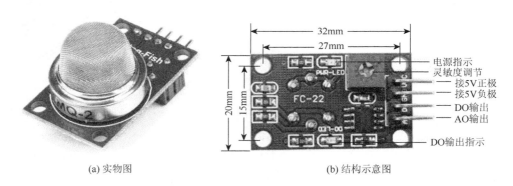

(a) 实物图　　　　　　　　　　　　(b) 结构示意图

图 7.6　烟雾传感器模块

7.3.4　传感器节点的程序开发

图 7.7 为传感器节点程序开发的流程图。首先关闭看门狗，然后打开 MSP430F149 的 XT2 端口外接的 8MHz 晶体振荡（简称晶振），消除晶振失败标识，使得主系统时钟 MCLK 选择 8MHz 高频晶振。最后对单片机的引脚进行功能选择和定义，在探测器节点中，设置 P1.4～P1.7 功能为 IO 接口输入，并使其监控烟雾传感器和温度传感器的电平信号。有火灾事故发生后，电平信号发生改变，此时由单片机的 P4.6 引脚控制蜂鸣器发声，同时定义配置 UART 串口的寄存器函数，使

其与主控节点的数据接收模块匹配，由 TXD 引脚将程序预设的节点编号周期性发出。

7.3.5　传感器节点的数据传输机制

事故发生后，传感器节点应保持持续或以某一周期频率不断地将事故现场的温度、烟气浓度等特征物理量转换为可读取的数字量或模拟量等电信号，通过该电信号向主控中心报警。

无线节点不同于有线节点，各个节点的有效监听范围及发送范围是有限的，这样就不可避免地会出现隐藏节点的情况。如图 7.8 所示，当 A 节点向中心节点发送数据时，A 节点提前检测信道；但是，B 节点并不在 A 节点的检测范围中，而同样 B 节点也检测不到 A 节点。在这种情况下，A、B 两个节点如果同时向中心节点传输数据就会发生冲突。针对这种情况，需要制定一种通信机制，来对信道进行管理。

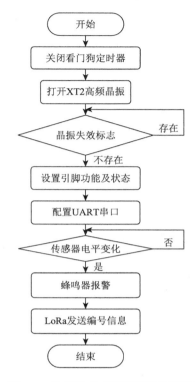

图 7.7　传感器节点程序开发流程图

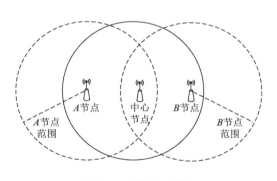

图 7.8　隐藏节点情况

引入基于 LoRa 的 RTS/CTS 握手机制（图 7.9），解决隐藏节点问题，进行数据传输。A 节点在发送数据包之前向中心节点发送 RTS 帧以确认中心节点是否繁忙。中心节点收到 RTS 帧后会回应一段 CTS 帧，表示可以发送，A 节点在收到对应的 CTS 帧后，向中心节点发送报文。当中心节点同时接收到 A、B 节点的 RTS 帧时，因为通信冲突，并不会发送 CTS 帧，此时 A、B 节点就会超时，进行随机退避；而如果 B 节点接收到的中心节点不是自己对应的 CTS 帧时，会更新内部参数值，重新等待中心节点闲置，再发送 RTS 帧以请求发送。RTS 帧和 CTS 帧的数据包较短并不会占用信道太长时间，通过双方握手的方式，最后以确认（acknowledgment，ACK）机制结尾，解决星型网络中的隐藏节点的问题。

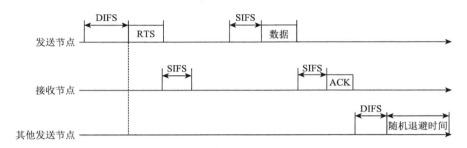

图 7.9　RTS/CTS 握手机制

　　为了尽量避免数据传递中的通信冲突问题，在所有的节点完成发送之后，需要等待一段时间，称为帧间间隔（inter-frame space，IFS），在这期间需要继续监听才能发送下一帧。802.11 协议按照 IFS 的长短进行分类，间隔越短，表示其优先级越高，需要等待的时间越短。SIFS 为最短的帧间间隔（short inter-frame space，SIFS），因此 SIFS 的帧会较快地发送。分布式帧间间隙（distributed inter-frame space，DIFS）主要用于发送帧和管理帧之间的基本间隔，优先级较低，需要延时等待之后才能发送，这样就减少了发生通信冲突的概率。根据 LoRa 的传输速率，本章将 SIFS 定为 10ms，而 DIFS 为 40ms。

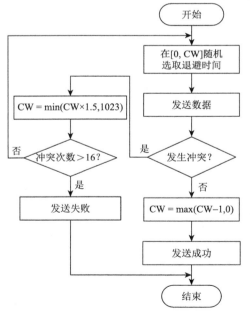

图 7.10　改进后的退避流程

　　改进 802.11 协议传统的二进制指数退避算法（图 7.10），解决通信冲突问题：一次冲突发生后，将窗口倍数增加值由原来的 2 倍减小为 1.5 倍；一次成功传输后，将节点的退避窗口值在原有基础上减 1，以实现冲突窗口（conflicting window，CW）慢速降低，使 CW 值能够较为合理地反映网络的繁忙程度。

7.4　执行器节点的开发

7.4.1　结构设计

执行器节点的主要功能是接收和执行由主控节点通过中心节点发送来的指令，是整个系统的动作终端。执行器节点与传感器节点的组成相似，如图 7.11 所示，除了 MSP430 单片机、电池模块、调压模块和无线通信模块之外，还可选配应急照明灯、导向流光灯、智能 LED 指示灯、语音引导音箱和蜂鸣器等。

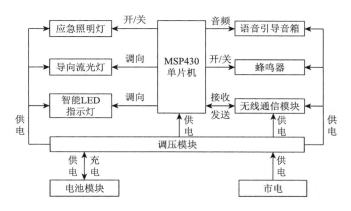

图 7.11　执行器节点结构图

7.4.2　无线 LED 智能疏散指示标识的开发

为了解决传统疏散指示标识方向固定、存在误导疏散的问题，本节对指示灯具进行了智能化设计。用高亮的 LED 点阵代替了传统指示灯具里的 LED 半导体发光管，采用动态扫描的方式循环点亮 LED 点阵显示出目标图案，并配备有 LoRa 无线通信模块和单片机，可以实现多种状态的智能调控，并根据用户需要变换不同的图案。无线 LED 智能疏散指示标识主要是由单片机系统电路、电源电路、通信电路、LED 显示电路、列驱动电路和行驱动电路等组成。无线 LED 智能疏散指示标识的逻辑结构和标识正面实物图分别如图 7.12 和图 7.13 所示。

如图 7.12 和图 7.13 所示，指示灯采用的是高亮翠绿色 16×40 LED 点阵，由 10 块相同的 8×8 LED 点阵拼接而成，8×8 LED 点阵中每 5 个为一行，共 2 行，分布于电路板的背面，其余电路均分布于电路板的正面。在行驱动和列驱动的驱动下，采用动态扫描的方法来点亮灯阵。在非紧急情况下，即供电系统正常供电

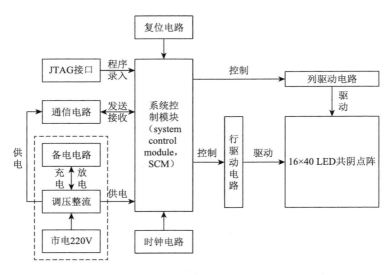

图 7.12　无线 LED 智能疏散指示标识的逻辑结构图

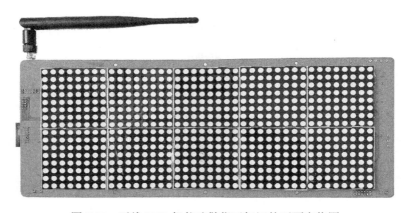

图 7.13　无线 LED 智能疏散指示标识的正面实物图

时，指示灯由 AC 220V 供电，经 AC 220V 转 DC 5V 模块调压整流后给锂电池充电，以及驱动芯片、LED 点阵等元件供电，再经 DC 5V 转 DC 3.3V 电路调压后给 LoRa 通信模块和单片机供电。在紧急情况下，市电电网断电会触发一个低脉冲电信号，锂电池充放电模块在接收到这个低脉冲电信号后会触发放电。由于其内置了调压电路，可以直接输出 DC 5V 电压向指示灯系统供电。无线 LED 智能疏散指示标识安装了 LoRa 无线通信模块，总控室可以通过 LoRa 无线通信模块对标识发布命令，实现总控室对无线 LED 智能疏散指示标识的智能、动态控制。同时灯具内置了联合测试工作组（joint test action group，JTAG）接口，用户可以通过单片机嵌入式开发软件对单片机程序进行更改和烧录。

为了克服事故环境中能见度低等不利因素的影响，在无线 LED 智能疏散指示标识中添加了语音诱导模块。当单片机判读该语音模块需要做出的语音诱导方向时，只需控制 MSP430 单片机的 P6.0～P6.6 引脚给低电平至语音模块中对应的 IO1～IO7 接口，即可读取预先设置在模块存储单元下的对应的音频文件，从而使得无线诱导标识发出声音。图 7.14 为含语音诱导模块的无线诱导标识。

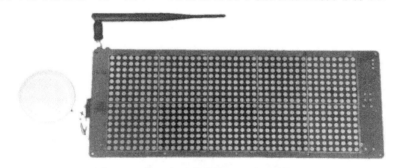

图 7.14　含语音诱导模块的无线诱导标识

由于无线 LED 智能疏散诱导标识通过 LoRa 无线通信，需要对其配置通用异步收发传输器（universal asynchronous receiver/transmitter，UART）串口，主要设置其波特率参数，使得无线 LED 智能疏散指示标识可以正常接收指令信息。然后需要对 LED 显示的方向数组进行赋值，包括显示向左行走、向右行走、双向均可通行，并设置显示函数，以保证视觉诱导功能的正常工作。当无线 LED 智能疏散指示标识接收到疏散诱导指示方向信息数据后，程序进入串口数据接收中断状态，对接收到的方向信息数据进行判断，并将该方向信息所表示的疏散指示标识方向指令通过 UART 串口发送出去。

7.4.3　功能测试

1. 正常环境中的功能测试

无线 LED 智能疏散指示标识功能测试的具体内容是测试其能否通过 LoRa 无线通信成功接收主控计算机发送的指令并做出正确的动作，具体的预期设计的指令和相应动作如表 7.1 所示。

表 7.1　无线 LED 智能疏散指示标识指令和功能表

指令	动作
0	显示双箭头
1	显示左箭头
2	显示右箭头

根据《消防应急照明和疏散指示系统技术标准》（GB 51309—2018）的要求，本节设计尺寸为 352mm×140mm 的电路板，完成了电路板布局及 LED 无线疏散指示标识的制作。在此基础上，对设计制作的 LoRa 无线疏散指示标识进行了功能测试，功能测试装置见图 7.15。

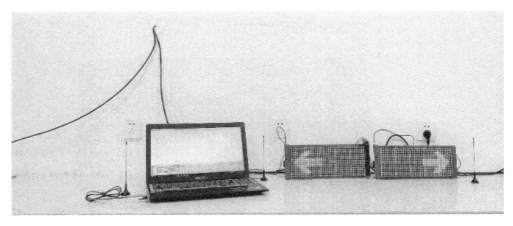

图 7.15　功能测试装置图

如图 7.15 所示，本节使用笔记本电脑作为主控计算机，使用 UART 串口将 LoRa 模块连接到电脑上，通过串口调试软件向无线 LED 智能疏散指示标识发送指令"0"、"1"和"2"，标识达到了预期的功能要求，能够正确且稳定地显示双箭头、左箭头和右箭头，具体如图 7.16～图 7.18 所示。

2. 火灾事故环境中的功能测试

本节借助"柔性铜铟镓硒光伏电池火蔓延"试验平台，进行火灾高温烟雾和

图 7.16　指令"0"双箭头显示

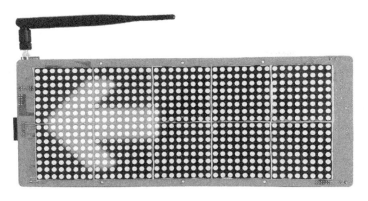

图 7.17 指令 "1" 左箭头显示

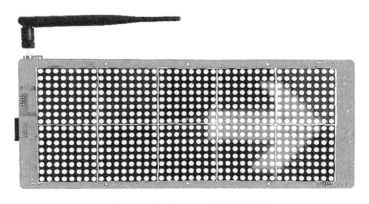

图 7.18 指令 "2" 右箭头显示

热辐射环境中智能疏散指示标识的功能测试。试验平台尺寸为 6m×1.5m×2m，在试验平台中心位置倾斜 30°放置一块尺寸为 1m×0.37m 的铜铟镓硒光伏电池板作为火源。在试验平台中共布置 5 个无线 LED 智能疏散指示标识，编号为 1～5，其中 1 号和 5 号标识距离地面 0.3m，2 号和 4 号标识距离地面 1.50m，3 号标识横向布置在距离地面 1.7m 高度，1 号和 2 号标识分别与 5 号和 4 号以火源中心呈对称布置。在标识中心位置设置热电偶对试验过程中标识附近的现场温度进行实时监测，试验平台和仪器设备布置的主视图如图 7.19 所示。试验过程中，各无线 LED 智能疏散指示标识附近的现场温度随时间的变化情况如图 7.20 所示。火灾环境下无线 LED 智能疏散指示标识的性能测试现场如图 7.21 所示。

由图 7.20 可知，4 号标识附近的最高温度可达 190℃，且由图 7.21 可知，测试过程中 4 号标识始终可以保证正常的工作状态，说明无线 LED 智能疏散指示标识能够承受高温环境的影响。但是，4 号和 3 号标识的清晰度在火灾旺盛阶段下降明

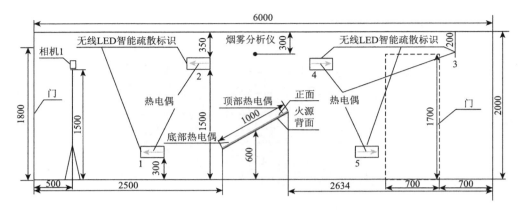

图 7.19　试验平台和仪器设备布置主视图（单位：mm）

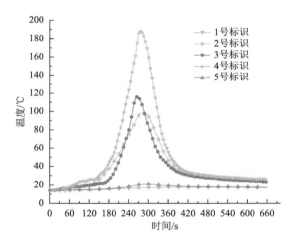

图 7.20　各无线 LED 智能疏散指示标识附近的现场温度变化曲线

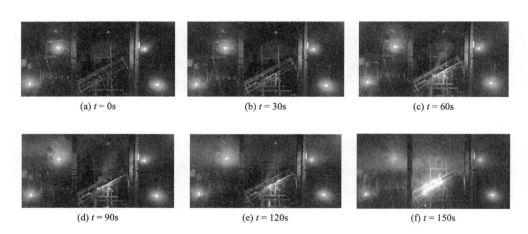

(a) $t = 0$s　　　　　　　　(b) $t = 30$s　　　　　　　　(c) $t = 60$s

(d) $t = 90$s　　　　　　　　(e) $t = 120$s　　　　　　　　(f) $t = 150$s

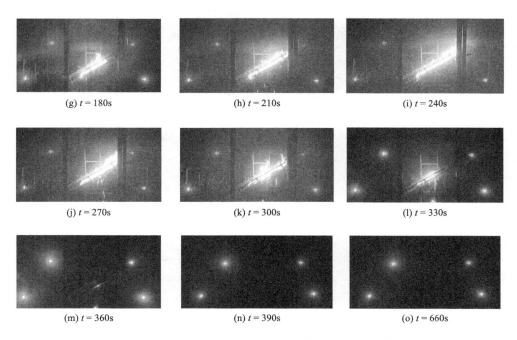

(g) $t = 180s$　　　　(h) $t = 210s$　　　　(i) $t = 240s$

(j) $t = 270s$　　　　(k) $t = 300s$　　　　(l) $t = 330s$

(m) $t = 360s$　　　　(n) $t = 390s$　　　　(o) $t = 660s$

图 7.21　火灾环境下无线 LED 智能疏散指示标识的性能测试现场

显，是因为 4 号和 3 号标识分别安装在火源下风向 1.5m 高度和 1.7m 高度处，其受烟雾和火焰强亮度的影响较大。但是语音诱导功能不受任何影响，通过声音诱导的方式解决了因遮挡而导致的无法辨别或者不易辨识指示方向的问题。测试过程中，高温火焰及烟雾对距地面 0.3m 的 1 号和 5 号标识，以及上风向安装高度为 1.5m 的 2 号标识的性能几乎没有影响，各标识均可以保持正常的工作状态，能清晰地分辨其方向。

7.4.4　功耗测试

无线 LED 智能疏散指示标识的功耗测试主要包括整体功耗测试、显示部分功耗测试和 LoRa 无线通信模块功耗测试。

1. 整体功耗测试

如图 7.22 所示，使用直流稳压电源向无线 LED 智能疏散指示标识提供 DC 5V 电压供电，同时将万用电表接入电路中，LoRa 无线通信模块处于待机模式下，分别测试显示不同图案时的工作电流，具体的测试结果如表 7.2 所示。

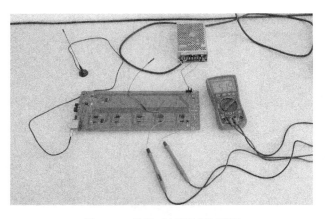

图 7.22　整体功耗测试装置图

表 7.2　整体功耗测试结果

显示图案	电流值/mA
左箭头	51.5
右箭头	50.7
双箭头	57.7

由表 7.2 可以看出，基于 LoRa 无线通信模块的无线 LED 智能疏散指示标识整体功耗非常低，最大工作电流仅为 57.7mA，最大功率 $W_{max} = 57.7 \times 10^{-3} \times 5 \approx 0.29W$，达到了预期的低功耗的设计目标。

2. 显示部分功耗测试

LED 点阵部分是整个无线 LED 智能疏散指示标识功耗最大的部分，其功耗测试装置如图 7.23 所示。

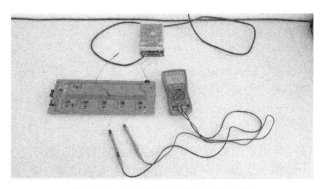

图 7.23　显示部分功耗测试装置图

将 LoRa 无线通信模块从无线 LED 智能疏散指示标识上拔掉，使用万用表对左箭头、右箭头和双箭头三种不同工作模式下的显示部分电流值进行测量，具体的结果如表 7.3 所示。

表 7.3　显示部分功耗测试结果

显示图案	电流值/mA
左箭头	37.1
右箭头	36.5
双箭头	44.2

由表 7.3 可以看出，无线 LED 智能疏散指示标识的显示部分电流值最大仅为 44.2mA，功耗非常低，达到了预期的低功耗的设计目标。

3. LoRa 无线通信模块功耗测试

LoRa 无线通信模块功耗的测试内容主要包括休眠模式测试、待机模式测试、发送模式测试和接收模式测试四项测试内容。

（1）休眠模式是指 LoRa 无线通信模块不进行数据的发送和接收，同时也不处于准备发送和接收的待机模式。休眠模式下的电流测量装置如图 7.24 所示，只对 LoRa 无线通信模块的 3.3V 正电压输入引脚和 GND 电压输出引脚进行连接，测得 LoRa 无线通信模块的休眠电流仅为 3.9μA。

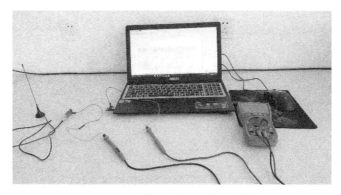

图 7.24　休眠模式下的电流测量装置图

（2）待机模式指不进行数据的发送和接收，处于准备发送和接收工作状态。如图 7.25 所示，使用杜邦线将 LoRa 无线通信模块连接在无线 LED 智能疏散指示标识上，同时在 3.3V 正电压输入引脚处接入万用表，测得 LoRa 无线通信模块的待机电流为 15.5mA。

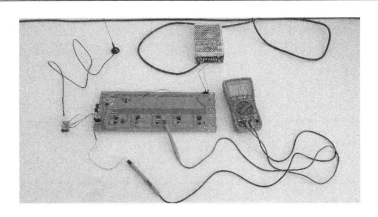

图 7.25　待机模式下的电流测量装置图

（3）发送模式测试则是要测试 LoRa 无线通信模块处于信号发送状态时的电流值。如图 7.26 所示，使用杜邦线将 LoRa 无线通信模块通过 UART 串口连接在笔记本电脑上，同时在 3.3V 正电压输入引脚处接入万用表，同样以 1ms/次的频率向 LoRa 无线通信模块发送八位字符"11111111"，测得在不同发射功率下 LoRa 无线通信模块的发射电流，具体结果如表 7.4 所示。

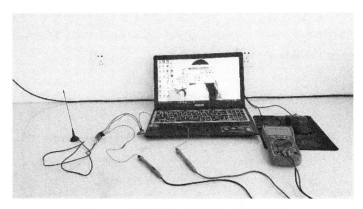

图 7.26　发送模式下的电流测量装置图

表 7.4　不同发射功率下的发射电流

发射功率/dBm	电流值/mA
20	70.3
17	53.4
14	37.8
10	31.7

（4）接收模式测试是要测试 LoRa 无线通信模块处于信号接收状态时的电流值。测量装置同图 7.26 一样，以 1ms/次的频率向 LoRa 无线通信模块发送八位字符"11111111"，测得 LoRa 无线通信模块的发送电流在 55～27mA 跳动，较长时间稳定在 35mA 左右。

由以上测试结果可以看出，LoRa 无线通信模块处于休眠模式时的电流非常低，基本可以忽略不计；处于待机模式时，电流稍高，因此可以考虑控制 LoRa 无线通信模块在不工作时处于休眠模式，以此进一步降低功耗；处于接收状态时的电流虽然变化幅度较大，但是基本稳定在 35mA 左右，电流值也非常小；LoRa 无线通信模块使用不同的发射功率时，电流值会有明显的不同，发射功率越大，电流值也就越大，因此可以根据通信的距离设定合适的发射功率。综上，LoRa 无线通信模块的功耗较小，基本达到了预期的要求。

7.4.5　通信信号测试

1. 校园内通信信号测试

为测试建筑结构、道路交通等对无线通信信号传输的影响，选取东北大学南湖校区作为 LoRa 无线通信信号测试的测试地点，对 LoRa 无线通信的室内和室外信号进行测试，通信信号测试工况如表 7.5 所示。

表 7.5　通信信号测试工况

测试内容	测试工况	测试结果
走廊测试	110m 长直走廊	通信状况良好
	110m×55m L 形走廊测试	通信状况良好
穿墙测试	门窗关闭，横跨 4 个房间，5 堵墙（单个墙厚 0.2m）	通信状况良好
跨楼层测试	五层至一层垂直通信	通信状况良好
	五层至一层斜跨通信	通信状况良好
校园环境测试	学校北门至小南门，距离约 800m	能够接收到信号，但有延迟

测试内容主要分为以下四部分。

1）东北大学老校部 L 形走廊信号测试

首先，在东北大学老校部三楼 L 形走廊处，对 LoRa 无线通信信号进行了测试，如图 7.27 所示。

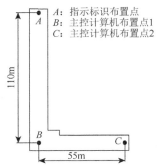

图 7.27 L 形走廊信号测试

在点 A 布置无线 LED 智能疏散指示标识，先在点 B 布置主控计算机，测试在长直走廊上标识的通信情况，通过主控计算机向位于 A 点的标识发送指令"0"，标识能够快速准确地显示出双箭头，如图 7.28 所示，因此标识在 110m 的长直走廊上的通信状况良好。

图 7.28 长直走廊信号测试现场

如图 7.29 所示，保持点 A 的无线 LED 智能疏散指示标识的位置不变，将主控计算机移至 C 点，通过主控计算机向标识发送指令"0"，标识依然能够快速准确地显示出双箭头，因此标识在 L 形走廊上的通信质量依旧很高。

2）穿墙测试

为了测试 LoRa 无线通信的穿墙性能，如图 7.30 所示，将无线 LED 智能疏散指示标识布置于所在房屋门窗紧闭的 D 点，将主控计算机布置于所在房屋门窗同样紧闭的 C 点，同时将从 D 到 C 之间的房间门窗也进行关闭处理。通过主

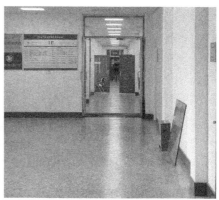

图 7.29　L 形走廊信号测试现场

控计算机向位于 D 点的标识发送指令"1"，如图 7.31 所示，标识能够较为迅速地显示向左的箭头，经过测量从 D 到 C 之间一共有 5 堵墙，表明 LoRa 无线通信的穿墙性能良好。

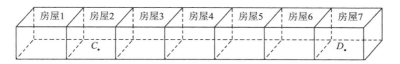

图 7.30　LoRa 无线通信穿墙性能测试

（C：主控计算机布置点；D：指示标识布置点）

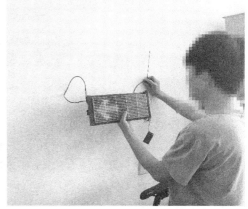

图 7.31　信号穿墙测试现场

3）跨楼层测试

如图 7.32 所示，固定无线 LED 智能疏散指示标识在位于五层的位置 D 处不动，分别将主控计算机布置于一层的 E 和 F 处，分别向标识发送指令"1"和"2"，标识能够迅速地分别显示向左和向右的箭头，如图 7.33 所示，可见 LoRa 无线通信的跨楼层通信能力非常强。

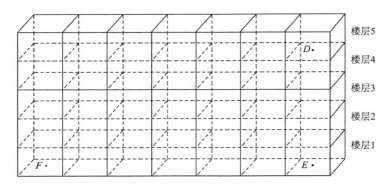

图 7.32　LoRa 无线通信跨楼层通信性能测试

（D：主控计算机布置点；E：指示灯布置点 1；F：指示灯布置点 2）

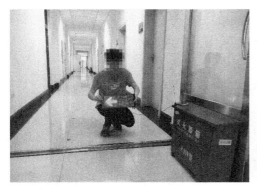

图 7.33　LoRa 无线通信跨楼层通信测试现场

4）室外测试

为了测试 LoRa 无线通信在建筑物和交通情况复杂环境下的通信状况，将主控计算机布置在位于东北大学北门附近的 G 处，然后从 G 出发沿着如图 7.34 所示的路线向位于东北大学小南门附近的 H 处前进，每到达一个路口向无线 LED 智能疏散指示标识发送一个指令，标识均能够及时地显示出正确的图案，直至到达 H 处，标识依然能够准确显示出正确的图案，不过存在一定的延时。通信距离长达近 800m，传播过程中又穿过了建筑物，依然能够接收到无线信号，虽然存在着一定的延时，但是足以表明 LoRa 无线通信在建筑物较多的复杂环境下的通信依然可靠。

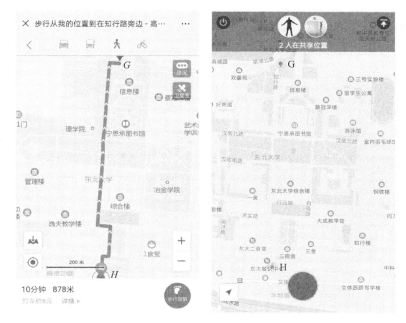

图 7.34　LoRa 无线通信室外测试路线图

2. 地铁站内通信信号测试

为分析地下建筑结构和轨道交通对无线通信信号传输性能的影响，特选取 6.4.6 节所述的地铁站进行无线通信信号传输距离和传输速度及影响因素的测试。

首先将中控端分别设置在地铁站 B2 层和 B3 层的控制室，将无线 LED 智能疏散指示标识分别放置在 B1、B2、B3 和 B4 层不同测点位置，进行同层和跨层两种类型测试。测试方案见表 7.6，中控端测点布置方案见图 7.35。

表 7.6　地铁站内通信信号测试方案

类型	中控端位置	测点位置及情况	测点编号
跨层	B2（站厅层）	B1（通向地面的楼梯、扶梯）	1、2、3、4
同层		B2（站厅层）	5、6、7、8、9
跨层		B3（站台层）	10、11、12、13、14、15、16、17、18、19
		B4（站台层）	20、21、22、23
同层	B3（站台层）	B3（站台层）	24、25、26、27、28、29、30、31

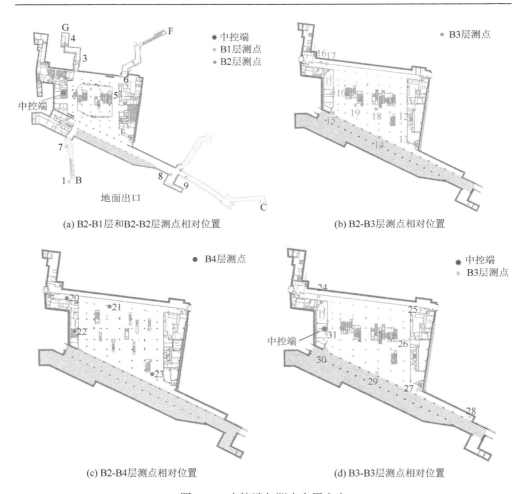

图 7.35　中控端与测点布置方案

　　首先由中控端分别发出"向左、向右、双向指示"的指令，标识接收到指令并完成指示方向改变，中控端接收到反馈信号后，进行下一组测试，部分测试现场见图 7.36。

(a) 测点1——B2站厅出口尽头

(b) 测点5——B2站厅层安检处

(c) 测点14——B3站台层

(d) 测点20——B4站台层

图 7.36 部分测试现场

分别对向左、向右和双向三种方向指令进行信号传输时间测试,对两次测试结果取平均值,得到各测点接收中控端发出的不同方向指令信号所需的时间如图 7.37 所示。由图 7.37 可以看出,除 13 号测点以外,不同方向的指令信号对该系统的信号传输时间无影响,其传输时间相差在 1ms 之内。在不区分信号指令方向的前提下,对在每个测点所测得的 6 次指令信号的传输时间取平均值,得到同层和跨层信号传输所需时间对比,如图 7.38 所示,从图中可以看出,大规模应急疏散决策优化与智能诱导集成控制系统能够在 0.2s 内接收到信号,符合《消防应急照明和疏散指示系统技术标准》(GB 51309—2018)中的规定。由图 7.37 和图 7.38 可见,13 号测点信号向右指令的传输时间与其他工况测点的误差较大,主要是因为测试时有列车进出站台。

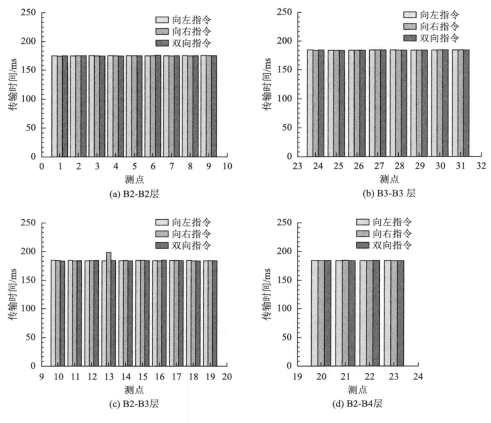

图 7.37　各测点不同方向指令信号的传输时间

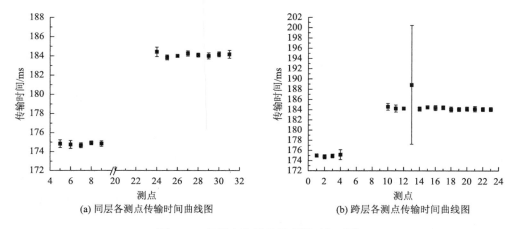

图 7.38　各测点信号传输所需时间对比

7.5　中心节点的开发

中心节点是整个系统的桥梁，其结构如图 7.39 所示。中心节点主要由 LoRa SX1301 无线通信模块、MSP430 单片机和串行异步通信协议 USB 接口组成。各传感器节点通过中心节点将信息汇总并发送给主控节点，主控节点通过中心节点对各执行器节点实施控制。

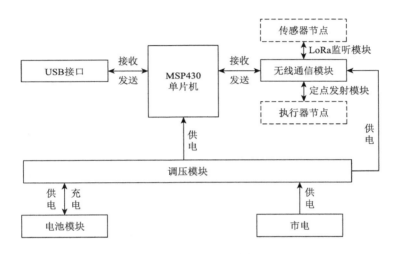

图 7.39　中心节点结构图

7.5.1　LoRa 监听模块

LoRa 监听模块的核心作用是设置该模块处于监听地址下，同时设定所对应的多个传感器节点与该 LoRa 监听模块处于相同的信道条件下，实现对于传感器节点的集中监控，是实现整个大规模人群应急疏散决策优化与智能诱导集成控制的正常工作的必要条件。LoRa 监听模块的工作原理见图 7.40。

如图 7.40 所示，当设置 LoRa 监听模块的地址为十六进制 0×FFFF，信道为 0×04 时，使其可以监听地址分别为 0×0003、0×0004、0×0005、0×0006，且信道与 LoRa 监听模块相同，均为 0×04 的 4 个传感器节点。通过编写传感器节点数据接收程序，将其内置编号分别设置为 0×0A、0×0B、0×0C、0×0D。当传感器节点没有感应到火灾的发生时，不会触发内置编号发送，所以 LoRa 监听模块无数据接收。但是，当某个传感器节点检测到火灾的发生时，其内部单片机触发数据

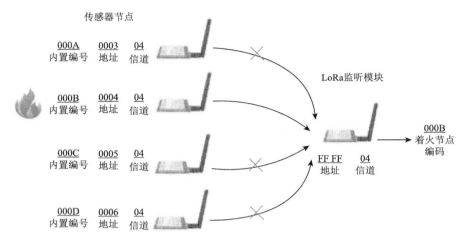

图 7.40　LoRa 监听模块工作原理图

发送，将预设的内置节点编号通过 LoRa 发出，其被 LoRa 监听模块接收到。当地址为 0×0004，内置编码为 0×000B 的传感器节点感应到火灾后，传感器节点内部的单片机将该内置编码通过 LoRa 监听模块发出，其会被地址为 0×FFFF，信道也为 0×04 的 LoRa 监听模块接收，并传送至中心节点无线通信模块。

7.5.2　LoRa 定点发射模式

由于每个无线 LED 智能疏散指示标识的指向并不相同，每个标识需要接收相对应的指向信息，中心节点 LoRa 无线通信模块采用定点发射模式，控制各标识的指示方向根据疏散决策优化算法的路径优化结果进行智能动态调整。LoRa 定点发射模块的原理图如图 7.41 所示。

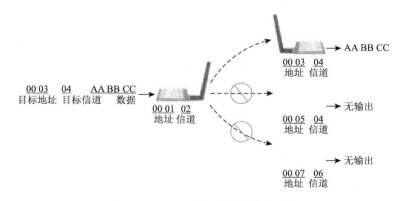

图 7.41　LoRa 定点发射模块原理图

假设输出控制器上所连接的 LoRa 定点发射模块的地址为 0×0001，信道为 0×02，标识上用于接收方向信息的 LoRa 地址分别为 0×0003、0×0005、0×0007，信道分别为 0×04、0×06，当我们想要向地址为 0×0003，信道为 0×04 的无线诱导标识发送数据 AABBCC 时，首先需要更改输出控制器上的目标 LoRa 天线的地址为 0×0003，信道为 0×04，并将数据数组中的方向信息发出，此时相同地址信道下的标识可接收到方向信息并做出视觉诱导和语音诱导。

由图 7.41 中的 LoRa 定点发射模块可知，若想改变所有的无线 LED 智能疏散指示标识的指示方向，需要循环改变定点发射模块的模式并在相应模式下设置目标 LoRa 天线的参数或发送数据，该过程具体为配置地址模式-配置地址命令行-发送模式-方向信息数据，循环的次数为标识的个数。

7.6　主控节点的开发

主控节点是整个系统的核心，其结构如图 7.42 所示。

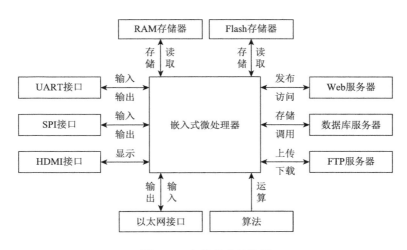

图 7.42　主控节点结构图

主控节点主要由嵌入式微处理器、算法、服务器组成，主要负责利用内置的传感器节点数据接收程序，对通过中心节点接收到的来自传感器节点的数据进行编码，由内置的优化算法计算出最优疏散路径，生成最优疏散路径和标识方向信息文本文件。标识方向信息文本文件需经过输出执行器控制程序解析，最终通过中心节点向执行器节点发出定点发射模式动作指令，同时由运行服务器向用户发布信息。

7.6.1　传感器节点数据接收程序

虽然中心节点中的 LoRa 监听模块可以接收到发生火灾报警的传感器节点的位置信息,但其仅仅是数据接收设备,若无传感器节点数据接收程序对其接收的信息进行编码,并输出文件名为 FireSensor 的文本文件,便无法使传感器节点、主控节点、标识节点联动起来,无法实现大规模人群应急疏散决策与智能诱导集成控制系统的联动控制。传感器节点数据接收程序基于 C#.NET 框架,程序流程图如图 7.43 所示,程序主界面见图 7.44。

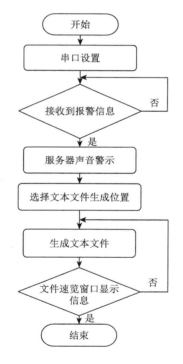

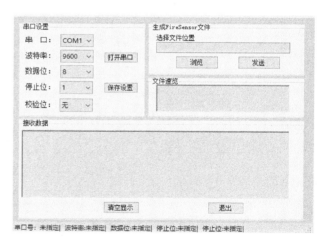

图 7.43　传感器节点数据接收
　　　　　程序流程图

图 7.44　传感器节点数据接收程序主界面

该程序包括"串口设置"模块、"接收数据"模块、"生成 FireSensor 文件"模块和"文件速览"模块。其中,"串口设置"模块将该程序的 SerialPort 控件的属性与 LoRa 监听模块设置相同,以保证数据通信的准确性与稳定性。传感器节点探测到火灾的发生并上传节点信息,由 LoRa 监听模块接收并通过 UART 串口传递给主控节点中的传感器节点数据接收程序，此时节点信息会循环显示在"接收数据"模块中，同时程序驱动服务器主机发出声音警报以警示消防控制中心人员进行应急疏散指示等后续工作。在"生成 FireSensor 文件"模块中，"浏览"按键可选择需要生成 FireSensor 文件的位置，单击"发送"程序在上述文件位置生成文件。"文件速览"模块用于显示选择文件位置下的 FireSensor 文件的内部信息，若该模块显示信息正确且与数据接收模块相同，则 FireSensor 文件生成成功；若"文件速览"模块无数据，则 FireSensor 文件生成失败，此时需要重新选择文件生成位置并点击生成。若"生成 FireSensor 文件"模块中不选择文件位置，单击"发送"后文件将生成在该程序所在的根目录下。

7.6.2　输出控制程序

输出控制程序是基于 C#.NET 开发环境完成的，作为应急疏散决策优化程序的后续程序，主要负责将应急疏散决策优化程序计算结果中的无线 LED 智能疏散指示标识的方向信息文件 Eva_Marker.txt 进行解析，并将解析后的数据编码成数组数据，以便通过执行器节点中的输出控制器发送至各个标识，该输出控制程序中数组数据的格式如图 7.45 所示。

$$\begin{bmatrix} 0\times0A & \text{标识编号} & 0\times0B & \text{方向信息} \\ 0\times0A & \text{标识编号} & 0\times0B & \text{方向信息} \\ & & \vdots & \\ 0\times0A & \text{标识编号} & 0\times0B & \text{方向信息} \end{bmatrix}$$

图 7.45　数组数据格式

图 7.46 为输出控制程序主界面，该程序共有八个模块，包括"串口设置""发送数据格式""接收数据格式""自动发送""单个数据发送""发送文件""标识显示初始化""接收数据"。其中，"串口设置"模块用于打开输出控制器的串口，配置串口通信的波特率、数据位、停止位、校验位；"单个数据发送"用于程序调试阶段；"发送数据格式"和"接收数据格式"用于设置单个数据发送时数据的类型（十六进制或十进制）；"自动发送"可设置发送数据的时间间隔周期；"发送文件"用于实现将应急疏散决策优化程序生成的标识方向文件Eva_Marker.txt通过输出执行器发送至无线 LED 智能疏散指示标识，单击"选择文件"可选择 Eva_Marker.txt 的文件位置，若不选择则默认为该程序的根目录；"接收数据"模块用于显示通信过程中收发的数据。

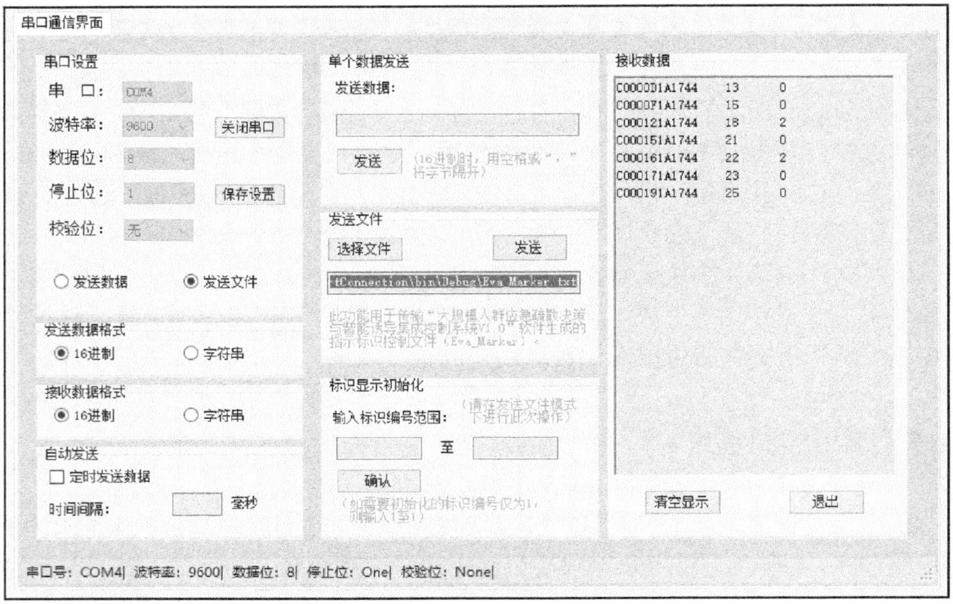

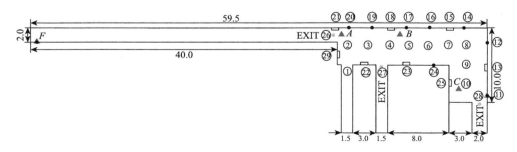

图 7.46　输出控制程序主界面

7.7　系统集成控制案例应用

7.7.1　办公楼案例应用

图 7.47 为某建筑物五楼中厅局部结构图,图中灰色节点为离开该区域的出口,黑色节点为源节点,即需要疏散的节点。方框为标识节点,标识编号依次为 13、15、18、21、22、23、25,其他节点为传输节点,其中 A、B、C、D、E 点分别为五楼中厅观测点位置,F 点为中控和主控节点位置。图 7.48 为该建筑物五楼中厅现场图,并在图中标注了每个标识节点的位置和 11 号源节点的位置。

图 7.47　某建筑物五楼中厅局部结构图（单位：m）

图 7.48　某建筑物五楼中厅现场图

在无事故情况下，通过应急疏散决策优化程序对上述算例进行路径优化，得到最优路径路线和标识方向文件，用于将后续与事故情况下的最优路径和标识方向进行对比。如图 7.49 所示，其中 13 号标识指示向右下行走，15 号标识指示双向均可通行，25 号标识指示向下行走。

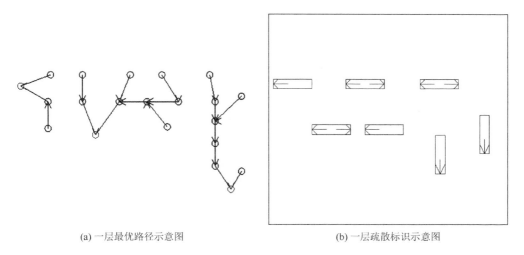

(a) 一层最优路径示意图　　　　　　　　　　　　(b) 一层疏散标识示意图

图 7.49　无事故情况下的计算结果

假设 11 号节点附近发生火灾事故，该系统按照以下步骤工作。

（1）此时负责该区域的探测器将感应到火灾事故，并将单片机内部提前预设的编号 11 通过 LoRa 无线通信模块发出。图 7.50 为负责 11 号节点的探测器，图中圆圈内为负责探测 11 号节点是否发生火灾事故的探测器。

图 7.50　探测器现场布置图

（2）由 LoRa 监听模块监听探测器发出事故节点编号，并传给主控节点的中心服务器。LoRa 监听模块实物图如图 7.51 中的圆圈所示。

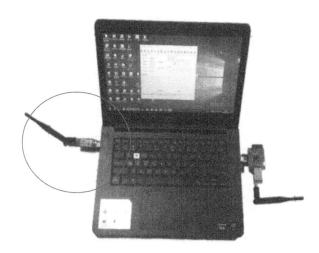

图 7.51　LoRa 监听模块实物图

（3）由中心服务器接收监听模块上传的事故节点信息，并由探测器数据接收程序生成 FireSensor.txt 文件。探测器数据接收程序接收到 11 号节点报警信息，见图 7.52。

（4）应急疏散决策优化程序通过 FireSensor.txt 确认着火节点位置，通过程序计算并生成最优疏散路径和无线 LED 智能疏散指示标识指示方向信息文件

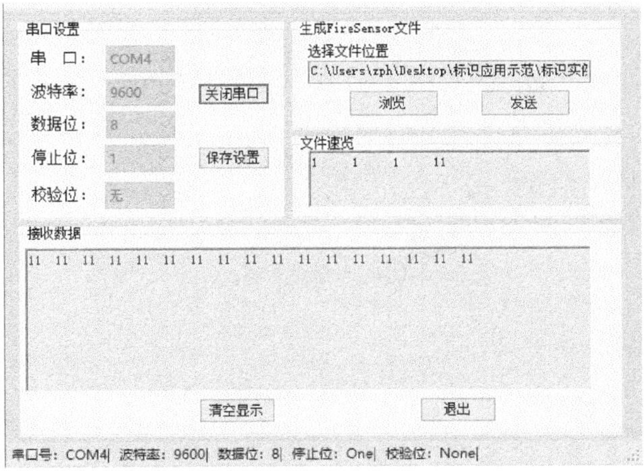

图 7.52　11 号节点探测器数据接收程序

Eva_Marker.txt。图 7.53 为 11 号节点火灾事故情况下的计算结果，13 号标识指示
方向变为向上通行，15 号标识指示方向变为向左通行，25 号标识指示方向为向上
通行，其他不变。

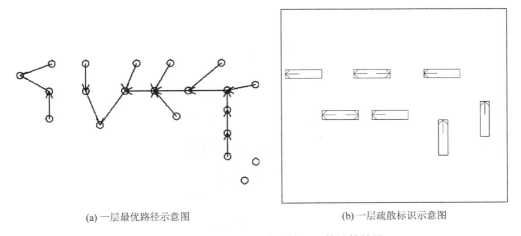

(a) 一层最优路径示意图　　　　　　　　　　　　　　　　(b) 一层疏散标识示意图

图 7.53　11 号节点火灾事故情况下的计算结果

（5）输出控制器程序读取 Eva_Marker.txt 文件，将该文件内的无线 LED 智能
疏散指示标识编号和方向信息解析为数组数据，并通过输出控制器设备发送至
各个标识。图 7.54 为输出控制器程序，从图中可以看到三列数据，分别为配置
地址命令行、标识编号、对应方向，标识编号为 13、15、18、21、22、23、25，
与图 7.47 相对应。

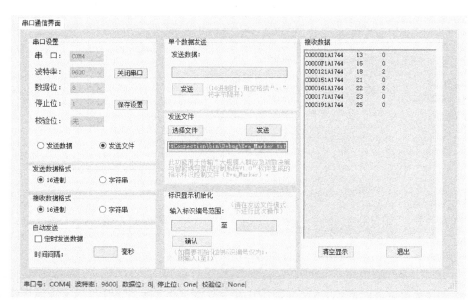

图 7.54　输出控制器程序

（6）输出控制器设备将上一步中的数组数据循环发送至各个标识，图 7.55 中圆圈内为输出控制器设备实物。

图 7.55　输出控制器设备实物图

（7）无线诱导标识接收到方向信息，单片机控制 LED 做出视觉诱导，语音模块发出语音诱导。图 7.56 和图 7.57 分别为 13、15、25 号标识变化前和变化后的指示方向。

图 7.56　五楼中厅标识方向变化前

图 7.57　五楼中厅标识方向变化后

　　测试中，在该建筑物的四楼和一楼也设置了无线 LED 智能疏散指示标识，其指示情况如图 7.58 和图 7.59 所示。由于起火点位置设置在五楼，假设火灾还没蔓延到四楼和一楼，这两个地方观测到的标识的指示方向在起火前后无变化。

图 7.58　四楼中厅标识方向起火前后保持不变

图 7.59　一楼中厅标识方向起火前后保持不变

7.7.2　图书楼案例应用

本节以某高校四层图书馆为例，进行应急疏散智能诱导系统集成控制的应用示范（姜雪，2021）。该图书馆为一个长 80m、宽 60m 的具有中庭的四层建筑物，其各层平面图如图 7.60 所示。一层主要是工作人员的办公区和期刊库，共有 9 个

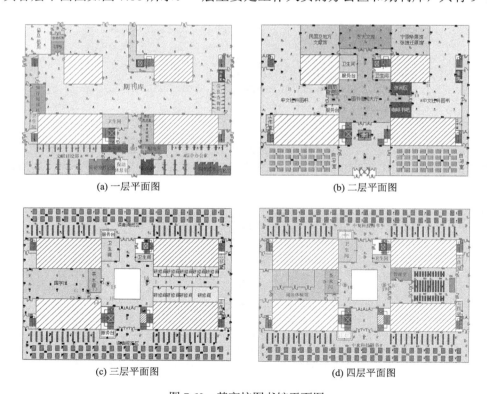

(a) 一层平面图　　　　　　　　　　　　(b) 二层平面图

(c) 三层平面图　　　　　　　　　　　　(d) 四层平面图

图 7.60　某高校图书馆平面图

出口供图书馆内全部人员到达室外。二层主要是供师生进行自主学习和借阅图书的空间，有 1 个出口可以供内部人员直接到达室外，也是校内师生进出图书馆的常用出口。三层和四层的结构相似，主要是供师生进行自主学习和借阅图书的空间，且二至四层的借阅图书区均为开架式阅览室。

根据该图书馆的整体结构，建立应急疏散决策优化模型疏散空间网络节点数据库，共建立了 875 个节点，其中源节点 265 个，中间节点 277 个，根节点 16 个，标识节点 317 个，如图 7.60 所示。图中黑色节点为源节点，空心圆圈节点为传输节点，实心圆圈节点为根节点，代表疏散出口，黑色方形为标识节点。在实际应用示范过程中，受限于人力、智能应急疏散无线诱导指示标识数量等因素，只对图书馆内的中庭部分区域进行现场应用示范，其中在图 7.60 中标注了每个无线 LED 智能疏散指示标识的位置以及 A～K 观测点。

1. 无事故状态下的疏散决策优化及智能诱导

在无事故状态下，应用应急疏散决策优化平台对图书馆进行路径优化，得到最优疏散路径和疏散指示标识指示方向，图书馆内各标识的指示方向应如图 7.61 所示。其中，重点标记了中庭区域内的标识指示方向，并在图书馆现场内对重点标记的无线 LED 智能疏散指示标识进行了观测，不同观测点的现场观测图如图 7.62 所示。

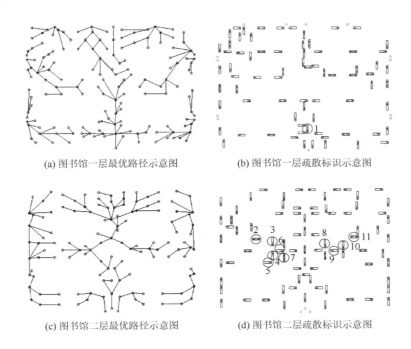

(a) 图书馆一层最优路径示意图　　　　　(b) 图书馆一层疏散标识示意图

(c) 图书馆二层最优路径示意图　　　　　(d) 图书馆二层疏散标识示意图

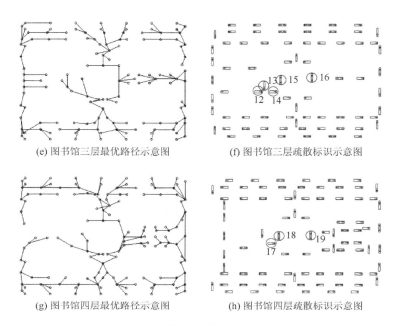

(e) 图书馆三层最优路径示意图　　　　(f) 图书馆三层疏散标识示意图

(g) 图书馆四层最优路径示意图　　　　(h) 图书馆四层疏散标识示意图

图 7.61　无事故状态下的图书馆最优疏散路径和标识指示方向

(a) 一层现场观测图

(b) 二层现场观测图

(c) 三层现场观测图

(d) 四层现场观测图

图 7.62　无事故状态下的图书馆现场观测图

2. 火灾状态下的应用示范

假设图书馆二层中厅区域处的沙发引发火灾事故，着火点位置如图 7.63 所示。基于应急疏散决策优化平台的应急疏散智能诱导系统会立即发生联动，做出如下反应。

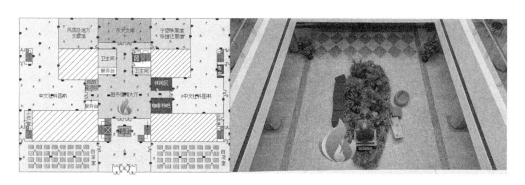

图 7.63　图书馆二层中厅区域处的着火点位置

（1）着火点周围的火灾监测前端监测到环境中的烟气浓度或者温度超出阈值，判断发生火灾事故。此时，监测前端会立即发出警报，以警告馆内师生立即进行疏散，同时将着火点位置通过应急疏散无线诱导技术传送到中控端。发出警报的监测前端现场布置如图 7.64 所示。

（2）中控端的 CP2102 监听模块在接收到着火点位置信息后，会立即启动火灾监测前端信息接收、解析系统对着火点位置进行解析，在系统界面显示着火点

图 7.64　监测前端现场布置

位置节点编号，并且由中控端发出声音报警，引起工作人员注意，如图 7.65 所示。同时，系统会生成 FireSensor.txt 文件自动存储在应急疏散决策优化平台根目录下。

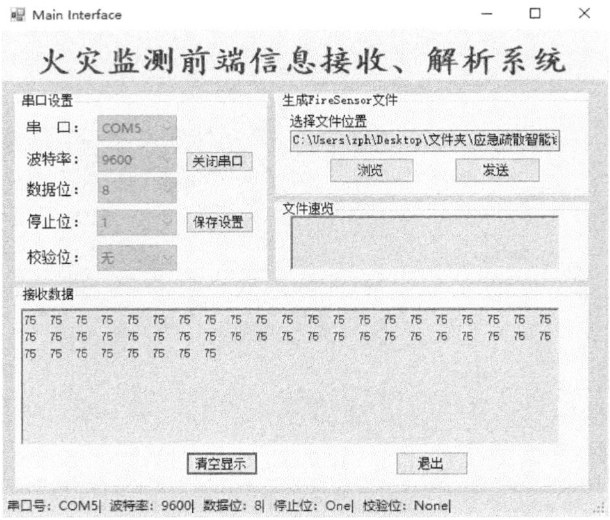

图 7.65　火灾监测前端信息接收、解析系统

（3）应急疏散决策优化平台确认着火点后，会立即对当前情况下的疏散路径进行优化，进而确定标识指示方向，得到如图 7.66 所示的最优疏散路径和标识指示方向，并生成 Eva_Marker.txt 文件自动保存在执行终端控制系统的根目录下。

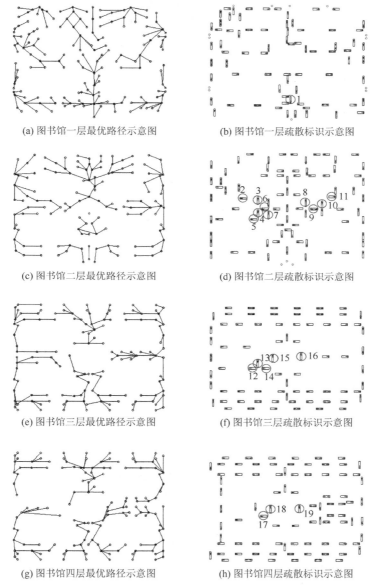

(a) 图书馆一层最优路径示意图　　　　　(b) 图书馆一层疏散标识示意图

(c) 图书馆二层最优路径示意图　　　　　(d) 图书馆二层疏散标识示意图

(e) 图书馆三层最优路径示意图　　　　　(f) 图书馆三层疏散标识示意图

(g) 图书馆四层最优路径示意图　　　　　(h) 图书馆四层疏散标识示意图

图 7.66　火灾事故状态下的图书馆最优疏散路径和标识指示方向

　　（4）执行器终端控制系统通过读取根目录下的 Eva_Marker.txt 文件，会立即通过应急疏散无线诱导技术将不同标识节点处的方向信息传送至各无线 LED 智能疏散指示标识，标识接收到方向信息，做出指示方向的改变，并发出声音诱导，现场观测图如图 7.67 所示。

(a) 一层现场观测图

(b) 二层现场观测图

(c) 三层现场观测图

(d) 四层现场观测图

图 7.67　火灾事故状态下的图书馆现场观测图

　　通过对比火灾发生前后标识指示方向的变化，可以看出，该应急疏散智能诱导系统能够根据事故的不同状态进行规划路径，且在发生火灾等突发事故时能够正常工作，不受建筑结构、内部电子设备等因素的干扰。

　　在进行应用示范的同时，还对中控端位于不同层、不同位置处时各智能应急疏散无线诱导指示标识的响应时间进行记录，得到不同指示标识的响应时间，结果如图 7.68 所示。根据相关标准、规范，灯具光源应急点亮的响应时间是指确认火灾发生位置后，由报警的探测器区域开始，顺序启动全楼疏散通道的消防应急照明灯具和消防应急指示标识灯具，其全部投入应急状态所需的时间，即发生火灾事故时，智能应急疏散无线诱导指示标识完成指示方向改变所用的时间。

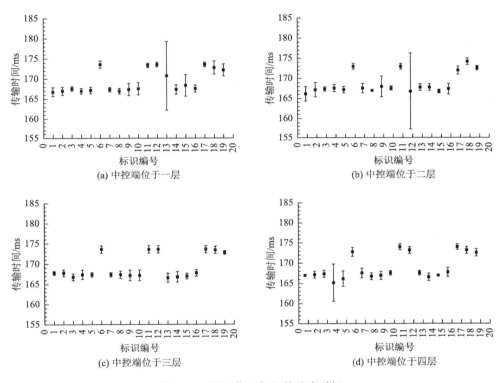

图 7.68　不同指示标识的响应时间

由图 7.68 可知，无论中控端位于任何位置，各智能应急疏散无线诱导指示标识均能在 0.2s 内完成响应。根据《消防应急照明和疏散指示系统技术标准》（GB 51309—2018）中的规定，火灾状态下，高危场所灯具（包括消防应急照明灯具和消防应急标识灯具）光源应急点亮的响应时间不应大于 0.25s；其他场所灯具光源应急点亮的响应时间不应大于 5s；对于具有两种及以上疏散指示方案的场所，标识灯光源点亮的响应时间不应大于 5s。当发生火灾等突发事件时，该无线 LED 智能疏散诱导系统完全符合相关标准的要求，且能够满足高危场所的应急响应点亮时间要求，可以提高应急点亮的响应效率，能够通过智能应急疏散无线诱导指示标识方向的变化引导人员安全、高效、快速地逃生。

7.8　小　　结

本章基于 LoRa 星型网络，设计并开发了由传感器节点、执行器节点、中心节点和主控节点组成的四级架构。进行基于 LoRa 无线通信技术的传感器节点、执行器节点等的开发，并进行了无线 LED 智能疏散指示标识在正常状态和火灾事故中的功能测试，以及无线通信网络的信号测试、功耗测试等。开发了探测器数据接收程序、输出执行器控制程序等，实现了多元信息融合及智能疏散诱导指令等数据的无线传递。

以应急疏散决策优化程序为核心，实现了大规模人群应急疏散优化决策平台与智能诱导系统的集成控制，并进行了工程示范应用。结果表明，中控端与智能应急疏散诱导指示标识均能够在 0.2s 内完成信号传输，完全满足《消防应急照明和疏散指示系统技术标准》（GB 51309—2018）中对于疏散指示标识响应时间的要求。信号传输时间与中控端和智能应急疏散诱导指示标识间的水平距离、垂直距离等空间相对位置均无关，地铁车站列车进出站运行状态及电磁信号对无线信号传输有一定干扰。

综上，基于应急疏散决策优化的智能无线诱导集成控制系统，利用 LoRa 无线通信技术，实现了智能疏散诱导指令远距离、低功耗无线通信信号传输的目标，具有较强的抗干扰能力，可灵活布置在建筑物室内、室外、城市街道等强噪声、强干扰的大规模复杂环境中，可以有效辅助大型复杂建筑物内部及室外区域的大规模智能疏散诱导，解决了室内外发生火灾、泄漏等突发事件时的大规模人群疏散智能诱导通信难题，为复杂环境下的大规模应急疏散和智能诱导奠定了坚实的理论基础和技术支撑。

参 考 文 献

陈长坤，秦文龙，童蕴贺，等，2018. 突发火灾下人员疏散心理及行为的调查与分析[J]. 中国安全生产科学技术，14（8）：35-40.

陈涛，2004. 十字路口宽度与人员阻塞的依赖关系及其模拟的分析[J].自然科学进展，14（4）：567-572.

陈一洲，尹浩东，孙旋，等，2018. 基于灾变的人群疏散避灾路径优化及应用[J]. 中国安全生产科学技术，14（10）：27-33.

邓云峰，李群，盖文妹，2014. 有毒气体泄漏场景模拟与区域疏散分析[J]. 中国安全生产科学技术，6：12-19.

窦杰，周琪璋，宋道榜，等，2018. 基于无线通信的智能火灾疏散系统设计[J].无线电工程，48（5）：347-351.

方正，陈大宏，张铮，等，2001. 建筑物火灾人员疏散的计算机仿真[J].计算机仿真，18（2）：49-52.

方正，卢兆明，2001. 建筑物避难疏散的网格模型[J]. 中国安全科学学报，11（4）：10-13.

方正，袁建平，王晓刚，等，2007. 火车站客流密度与移动速度的观测研究[J]. 消防科学与技术，1：12-15.

何理，钟茂华，史聪灵，等，2011. 北京地铁乘客疏散行为特征调查试验分析[J]. 东北大学学报，32（z2）：253-257.

姜雪，2021. 大型公共场所应急疏散智能诱导技术研究[D]. 沈阳：东北大学.

金沙，宋卫国，练丽萍，等，2019. 不同入口位置的行人进入流实验研究[J]. 火灾科学，28（2）：69-78.

金香，高伟，1985. 建筑物综合防火设计[M]. 天津：天津科技翻译出版公司.

李晓萌，2008. 人员疏散行为的实验研究[D]. 北京：清华大学.

李子浩，田向亮，黎忠文，等，2019. 基于客流规律的地铁车站客流风险分析[J]. 清华大学学报（自然科学版），59（10）：854-860.

吕春杉，翁文国，杨锐，等，2007. 基于运动模式和元胞自动机的火灾环境下人员疏散模型[J]. 清华大学学报（自然科学版），47（12）：2163-2167.

孟开元，韩佳佳，曹庆年，等，2017. 基于 LoRa 技术的油田井口数据监测系统设计[J]. 智能计算机与应用，7（6）：83-85.

司戈，2003.9·11 事件中纽约世界贸易中心双塔的人员疏散[J]. 消防技术与产品信息，5：56-59.

宋嘉宝，2021. 基于 Revit 的公共场所人员疏散路径优化及智能诱导[D]. 沈阳：东北大学.

宋嘉宝，姜雪，张培红，2021. 基于 Revit 的医院火灾人员疏散路径优化及智能诱导[J]. 工业安全与环保，47（4）：1-5.

宋卫国，马剑，2006. 典型学生人群对疏散指示反应特性的初步研究[J]. 火灾科学，15（3）：161-166.

宋卫国，马剑，2007. 烟气条件下疏散指示能见度实验及图像分析[J]. 安全与环境学报，3：110-115.

熊立春，杨立兵，陈建宏，等，2014. 基于图论与排队论的人员疏散优化模型研究[J]. 安全与环境学报，14（3）：166-171.

阎卫东，2006. 建筑物火灾时人员行为规律及疏散时间研究[D]. 沈阳：东北大学.

阎卫东，2010. 多层多室建筑火灾人员疏散实验研究[M]. 成都：西南交通大学出版社.

杨立中，2002. 基于元胞自动机的火灾中人员逃生的模型[J]. 科学通报，12（4）：7-12.

叶志伟，郑肇葆，2004. 蚁群算法中参数 α、β、ρ 设置的研究——以 TSP 问题为例[J]. 武汉大学学报（信息科学版），29（7）：597-301.

禹傲然，2020. 大规模人群应急疏散决策与智能诱导集成控制系统[D]. 沈阳：东北大学.

袁启萌，翁文国，2012. 基于幸存者调查的高层建筑火灾疏散行为研究[J]. 中国安全科学学报，22（10）：41-46.

张培红，2002. 建筑物火灾时人员疏散行为的研究[D]. 沈阳：东北大学.

张培红，鲁韬，陈宝智，等，2005.时间压力下人员流动状态的观测和分析[J]. 人类工效学，1：8-10，17.

张培红，尚融雪，姜泽民，等，2011. 大型商场人员疏散行为的调查和分析[J]. 东北大学学报（自然科学版），3：439-442.

张培红，张芸栗，梅志斌，等，2008.大型公共建筑物智能疏散路径优化自适应蚁群算法实现及应用[J].沈阳建筑大学学报（自然科学版），24（6）：1055-1059.

张培红，朱鑫，李新光，等，2019. 基于 LoRa 技术的油田事故应急疏散智能无线诱导系统[J]. 消防科学与技术，38（3）：391-393.

张晓莉，栾义国，张文军，2017. LoRa 无线技术在油田数字化建设中的应用研究[J]. 油气田地面工程，36（12）：60-62，66.

张新伟，禹傲然，张培红，2019. 城镇油气管道事故应急疏散决策优化[J]. 中国安全生产科学技术，15（12）：143-149.

赵宝江，李士勇，余俊，2007. 基于自适应路径选择和信息素更新的蚁群算法[J]. 计算机工程及应用，43（3）：12-15.

赵道亮，2007. 紧急条件下人员疏散特殊行为的元胞自动机模拟[D]. 合肥：中国科学技术大学.

赵刚，2016. 复杂地铁站行人流特性及火灾人员安全疏散研究[D]. 北京：北京工业大学.

钟茂华，田向亮，刘畅，等，2018. 基于结构方程模型的地铁乘客安全行为影响因素分析[J]. 中国安全生产科学技术，14（1）：5-11.

神忠久，1982. 火災時にわりろ従業員の行動[J]. 火災，132（1）：22-27.

神忠久，1985. 火災時の人間行動，生理的反応[J]. 建築技術，120（1）：12-18.

神忠久，关沢爱，1981. 川治プリンスホテル火災にわりろ宿泊客の避難行動につソて[J]. 火災：131（2）：33-138.

Abdelghany A，Abdelghany K，Mahmassani H，et al.，2014. Modeling framework for optimal evacuation of large-scale crowded pedestrian facilities[J]. European Journal of Operational Research，237（3）：1105-1118.

Ali A，Shah G A，Farooq M O，et al.，2017. Technologies and challenges in developing machine-to-machine applications: a survey[J]. Journal of Network and Computer Applications，83：124-139.

Ando K，Ota H，Oki T，1988. Forecasting the flow of people[J]. Railway Research Review，45：8-14.

Augustin A，Yi J，Clausen T，et al.，2016. A study of LoRa：long range and low power networks for the internet of things[J]. Sensors，16（9）：1466-1469.

Bakuli L D，Smith M J，1996. Resource allocation in state-dependent emergency evacuation networks[J]. European Journal of Operational Research，89（3）：543-555.

Blue V J，Adler J L，1998. Emergent fundamental pedestrian flows from cellular automata microsimulation[J]. Transportation Research Record，1644：29-36.

Blue V J，Adler J L，2001. Cellular automata microsimulation for modeling bi-directional pedestrian walkways[J]. Forthcoming in Transportation Research B-METH，35（3）：239-312.

Brennan P，1997. Timing human response in real fires[J]. Fire Safety Science-Proceedings of the Fifth International Symposium，5：807-818.

Brogan D，Hodgens J，1997. Group behaviors for systems with significant dynamics[J]. Autonomous Robots，4（1）：137-153.

Bryan J L，1976. The determination of behavior responses exhibited in fire situations[J]. Fire and Flammability，7：319-336.

Bryan J L，1977. Smoke as a determinant human behaviour in fire situations（Project People）[R]. Maryland：National Bureau of Standards.

Bryan J L，1985. Convergence clusters：a phenomenon of human behavior seen in selected high-rise buildings fires[J]. Fire Journal，79（6）：27-30，86-90.

Bryan J L，2002. Behavior response to fire and smoke//DiNenno J D，et al. SFPE Handbook of Fire Protection Engineering，3rd edition. Quincy：National Fire Protection Association.

Bullnheimer B，Hartl R F，Strauss C，1999. An improved ant system algorithm for the vehicle routing problem[J]. Annals of Operations Research，89：319-328.

Burstedde C，Kirchner A，Klauck K，et al.，2002. Cellular automaton approach to pedestrian dynamics-applications[C]. Heidelberg：Pedestrian and Evacuation Dynamics.

Burstedde C，Klauck K，Schadschneider A，2001. Simulation of pedestrian dynamics using a two-dimensional cellular automaton[J]. Physica A，295：507-525.

Canter D，1980. Fires and Human Behavior—an Introduction[M]. Chichester：John Wiley & Sons Ltd.

Canter D，1985. Studies of human behavior in fire：empirical results and their implications for education and design[R]. London：Building Research Establishment Report.

Canter D，1990. Fire and Human Behavior[M]. London：David Fulton Publishers.

Canter D，Breaux J，Sime J D，1980. Multiple occupancy and hospital fires[R]. Chichester：John Wiley & Sons，Inc.

Chalmet L G，Francis R L，Saunders P B，1982. Network models for building evacuation[J]. Management Science，28（1）：86-105.

Chen X，Meaker J W，Zhan F B，2006. Agent-based modeling and analysis of hurricane evacuation procedures for the florida keys[J]. Natural Hazards，38（3）：321-338.

Chen X，Zhan F B，2004. Agent-based modeling and simulation of urban evacuation：relative effectiveness of simultaneous and staged evacuation strategies[C]. Washington D. C.：The

83rd Annual Meeting of the Transportation Research Board.

Collins B L，Dahir M S，Madrzykowski D，1993. Visibility of exit signs in clear and smoky conditions[J]. Fire Technology，29（2）：154-182.

Colombo R M，Rosini M D，2005. Pedestrian flows and non-classical shocks[J]. Mathematical Methods in the Applied Sciences，28（13）：1553-1567.

Colori A，Dorigo M，Maniezzo V，et al.，1994. Ant system for job-shop scheduling[J]. Belgian Journal of Operations Research and Statistic Computing Science，34（1）：39-53.

Cornelia von K，Schadschneider A，2017. Empirical study on social groups in pedestrian evacuation dynamics[J]. Physica A：Statistical Mechanics and its Applications，475：129-141.

Cornforth D，Green D G，Newth D，2005. Ordered asynchronous processes in multi-agent systems[J]. Physica D，204（1-2）：70-82.

Crooks A，Castle C，Batty M，2008. Key challenges in agent-based modelling for geo-spatial simulation[J]. Computers，Environment and Urban Systems，32（6）：417-430.

Dinenno P J，Drysdale D，Beyler C L，et al.，2002. SFPE Handbook of Fire Protection Engineering[M]. Quincy：National Fire Protection Association.

Dorigo M，Gambardella L M. 1997. Ant colony system：a cooperative learning approach to the traveling salesman problem[J]. IEEE Transactions on Evolutionary Computation，1（1）：53-66.

Fahy R F，1994. Exit 89-an evacuation model for high-rise buildings-model description and example applications[J]. Fire Safety Science，4：657-668.

Fahy R F，Proulx G，1997. Human behavior in the world trade center evacuation[J]. Fire Safety Science-Proceedings of 5th International Symposium，5：713-724.

Fang Z，Lo S M，Lu C X，2003. On the relationship between crowd density and movement velocity[J]. Fire Safety Journal，38（3）：271-238.

Fehri C E，Kassab M，Abdellatif S，et al.，2018. LoRa technology MAC layer operations and research issues[J]. Procedia Computer Science，130（1）：1096-1101.

Forcael E，Gonzalez V，Orozco F，et al.，2014. Ant colony optimization model for tsunamis evacuation routes[J]. Computer-Aided Civil and Infrastructure Engineering，29（10）：723-738.

Fruin J J，1971. Designing for pedestrians：a level of service concept[J]. Highway Research Record，355：1-15.

Fruin J J，1987. Service Pedestrian Planning and Design[M]. New York：Maude Press.

Fu Z，Jia Q，Chen J，et al.，2018. A fine discrete field cellular automaton for pedestrian dynamics integrating pedestrian heterogeneity，anisotropy，and time-dependent characteristics[J]. Transportation Research Part C：Emerging Technologies，91：37-61.

Fu Z，Xia L，Yang H，et al.，2017. Simulation study of overtaking in pedestrian flow using floor field cellular automaton model[J]. International Journal of Modern Physics，C：1750059.

Gai W M，Deng Y F，Jiang Z A，et al.，2017. Multi-objective evacuation routing optimization for toxic cloud releases[J]. Reliability Engineering and System Safety，159（1）：58-68.

Galea E，Galparsoro J M P，1994. EXODUS：an evacuation model for mass transport vehicles[J]. Fire Safety Journal，22：341-366.

Galea E，Owen M，Lawrence P，1996. Emergency egress from large buildings under fire conditions simulated using the EXODUS evacuation model[J]Revista Latinoamericana de Psicología, 35（2）: 161-164.

Guo R, Huang H, 2008. A modified floor field cellular automata model for pedestrian evacuation simulation[J]. Journal of Physics A: Mathematical and Theoretical, 41（38）: 385104.

Gwynne S, Galea E R, Owen M, et al., 1999. A Review of the methodologies used in evacuation modeling[J]. Fire and Materials, 23（6）: 383-388.

Helbing D, 1991. A mathematical model for the behavior of pedestrians[J]. Behavioral Science, 36: 298-310.

Helbing D, Farkas I, Vicsek T, 2000. Simulating dynamical features of escape panic[J]. Nature, 407（28）: 487-490.

Helbing D, Isobe M, Nagatani T, et al., 2003. Lattice gas simulation of experimentally studied evacuation dynamics[J]. Physical Review E, 67: 21-36.

Helbing D, Molnar P, 1995. Social force model for pedestrian dynamics[J]. Physical Review E, 51（5）: 4282-4286.

Helbing D, Molnar P, Schweitzer F, 1994. Computer simulation of pedestrian dynamics and trail formation[J]. Evolution of Natural Science, 230: 229-234.

Henderson L F, 1971. The statistics of crowd fluids[J]. Nature, 229: 381-383.

Henderson L F, 1974. On the fluid mechanic of human crowd motions[J]. Transportation Research, 8: 509-515.

Henderson L F, Jenkins D M, 1973. Response of pedestrians to traffic challenge[J]. Transportation Research, 8: 71-74

Henderson L F, Lyons D J, 1972. Sexual differences in human crowd motion[J]. Nature, 240: 353-355.

Home Office, 1990. The Guide to Safety in Sports Grounds[M]. London: Her Majesty's Stationery Office.

Hoogendoorn S P, Bovy P H L, 2000. Gas-kinetic modelling and simulation of pedestrian flows[J]. Transportation Research Records, 1710: 28-36.

Hoogendoorn S P, Bovy P H L, Daamen W, 2001. Microscopic pedestrian wayfinding and dynamics modelling[J]. Pedestrian and Evacuation Dynamics, 16（1）: 123-154.

Itoh T, Nagatani T, 2002. Optimal admission time for shifting the audience[J]. Physica A, 313: 695-708.

Jang R J S, 1993. ANFIS: adaptive-network-based fuzzy inference system[J]. IEEE Transactions on Systems, Man and Cybernetics, 23（3）: 665-685.

Jin T, 1978. Visibility through fire smoke[J]. Journal of Fire and Flammability, 9: 135-155.

Jin T, Yamada T, 1989. Experimental study of human behavior in smoke filled corridors[C]. New York: Fire Safety Science Proceedings of the Second International Symposium.

John A, Schadschneider A, Chowdhury D, et al., 2009. Traffic like collective movement of ants on trails: absence of jammed phase[J]. Physical Review Letters, 1: 102-108.

Johnson N, 1988. Fire in a crowded theater: a descriptive analysis of the emergence of panic[J]. International Journal of Mass Emergencies and Disasters, 6: 7-26.

Johnson N, Feinberg W, Johnston D, 1994. Microstructure and panic: the impact of social bonds on individual action in collective flight from the Beverly Hills Supper Club Fire[C]. Newark: Disasters, Collective Behavior, and Social Organization.

Johnston D, Johnson N, 1989. Role extension in Disaster: an investigation of employee behavior in a nightclub fire[J]. Sociological Focus, 22: 39-51.

Ke K H, Liang Q W, Zeng G J, et al., 2017. Demo abstract: a LoRa wireless mesh networking module for campus-scale monitoring[C]. Pittsburgh: The 16th ACM/IEEE International Conference on Information Processing in Sensor Networks.

Keating J P, 1982. The myth of panic[J]. Fire Journal, 76 (3): 57-61.

Kelley H, Condry J, Dahlke A, et al., 1965. Collective behavior in a panic situation[J]. Journal of Experimental Social Psychology, 1: 20-54.

Ketchell N, Cole S S, Webber D M, 1993. The EGRESS code for human movement and behavior in emergency evacuation[C]. New York: Engineering for Crowd Safety.

Khan A, Aesha A A, Aka J S, 2018. An IoT based intelligent fire evacuation system[C]. Washington D. C.: IEEE 21st International Conference on Computer and Information Technology.

Kirchner A, Nishinari K, Schadschneider A, 2003. Friction effects and clogging in a cellular automaton model for pedestrian dynamics[J]. Physical Review E, 67 (5): 56-122.

Kisko T M, Francis R L, 1985. Evacnet+: a computer program to determine optimal evacuation plans[J]. Fire Safety Journal, 9: 211-220.

Kuligowski E D, Mileti D S, 2009. Modeling pre-evacuation delay by occupants in World Trade Center Towers 1 and 2 on September 11[J]. Fire Safety Journal, 44 (4): 487-496.

Kuligowski E D, Peacock R D, 2005. A review of building evacuation models[J]. NIST Technical Note, 1471: 3-20.

Lee R S C, Hughes R L, 2005. Exploring tramping and crushing in a crowd[J]. Journal of Transportation Engineering, 131 (8): 575-582.

Levin B, 1989. EXITT-a simulation model of occupant decisions and actions in residential fires[C]. New York: Proceedings of the Second International Symposium on Fire Safety Science.

Li J F, Zhang B, Wang Y, et al., 2009. The unfolding of '12.23' Kaixian blowout accident in China[J]. Safety Science, 47 (8): 1107-1117.

Li J J, Zhu H Y, 2018. A risk-based model of evacuation route optimization under fire[J]. Procedia Engineering, 211 (1): 365-371.

Lian L P, Mai X, Song W G, et al., 2017. Pedestrian merging behavior analysis: an experimental study[J]. Fire Safety Journal, 91 (7): 918-925.

Lim G J, Zangeneh S, Reza B M, et al., 2012. A capacitated network flow optimization approach for short notice evacuation planning[J]. European Journal of Operational Research, 223 (1): 234-245.

Lin P, Ma J, Liu T Y, et al., 2017. An experimental study of the impact of an obstacle on the escape efficiency by using mice under high competition[J]. Physica A, 482: 228-242.

Lo S M, Lam K C, Yuen K K, et al., 2001. A pre-evacuation behavioral study for the people in a high-rise residential building under fire situations[J]. International Journal on Engineering Performance-Based Fire Codes, 2 (4): 143-152.

Lu L L, Ren G, Wang W, et al., 2014. Modeling walking behavior of pedestrian groups with floor field cellular automaton approach[J]. Chinese Physics B, 23 (8): 088901.

Luo L, Fu Z J, Cheng H, et al., 2018. Update schemes of multi-velocity floor field cellular automaton for pedestrian dynamics[J]. Physica A: Statistical Mechanics and its Applications, 491: 946-963.

Maniezzo V, Gambardella L M, Luigi F D, 2004. Ant colony optimization[J]. New Optimization Techniques in Engineering, 1: 422-423.

Marek B, Pavel H, Milan K, 2013. Cellular model of pedestrian dynamics with adaptive time span[C]. Warsaw Poland: International Conference on Parallel Processing and Applied Mathematics.

McCulloch W S, Pitts W, 1943. A logical calculus of the ideas immanent in nervous activity[J]. Bulletin of Mathematical Biophysics, (5): 115-133.

Murakami Y, Minami K, Kawasoe T, et al., 2002. Multi-agent simulation for crisis management[C]. Kyoto: Proceedings of Knowledge Media Networking.

Muramatsu M, Irie T, Nagatani T, 1999. Jamming transition in pedestrian counter flow[J]. Physica A, 267: 487-498.

Muramatsu M, Nagatani T, 2000. Jamming transition in two-dimensional pedestrian traffic[J]. Physica A, 275: 281-291.

Muramatsu M, Nagatani T, 2000. Jamming transition of pedestrian traffic at a crossing with open boundaries[J]. Physica A, 286: 377-390.

Nagai R, Nagatani T, Isobe M, et al., 2004. Effect of exit configuration on evacuation of a room without visibility[J]. Physica A, 343: 712-724

Nagatani T, 2001. Dynamical transition and scaling in a mean-field model of pedestrian flow at a bottleneck[J]. Physica A, 300: 558-566.

Nagatani T, 2002. Dynamical transition in merging pedestrian flow without bottleneck[J]. Physica A, 307: 505-515.

Nicholson J, 2002. WTC retrospective[J]. NFPA Journal, 9 (10): 42.

Ouellette M, 1988. Exit signs in smoke[J]. Lighting Research & Technology, 20: 155-160.

Ouellette M, 1993. Visibility of exit signs[J]. Progressive Architecture, 74 (7): 39-42.

Owen M, 1996. The EXODUS evacuation model applied to building evacuation scenarios[J]. Fire Engineers Journal, 20 (7): 27-30.

Owen M, Galea E R, Lawrence P J, 1996. The exodus evacuation model applied to building evacuation scenarios[J]. Journal of Fire Protection Engineering, 8 (2): 65-86.

Pamela R W, Nicholson J, 2002. Learning from 9-11[J]. NFPA Journal, 5/6: 100-105.

Pan X, Han C S, Dauber K, et al., 2007. A multi-agent based framework for the simulation of human and social behaviors during emergency evacuations[J]. AI and Society, 22 (2): 113-132.

Pauls J, 1977. Human Response to Tall Buildings[M]. Stroudsburg: Dowden, Hutchinsin and Ross Incorporation.

Pauls J, 1980. Building evacuation: research findings and recommendations[C]. New York: Fires and Human Behaviour.

Pauls J, 1988. Movement of people[R]. Ottawa: National Research Council of Canada and Building Safety Institute.

Pavel H，Marek B，2017. Influence of agents heterogeneity in cellular model of evacuation[J]. Journal of Computational Science，21：486-493.

Pedrycz W，1989. Fuzzy Control and Fuzzy Systems[M]. New York：Wiley.

Pelechano N，Badler N，2006. Modeling crowd and trained leader behavior during building evacuation[J]. IEEE Computer Graphics and Applications，26（6）：80-86.

Pelechano N，O'Brien K，Silverman B，et al.，2005. Crowd simulation incorporating agent psychological models，roles and communication[C]. Lausanne：First International Workshop on Crowd Simulation.

Poon L S，1995. Numerical modelling of human behavior during egress in multi-story office building fire using Evacsim-some validation studies[C]. Hongkong：Proceedings for the International Conference on Fire Science and Engineering.

Poon L S，Beck V R，1994. Evacsim：Simulation model of occupants with behavioural attributes in emergency evacuation of high rise Buildings[C]. Tokyo：Proceedings of the Fourth International Symposium on Fire Safety Science.

Predtechenskii V M，Milinskii A I，1969. Planning for Foot Traffic Flow in Buildings，Published for the National Bureau of Standards[M]. Moscow：STROIZDAT Publisher.

Proulx G，1995. Evacuation time and movement in apartment buildings[J]. Fire Safety Journal，24（3）：229-246.

Proulx G，Rita F，1997. The time delay to start evacuation：review of five case studies[J]. Fire Safety Science-Proceedings of the Fifth International Symposium，3：783-794.

Proulx G，Sime J D，1991. To prevent panic in an underground emergency：why not tell people the truth[J]. Fire Safety Science-Proceedings of the Third International Symposium，3：843-852.

Rashmi S S，Wei Y Q，Wang S H，2017. A survey on LPWA technology：LoRa and NB-IoT[J]. ICT Express，3：14-21.

Rosenblatt F，1958. The perception：a probabilistic model for information storage and organization in the brain[J]. Psychological Review，65：386-408.

Saunders W L，1997. Occupant decision making in office building fire emergencies[J]. Fire Safety Science-Proceedings of the Fifth International Symposium，5：771-782.

Schadschneider A，Klingsch W，Klüpfel H，et al.，2011. Evacuation Dynamics：Empirical Results，Modeling and Applications[M]. New York：Springer.

Schüürmann G，Müller E，1994. Back propagation neural networks—recognition vs. prediction capability[J]. Environmental Toxicology and Chemistry，13（5）：743-747.

Sherman M F，Peyrot M，Magda L A，et al.，2011. Modeling pre-evacuation delay by evacuees in World Trade Center Towers 1 and 2 on September 11，2001：a revisit using regression analysis[J]. Fire Safety Journal，46（7）：414-424.

Shields T J，Boyce K E，McConnell N，2009. The behavior and evacuation experiences of WTC 9/11 evacuees with self-designated mobility impairments[J]. Fire Safety Journal，44（6）：881-893.

Shigeyuki O，Satoshi M，1993. A study of simulation module for pedestrian movement with evacuation and queueing[C]. Amsterdam：Engineering for Crowd Safety.

Shiwakoti N，Sarvi M，Burd M，2014. Using non-human biological entities to understand pedestrian crowd behavior under emergency conditions[J]. Safety Science，66：1-8.

Sime J D，1980. The concept of 'panic'[C]. New York：Fires and Human Behavior.

Sime J D，1986. Perceived time available：the margin of safety in fires[C]. New York：Fire Safety Science-Proceedings of the First International Symposium.

Sime J D，1992. Human behavior in fires-summary report[R]. London：Central Brigades Advisory Council.

Sime J D，1999. Crowd facilities，management and communications in disasters[J]. Facilities，17（9/10）：313-324.

Smith R A，1995. Density，velocity and flow relationships for closely packed crowds[J]. Safety Science，18（4）：321-327.

Soria S A，Josens R，Parisi D R，2012. Experimental evidence of the 'faster is slower' effect in the evacuation of ants[J]. Safety Science，50：1584-1588.

Still G K，1993. New computer system can predict human response to building fires[J]. FIRE，84：40-41.

Still G K, 1994. Simulating egress using virtual reality—a perspective view of simulation and design[C]. London：Fire Safety on Ships-Developments into the 21st Century.

Sugeno M，1985. Industrial Applications of Fuzzy Control[M]. New York：Elsevier.

Tajima Y，Nagatani T，2001. Scaling behavior of crowd flow outside a hall[J]. Physica A，292：545-554.

Tajima Y, Takashi N, 2002. Clogging transition of pedestrian flow in T-shaped channel[J]. Physica A，303：239-250.

Tajima Y，Takimoto K，Nagatani T，2001. Scaling of pedestrian channel flow with a Bottleneck[J]. Physica A，294：257-268.

Takagi T，Sugeno M，1985. Fuzzy identification of systems and its application to modeling and control[J]. IEEE Transactions on Systems，Man and Cybernetics，15：116-132.

Takahashi K，Tanaka T，Kose S，1989. An evacuation model for Use in fire safety design of buildings[C]. Hemisphere：Proceedings of the Second International Symposium on Fire Safety Science，Hemisphere.

Takashi N，1993. Jamming transition in the traffic-flow model with two-level crossings[J]. Physical Review E，48（5）：3290-3294.

Takimoto K，Nagatani T，2002. Spatio-temporal distribution of escape time in evacuation process[J]. Physica A，147（7）：1-11.

Taylor I R，1996. A revised interface for Evacnet+[C]. London：Proceedings of the Seventh International Fire Science and Engineering Conference.

Thompson P A，Marchant E W，1994. Simulex：developing new computing modelling techniques for evacuation[C]. Tokyo：Proceedings of the Fourth International Symposium on Fire Safety Science.

Thompson P A, Marchant E W, 1995. Computer and fluid modeling of evacuation[J]. Safety Science，18（5）：277-289.

Thunderhead，2014. Pathfinder verification and validation[OL]. https://www.thunderheadeng.com/

wp-content/uploads/downloads/2014/08/verification_validation.pdf.

Thunderhead，2015. Pathfinder verification and validation[OL]. https://www.thunderheadeng.com/
files/com/pathfinder/verification_validation_2015_2.pdf.

Togawa K，1995. Study of fire escapes basing on the observation of multitude current[R]. Tokyo：
Building Research Institute，Ministry of Construction.

Vermuyten H，Jeroen B，Boeck L D，et al.，2016. A review of optimization models for pedestrian
evacuation and design problems[J]. Safety Science，87（1）：167-178.

Wang C，Zhang P，2006. Investigation and analysis on human's wayfinding decision behavior towards
exit signs in evacuation process[C]. Beijing：Progress in Safety Science and Technology.

Weng W G，Chen T，Yuan H Y，et al.，2006. Cellular automaton simulation of pedestrian counter flow
with different walk velocities[J]. Physical Review E，74（3）：036102.

Wood P G，1972. The behaviour of people in fires[R]. Loughborough：Loughborough University of
Technology.

Wood P G，1980. A survey of behavior in fires[R]. Chichester：John Wiley & Sons，Inc.

Wu F Y，Lin P，Gao D L，et al.，2019. An experimental study of exit position on escape efficiency
using mice under competition[J]. Journal of Statistical Mechanics：Theory and Experiment，
013405.

Xu J H，fan Y，2014. An individual risk assessment framework for high-pressure natural gas wells
with hydrogen sulfide applied to a case study in China[J]. Safety Science，68（1）：14-23.

Yohei M，Kazuhisa M，Tomoyuki K，et al.，2002. Multi-agent simulation for crisis management[J].
IEEE International Workshop on Knowledge Media Networking（KMN），2：135-139.

Yohei M，Tore I，Tomoyuki K，et al.，2003. Scenario description for multi-agent simulation[C].
New York：The 2nd International Joint Conference on Autonomous Agents and Multi Agent
Systems (AAMAS-04).

Yu K M，Yu C S，Lien C C，et al.，2015. Intelligent evacuation system integrated with image
recognition technology[C]. Colombo：IEEE International Conference on Ubi-media Computing.

Zarboutis N，Marmaras N，2005. Investigating crowd behavior during emergency evacuations using
agent-based modeling[C]. Athens：Proceedings of the 24th European Annual Conference on
Human Decision Making and Manual Control.

Zhang N，Ni X Y，Huang H，et al.，2017. Risk-based personal emergency response plan under
hazardous gas leakage：optimal information dissemination and regional evacuation in metropolises[J].
Physica A：Statistical Mechanics and its Applications，473：237-250.